成都高新
CDHT

成都高新技术产业开发区

CHENGDU HI-TECH DEVELOPMENT ZONE

桂溪街道年鉴

2013

中共成都高新区桂溪街道工作委员会
成都高新区桂溪街道办事处 编

新华出版社

图书在版编目（CIP）数据

成都高新技术产业开发区桂溪街道年鉴.2013／中共成都高新区桂溪街道工作委员会，成都高新区桂溪街道办事处编. —北京：新华出版社，2013.12

ISBN 978-7-5166-0816-6

Ⅰ.①成… Ⅱ.①中… ②成… Ⅲ.①高技术开发区-成都市-2013-年鉴
Ⅳ.①F127.711-54

中国版本图书馆CIP数据核字（2013）第319310号

成都高新技术产业开发区桂溪街道年鉴（2013）

出 版 人：张百新　　责任编辑：朱思明
封面设计：远　近
出版发行：新华出版社
地　　址：北京石景山区京原路8号　　邮　　编：100040
网　　址：http://www.xinhuapub.com　　http://www.press.xinhuanet.com
经　　销：新华书店
购书热线：010-63077122　　中国新闻书店购书热线：010-63072012
设计制作：四川远近文化有限公司
印　　刷：成都市新都华兴印务有限公司
成品尺寸：210mm×285mm 1/16　　印　　张：16
字　　数：400千字　　版　　次：2013年12月第一版
印　　次：2013年12月第一次印刷
书　　号：ISBN 978-7-5166-0816-6
定　　价：160.00元

成都高新技术产业开发区位置图

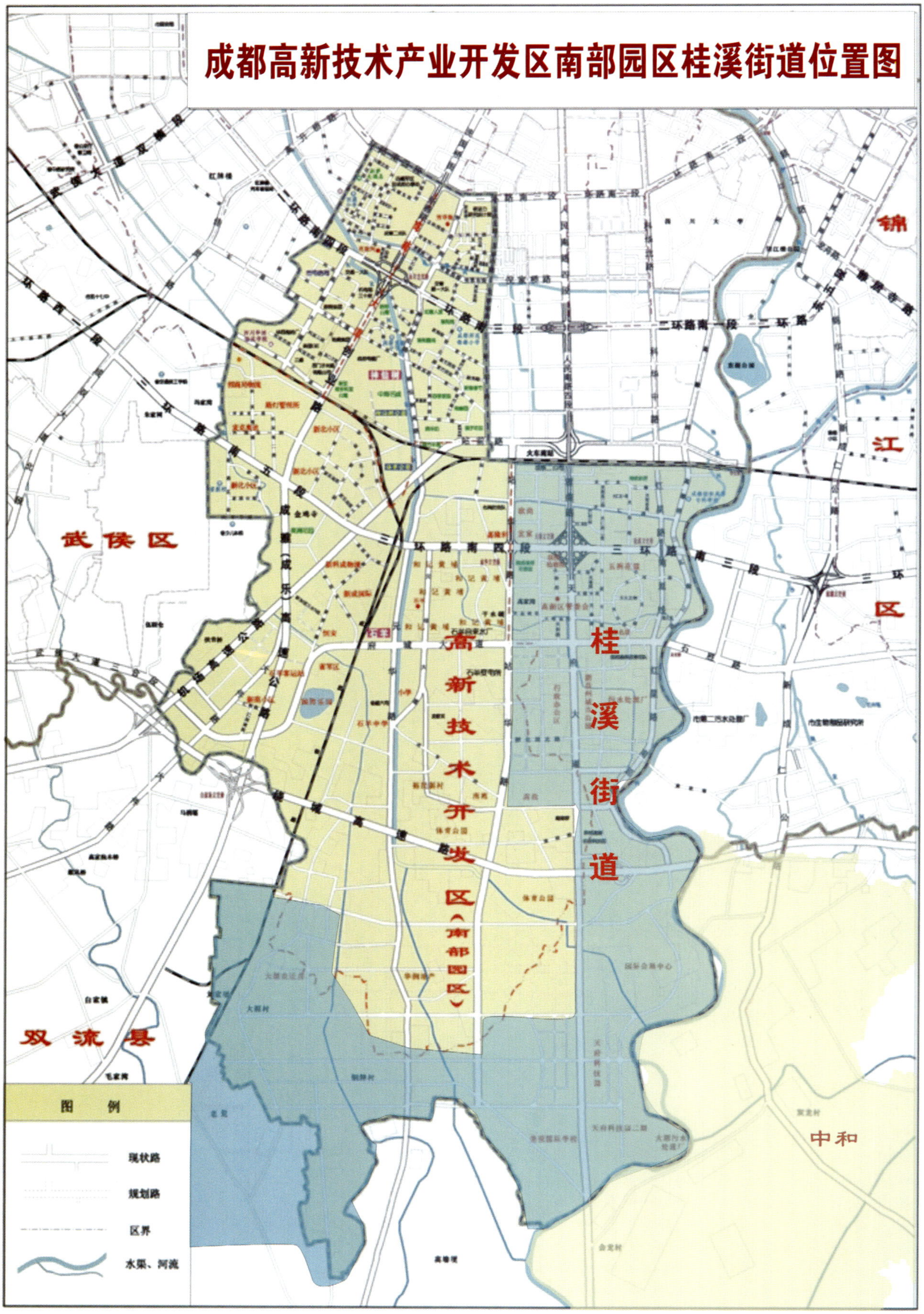
成都高新技术产业开发区南部园区桂溪街道位置图
武侯区
双流县
锦江区
中和
高新技术开发区（南部园区）
桂溪街道
二环路南四段
二环路南三段
二环路南一段
图例
现状路
规划路
区界
水渠、河流

领导关怀

2012年2月26日，中共四川省委书记刘奇葆等领导参加成都高新区组织的义务植树活动。

2012年1月13日，中共四川省委常委、成都市委书记黄新初（中）到桂溪街道综合文化活动中心视察民生工程。

2012年3月27日，成都市委常委、秘书长黄建发（中）到桂溪街道双源综合农贸市场检查指导工作。

2012年7月11日，中共成都市委常委、成都高新区党工委书记敬刚（中）一行到桂溪街道双源社区视察指导工作。

2012年6月7日，成都高新区党工委副书记、管委会主任韩春林（前排中）一行到桂溪街道辖区视察指导工作。

2012年7月12日，成都高新区党工委副书记冯亚曦（前排右三）到桂溪街道和平社区调研指导工作。

办事处领导工作

2012年7月5日，成都高新区桂溪街道党工委书记樊晓峰（左二）带队到辖区在建工地巡查。

2012年4月20日，成都高新区桂溪街道党工委副书记、街道办事处主任张学文（左三）代表办事处接受成都大魔方班组赠送的锦旗。

2012年6月30日，成都高新区桂溪街道党工委副书记、纪工委书记陈长贵（右）慰问桂溪街道双祥社区贫困党员。

2012年7月9日，成都高新区桂溪街道党工委副书记张仲常组织召开“桂溪街道作风教育实践活动机关干部集中学习”会议。

2012年7月25日，成都高新区桂溪街道党工委委员、办事处副主任王子琦（左二）代表办事处接受简阳市石桥镇居民送来的锦旗。

2012年6月1日，成都高新区桂溪街道党工委委员、办事处副主任全少英（右二）带队到辖区学校进行“六一”儿童节慰问。

2012年6月26日，桂溪街道党工委委员、办事处副主任洪敬涛（二排右八）和其他街道领导一行参加双源社区举行的庆祝建党91周年文艺晚会。

2012年9月12日，成都高新区桂溪街道党工委委员、武装部部长马玉良（右）到桂溪老年大学视察指导工作。

2012年5月11日，成都高新区桂溪街道党工委委员、党政办主任瞿蓉芳主持机关干部廉政观影活动。

办事处科室工作

·党政办公室·

2012年5月17日，桂溪街道党政办召开党群联席会。

2012年11月21日，桂溪街道党工委书记樊晓峰与党政办工作人员座谈交流。

2012年8月24日，桂溪街道党政办组织非公企业“两新”组织党员参加观红色电影活动。

2012年5月18日，桂溪街道党政办组织机关干部和社区干部进行“争做有为青年”主题演讲比赛。

·社会治安综合治理办公室·

2012年4月12日，桂溪街道综治办召开流动人口服务管理工作规范培训会。

2012年4月12日，桂溪街道综治办督查农迁社区四防设施整改情况。

2012年2月27日，成都市政协副主席李铀（中）视察桂溪街道和平综合农贸市场。

2012年8月16日，桂溪街道综治办召开辖区维稳工作会议。

·治安巡逻大队·

2012年12月28日，桂溪街道治安巡逻大队召开新进队员入队结业典礼。

2012年11月26日，桂溪街道治安巡逻大队召开传达党的十八大会议精神学习会。

2012年12月18日，桂溪街道治安巡逻大队举办篮球赛。

2012年9月12日，桂溪街道治安巡逻大队举行军事训练汇报表演。

·城管执法中队·

2012年10月26日“环卫工人节”，桂溪街道党工委书记樊晓峰带队慰问辖区环卫工人。

2012年6月5日第41个世界环境日，桂溪街道办事处举办“绿色经济，你参与了吗？”主题环保演讲比赛。

2012年12月28日，中铁四局集团绕轨分公司负责人到桂溪街道城管执法中队赠送锦旗。

·社会事务与计划生育科·

2012年8月1日，桂溪街道党工委书记樊晓峰（右）代表桂溪街道党工委、办事处对驻区部队进行慰问。

2012年3月1日，桂溪街道党工委委员、武装部部长马玉良（前排左二）和街道办事处社事科工作人员到驻区部队开展“全民阅读军营行”活动。

2012年12月3日，桂溪街道办事处举行庆祝国际残疾人日暨启动“2012年暖冬行动”仪式。

2012年10月23日，桂溪街道办事处举行重阳节老年人趣味运动会。

·经济发展科·

2012年5月24日，桂溪街道办事处在世纪城·新会展中心北门外人工湖旁举行防汛演练。

2012年10月26日，桂溪街道党工委书记樊晓峰带领经济发展科工作人员到双祥社区检察安全工作。

2012年6月10日，桂溪街道办事处举行消防演练。

2012年10月26日，桂溪街道办事处召开辖区重点楼宇座谈会。

· 财政所 ·

2012年6月10日，桂溪街道办事处财政所召开社区财务人员培训会。

·就业和社会保障服务中心·

2012年1月5日，成都高新区困难家庭就业托底援助工作现场新闻发布会在桂溪街道办事处举行。

2012年4月20日，桂溪街道办事处举行街道社区青年见习基地授牌仪式及大学生招聘会。

2012年6月26日，桂溪街道办事处举行社区青年见习生员座谈会。

2012年7月4日，桂溪街道办事处举行医疗保险培训。

·社区管理服务中心·

2012年6月4日，桂溪街道第二届“和谐杯”院落乒乓球赛颁奖现场。

2012年5月3日，桂溪街道“国手桂溪行”活动现场。

2012年8月8日，桂溪街道办事处综合文化活动中心组织辖区200名太极拳练习者参加“2012年成都市全民健身日大型展示活动——太极蓉城全民健身大合练”。

2012年11月29日，桂溪街道办事处举行“灿烂阳光下，那些我们与天府新区的故事”2012年桂溪街道百姓故事会。

·老年大学·

2012年11月9日，成都高新区桂溪老年大学被评为“四川省A级老年大学”，学校常务副校长谭伯祥（左一）在授牌大会上代表学校授牌。

2012年5月29日，国务院参事调研桂溪街道文化中心和老年大学。

2012年6月9日，桂溪老年大学代表队参加四川省中老年健身广场舞电视大赛（成都站）比赛。

桂溪老年大学二胡班老师刘亚非在课堂作指导。

街道社区

·和平社区·

2012年7月20日，桂溪街道党工委书记樊晓峰（右二），街道党工委委员、党政办主任瞿蓉芳（左三）到和平社区三期视察院落环境整治情况，和平社区党总支书记李国涛（右二）陪同。

2012年 11月20日，桂溪街道和平社区党总支书记李国涛（右三）、居委会主任张庆（左三）代表社区接受社区自主创业人员赠送的锦旗。

2012年6月15日，桂溪街道和平社区党总支组织“五必到、五必访”党员先锋队志愿活动。

2012年8月16日，桂溪街道和平社区居家安养服务队队长雷文芳（中），为社区残疾人员开展读报、谈心、棋牌娱乐等居家安养服务。

·三瓦窑社区·

2012年5月25日，桂溪街道三瓦窑社区“双困人员温馨服务站”成立，三瓦窑社区党总支书记陈治平、居委会主任陈善军及工作人员和双困人员合影。

2012年6月15日，桂溪街道三瓦窑社区“红色教育志愿者分队”进行志愿者活动。

2012年10月29日，桂溪街道三瓦窑社区组织辖区太极拳爱好者参加“太极蓉城·活力高新”成都高新区2012太极拳比赛。

2012年4月27日，桂溪街道三瓦窑社区团支部组织辖区青年参加“庆五四，绿色与文明同行”自行车骑游活动。

·双源社区·

2012年7月11日，成都高新区党工委领导一行到桂溪街道双源社区145号院视察，对双源社区以及院落自治工作开展给予了高度肯定。

2012年7月5日，桂溪街道双源社区负责劳动就业的相关工作人员向媒体介绍大中专毕业生的就业、托底安置人员等情况。

2012年6月27日，桂溪街道党工委主办，双源社区党总支承办的庆祝中国共产党建党91周年文艺晚会现场。

2012年5月22日，桂溪街道双源社区“幸福驿站”启动仪式上，社区范围内的非公企业、党员、干部、群众骨干踊跃捐款，大会共募得幸福基金24950元。

·双祥社区·

2012年7月13日，桂溪街道双祥社区党总支举行了“保持党员先进性、纯洁性”领导下基层院落坝坝会。

2012年9月21日，桂溪街道双祥社区居委会举行“三进四送”专场招聘会。

2012年9月26日，桂溪街道双祥社区居委会举行“社区是我家，安全靠大家”消防安全知识竞赛。

2012年7月13日，桂溪街道双祥社区端午节包粽子比赛举行，社区工作人员和部分参加比赛社区居民合影。

·双和社区·

2012年3月23日，桂溪街道党工委副书记、纪工委书记陈长贵（中）和双和社区党总支书记魏尤年（左二）、居委会主任成华利（右二）为“双和社区百姓故事会启动式暨文化活动室启动”剪彩。

2012年12月4日，成都力业公司向桂溪街道双和社区居委会赠送“热情援助，情系企业”锦旗。

2012年6月14日，桂溪街道双和社区党总支组织社区93名党员前往北川地震遗址参观学习。

· 益州社区 ·

2012年10月30日，桂溪街道益州社区工作站组织社区工作人员学习党的十八大精神。

2012年6月13日，桂溪街道益州社区代表队参加成都市第十二届老年运动会并获得“体育道德风尚奖”。

2012年12月27日，桂溪街道益州社区工作站主办的“和谐物管联盟·明天会更好”文艺汇演现场。

2012年10月16日，桂溪街道益州社区工作站主办的“第四届老年雀王大赛”现场。

·永安社区·

2012年8月15日，桂溪街道永安社区工作站组织社区志愿者进行志愿活动。

2012年7月5日，桂溪街道永安社区工作站举行的物业大联勤交车仪式现场。

2012年3月31日，桂溪街道永安社区工作站工作人员到成都市烈士陵园进行祭奠革命先烈活动。

2012年3月17日，桂溪街道永安社区工作站举行的“给孩子一本书”捐书活动现场。

·南新社区·

2012年6月11日，桂溪街道南新社区工作站开展“七一缅怀革命先烈，争做时代先锋活动”。

2012年9月25日，桂溪街道南新社区工作站组织社区党员到黄龙溪桂溪街道敬老院开展公益服务活动。

2012年12月6日，桂溪街道南新社区工作站开展“新南天地商圈消防业务技能竞赛”活动。

2012年5月9日，桂溪街道南新社区工作站组织社区青年到成都规划馆开展“弘扬五四精神· 践行科学发展”活动。

街道辖区机构

·成都市公安局高新区分局三瓦窑派出所·

2012年5月9日，三瓦窑派出所所长吴若欢（左）、教导员李永辉（右）召开工作会议。

2012年5月9日，三瓦窑派出所民警到成都职业技术学院为学生进行“预防网络诈骗”法制讲座。

2012年5月9日，三瓦窑派出所民警到辖区企业指导安防工作。

2012年5月9日，三瓦窑派出所民警到辖区慰问困难群众。

·成都市公安局高新区分局新益州派出所·

2012年9月16日，成都市委常委、秘书长黄建发（中）看望慰问正在成都市委、市政府周边开展维稳执勤的派出所一线民警和协警。

2012年7月16日，新益州派出所所长周又光代表派出所接受中建八局西南分公司赠送的锦旗。

2012年2月16日，新益州派出所教导员骆永红代表派出所看望慰问辖区困难群众。

2012年4月14日，新益州派出所民警和协警参加成都高新区党群工作局主办的“青春 文明 梦想”主题系列活动之“快乐相伴、运动高新”第五届趣味运动会。

·成都市公安局高新区分局新会展派出所·

2012年7月6日，新会展派出所召开“保持党的先进性纯洁性为主题的干部作风教育实践活动”座谈交流会。

2012年6月3日，新会展派出所副所长李非（右二）带队深入广电大厦，与大厦后勤保障中心、辖区消防中队、四川电视台各部门联合开展消防疏散演练。

新会展派出所民警在世纪城·新会展中心参与展会安保工作。

2012年2月14日，新会展派出所民警到辖区酒店开展维稳摸排工作。

·成都高新区和平学校·

2012年1月12日，和平学校举办新春联欢晚会，学校校长、党支部书记于建（前排右二），副校长林淑琼（前排右一），党支部副书记廖有俊（前排左一）与节目演员合影。

2012年4月6日，和平学校启动首届“班主任艺术节”。

2012年10月10日，和平学校组队参加成都高新区2012经典诵读电视大赛，两支参赛队都荣获一等奖，中学组于10月25日代表成都高新区参加“文轩杯”全市青少年中华诵·成都2012经典诵读大赛决赛并荣获中学团体特等奖。

2012年3月16日，和平学校举行首届“学习竞赛”活动，图为获奖学生与老师合影。

·成都高新区大源学校·

2012年10月20日，大源学校在成都市高新区第八届中小学生运动会上获得体育道德风尚奖，校长李鸣（中）代表学校领奖。

2012年11月8日，“谭谈交通”节目主持人谭乔警官到校对学生进行交通安全教育。

2012年12月14日，学校全体党员学习党的十八大精神。

2012年11月22日，学校举行秋季运动会。

·成都高新区世纪城南路学校·

2012年10月10日，世纪城南路学校学生参加成都高新区2012经典诵读电视大赛。

2012年10月24日，世纪城南路学校学生在“重阳节”到桂溪敬老院慰问孤寡老人。

世纪城南路学校开展的亲子活动现场。

世纪城南路学校组建的一支软式垒球队。

·成都职业技术学院·

2012年5月23日，学院创业学子典型王锐（右一）赴瑞士日内瓦参加“全球青年就业创业论坛”并与国际劳工组织总干事合影。

2012年5月11日，学院党委书记周鉴（右一）接受央视记者采访。

2012年12月13日，学院全体教职工学习党的十八大精神。

2012年9月20日，学院与四川省眉山市15所中职学校签订中高职深度衔接协调发展合作协议。

成都高新技术产业开发区桂溪街道年鉴（2013）编审委员会

顾　问	樊晓峰	成都高新区桂溪街道党工委书记
主　任	张学文	成都高新区桂溪街道党工委副书记、办事处主任
副主任	陈长贵	成都高新区桂溪街道党工委副书记、成都高新区桂溪街道纪工委书记
	张仲常	成都高新区桂溪街道街道党工委副书记
成　员	王子琦	成都高新区桂溪街道党工委委员、办事处副主任
	全少英	成都高新区桂溪街道党工委委员、办事处副主任
	洪敬涛	成都高新区桂溪街道党工委委员、办事处副主任
	吴志娟	成都高新区桂溪街道党工委委员、办事处副主任（挂职）
	马玉良	成都高新区桂溪街道党工委委员、武装部部长
	瞿蓉芳	成都高新区桂溪街道党工委委员、党政办主任
	吴若欢	成都高新区桂溪街道党工委委员、三瓦窑派出所所长
	陈治平	成都高新区桂溪街道党工委委员、桂溪街道三瓦窑社区党总支书记
	刘焕春	成都高新区桂溪街道办事处调研员
	张景山	成都高新区桂溪街道办事处调研员
	王　无	成都高新区桂溪街道办事处助理调研员
	陈　羽	成都高新区桂溪街道办事处助理调研员

委员会下设桂溪街道年鉴（2013）编辑部

总　　编	张学文
责任总编	张景山
责任副总编	李从节
编　　辑	张渝康

成都高新技术产业开发区桂溪街道年鉴（2013）供稿单位、人员名单

社会事务和人口与计划生育科	高国容
经济发展科	马　兰
城市管理科	曾林彬
财政所	刘汉蓉
劳动和社会保障所	陈　洁
社区管理服务中心	谢芹春
综合文化活动中心	何沙鸥
老年大学	赵　迁
社区卫生服务中心	陈　艳
临江村	张玉聪
和平社区	郭素清
双源社区	苏德君
三瓦窑社区	徐德春
益州社区	何　雪
永安社区	曾　淼
南新社区	陈　利
双祥社区	付智君
双和社区	陈立容
三瓦窑派出所	陈　娟
新益州治安派出所	周　璟
新会展派出所	蒲元武
高新区工商局石羊工商所	何宗伟
高新供电局南区供电所	田科娜
高新区地税局第一直属分局管理四科	乔　黎
高新区和平学校	廖有俊
高新区世纪城南路学校	余　峰
成都市第七中学（初中部）	周　蜜
高新区大源学校	谢小勃
成都美视国际学校	戴　林
成都职业技术学院	陈晓通
高新区锦晖小学	卿　恬

编辑说明

一、《成都高新技术产业开发区桂溪街道年鉴（2013）》（简称《成都高新区桂溪街道年鉴（2013）》）是成都高新技术产业开发区桂溪街道党工委主办的地方综合年鉴，旨在系统记述2012年度桂溪街道自然、政治、经济、文化、社会等情况，为党政机关、企（事）业单位、研究部门、各界人士和中外投资者了解、认识成都高新区桂溪街道提供资料性文献。

二、编纂《成都高新区桂溪街道年鉴（2013）》，要以马克思列宁主义、毛泽东思想、邓小平理论和“三个代表”重要思想为指导，运用辩证唯物主义和历史唯物主义观点，全面落实科学发展观，实事求是地记录成都高新区桂溪街道2011年度经济、社会发展情况，注重特色，突出企业，注重实用，为党政存绩，为人民记功，为促进成都高新区经济建设和社会发展服务。

三、《成都高新区桂溪街道年鉴（2013）》的记载时限为2012年1月1日至2012年12月31日，某些条目因内容所需而适当超越时限。背景介绍和知识介绍用相关链接处理。

四、《成都高新区桂溪街道年鉴（2013）》采取分类编辑法，以类目、分目、条目为三层次框架结构。全书设综述、大事记、特载、专文、组织机构、党务·政务、群众团体、资源与环保、城市管理、经济建设、教育、文化·体育、医疗·卫生、社会生活、政法·军事、社区建设、人物、附录，共计18个类目，除特载、专文、大事记、综述、人物、附录因内容特殊而只设两个层次外，其他类目均为三个层次。全书以不同字体、字号为各类标题来表现不同层次，条目标题加【】表示。

五、《成都高新区桂溪街道年鉴（2013）》资料由街道办事处各部门、街道所属行政村村委会、社区居委会、社区工作站、企(事)业单位提供，并经其领导审核，如有数字与统计数字不一致，则以统计数字为准。

六、《成都高新区桂溪街道年鉴（2013）》具有多重检索功能，前有中、英文目录，每页有眉题，后有索引，索引中标题相同的条目均在括号内说明其区别，全书还配有光碟以方便查阅。

七、《成都高新区桂溪街道年鉴（2013）》的组稿、编辑和总编纂工作都是集体协作完成的，并得到各级领导的重视和街道办事处各部门、街道所属行政村村委会、社区居委会、社区工作站、企（事）业单位的大力支持。编辑部对所有关心、支持和直接参与年鉴编纂工作的同志表示感谢。

八、《成都高新区桂溪街道年鉴（2013）》虽经多次审校，可也难免失误，恳请读者批评指正。

成都高新技术产业开发区桂溪街道年鉴编辑部

2013年12月

目 录

CONTENTS

综 述

SUMMARY

大事记

CHRONICLE OF EVENTS

特　载
SPECIAL RECORDS

专　文
SPECIAL ARTICLES

组织机构
ORGANIZATION

党务·政务

PARTY AFFAIRS &ADMINSTRATION AFFAIRS

群众团体
MASS ORGANIZATION

资源与环保
RESOURCES AND ENVIRONMENTAL PROTECTION

城市管理

URBAN MANAGEMENT

经济建设

ECONOMIC CONSTRUCTION

教　育
EDUCATION

文化·体育
CULTURE & SPORTS

医疗·卫生
MEDICAL & HEALTH

社会生活
SOCIAL LIFE

政法·军事
POLITICS AND LAW & MILITARY AFFAIRS

社区建设
COMMUNITY CONSTRUCTION

村
Village

和平社区
Heping community

双源社区
Shuangyuan community

三瓦窑社区
Sanwayao community

人　物

PERSONS

附 录
APPENDIX

索 引
INDEX

综 述

SUMMARY

自然地理

【地理位置】 成都高新区技术产业开发区（以下简称成都高新区）桂溪街道（原成都高新区桂溪乡和三瓦窑街道）位于成都高新区南部园区的东南部，北纬30° 31′ 40″ —30° 36′ 8″，东经104° 00′ 45″ —104° 01′ 43″ 。北起火车南站，南与双流县接壤，东依成都市锦江区，西接成都高新区石羊街道和双流县白家镇。面积23.06平方公里。辖永安、和平、红光、石墙、双土、五岔子、建设、勤俭、民乐、铜牌、大源、临江12个村和三瓦窑、和平、双源三个成熟社区，益州、永安、南新三个新兴社区及双祥、双和两个新兴农迁社区，人口约6.86万。街道办事处驻地天仁路176号，距成都市中心天府广场6公里，火车南站1公里，白家火车站6公里，成都双流国际机场9公里。

【建置沿革】 上溯到清朝末年，成都高新区桂溪街道现辖区域属华阳县，清朝末年、中华民国初年至1928年（中华民国一十七年）分属华阳县石羊镇、华阳县协和乡、中和镇之一部分。1928年，桂溪街道现辖区区域部分属于华阳县第二区石羊镇九合三团（管辖馨香甲、鱼庆甲、桂元甲、崇礼甲、崇清甲、义和甲、君亲甲、君平甲等），部分属于华阳县中和和协和行政区域。1935年，华阳县国民政府实行联保制，桂溪街道现辖区区域部分属石羊行政区域，部分属协和、中和行政区域。1940年，华阳县国民政府实行新县制，整编保甲，石羊联保划分为石羊乡和桂溪乡（至此桂溪正式建乡，乡公所设在桂溪场即三瓦窑场镇上的文昌宫内），桂溪乡辖9个保。桂溪街道现辖区域部分（北4村及和平村、永安村、石墙村、红光村和三瓦窑社区、和平社区）属于华阳县桂溪乡之一部分，南7村属华阳县中和镇和协和乡之一部分。1950年，桂溪乡隶属华阳县，所辖9个保，改为9个村。1959年10月，桂溪人民公社划归成都市郊区。1960年，政社合一的桂溪乡，改称桂溪公社，划入成都市归金牛区管辖。1984年，成都市金牛区桂溪人民公社更名为桂溪乡，乡界和幅员面积均无变化。1990年，成都市调整行政区划，桂溪乡划归成都市武侯区。1996年4月23

日，桂溪乡的和平、永安、石墙、红光4村，双流县中和镇的双土、五岔子、建设3村，双流县华阳镇的勤俭、民乐、铜牌、大源4村和三瓦窑街道划归成都高新技术产业开发区,组建新的桂溪乡，保留三瓦窑街道建置。三瓦窑街道办事处和桂溪乡人民政府驻石墙村，合署办公，至此，桂溪街道辖区范围基本定型。2001年12月，四川省人民政府撤消桂溪乡原桂溪乡政府建制，和三瓦窑街道办事处正式更名为成都高新技术产业开发区桂溪街道办事处，辖区范围不变，街道办事处暂驻五岔子村。2008年4月，桂溪街道办事处迁至成都高新区天仁路176号至今。

【地质地貌】　桂溪街道的地质单元为成都坳陷，上部覆盖第四纪松散堆积物，主要有沙卵砾石、含泥砾石和粘土等，天然承载力为0.2~0.5兆帕，底部基岩为白垩系灌口组底层，自然承载力为0.5~2.4兆帕，底层未发现断裂构造，属一类建筑场地。桂溪街道地处成都平原的腹心地带，地势平坦，海拔高度450~500米，整个区域呈西北高东南低走势，平均坡降为2.2‰。西北为黄泥土壤，东南系锦江冲积而成的褐色沙土。

【气候】　成都高新区桂溪街道气候属四川盆地亚热带湿润季风气候，终年温暖湿润，雨量充沛，四季宜人。年平均气温16.4℃，年极端最高气温37.3℃，年极端最低气温-5.9℃，全年无霜期300天左右，年平均降雨量1 148.8毫米，年平均日照数1 238.6小时，全年日照率28%，多年平均气压956.3帕，年平均相对湿度82%，年静风频率46%，年平均风速为1.2米/秒。西部园区平均相对湿度82%，年平均气温16.4℃，年平均降雨量969.2毫米，年极端最高气温35.8℃，年极端最低气温-5.0℃，无霜期277天；年日照时数1 307.2小时，全年日照率27%。年最大风速20米/秒，年平均风速1.2米/秒。

【水系】　流经桂溪街道的河流有锦江、朱家沟、摸底河和栏杆河，均源于岷江内江水系。成都市的母亲河——锦江，由北到南从桂溪辖区的东边流过；朱家沟，在桂溪街道的正北部，从西向东流经辖区的和平社区；摸底河，由北向南从桂溪街道的中心地带穿过；栏杆河，由北向南流经桂溪街道的大源村、民乐村和铜牌村。

独具特色

【区位优势明显】　成都高新区桂溪街道辖区地处成都市城南副中心区域，经过15年的建设，到2012年底，辖区已经由一个传统的农村乡镇蜕变成一个成都市主城区最具活力、发展速度最快、配套功能比较完善的现代城市街道辖区。桂溪街道基础设施基本完善，邮政、通信、移动、网络全部开通，供水、供电、供气充足。全辖区有大小街道100多条，形成了城市街道路网。有天府大道、益州大道和科华南路从北到南纵贯辖区全境；三环路（南段）、府城大道、绕成高速路（南段）横贯辖区东西。成（都）昆（明）电气化铁路从桂溪街道北部和西部经过，设火车站一个，成都地铁一号线从桂溪街道中心穿过，途中经停火车南站、高新、金融中心、孵化园、海洋公园和世纪城6个地铁站，大大方便了老百姓的出行。中共成都市市委、成都市人大、成都市人民政府、成都市政协四大班子及所属办事机构在桂溪辖区办公，成都海关、国家审计署西南办事处、四川省武警森林消防总队、成都市公安局消防支队机关均设在桂溪街道，成都高新区党工委、管委会的办公场所——成都高新区国际广场A座设在桂溪街道辖区。中国银行、工商银行、建设银行、农业银行、交通银行、国家开发银行、成都银行等多家国有银行都在桂溪辖区设有分行，具有中国西部“鸟巢”之称的成都天府国际金融中心，进驻了四川省银监会、四川省保监会和多家商业银行、保险公司、证券公司；正在设计筹建中的金融后台服务中心也在桂溪辖区内。辖区第三产业发展迅猛，占地100公顷，总建筑面积173万平方米，中国西部最大、设施最完备的被称为中国“西部第一馆”的成都“世纪城”新国际会展中心坐落辖区，成为西部会展经济的“发动机”，多次承担各种高规格、大规模、具有全球影响力的会展，在带来较好的经济效益和国际影响力的同时，也让各国的参会代表感受了桂溪的发展变化和独特魅力，由成都“世纪城”新国际会展中心投资、兴建的全球最大单体建筑“新世纪环球中心”正在建设之中。全球著名的零售企业、世界500强企业瑞典宜家家居、法国欧尚超市、法国迪卡侬运动超市、荷兰凯丹广场落户桂溪辖区，与国内著名家电连锁企业苏宁广场及成都本土优秀企业富森·美家居构成了具有强大凝聚力和辐射力的“新南天地商圈”。

【经济实力强】 成都高新区桂溪街道全口径财政收入1996年为494万元，1998年为1186万元，2000年为4004万元，2001年为5005万，2002年为6078万，2003年为10058万元，2005年为16254万元，为1996年的31倍，2009年为5.73亿元。2010年办事处实现全口径财政收入9.73亿元，其中：实现国税收入2.76亿元，实现地税收入2.78亿元，实现非税收入0.19万元。完成全年目标任务的124%，奋斗目标的119%。2011年，办事处完成全口径财政收入15.9165亿元，比去年同期增长78%，其中：税收收入15.5343亿元，非税收入3822万元，完成一般预算收入27604万元，完成年度工作目标的169%，完成奋斗目标105%；2004年底街道辖区共有企业1400余家。纳税在100万元以上的企业有23家，纳税超500万的有3家。2004年税收入库12，859万元。2009年，全年共引进企业570家，是2008年全年完成量的133.8%，注册资金12.25亿元，其中注册资本1000万元以上的12家，500万-1000万元以上的6家，当年税收超过100万的达10家；共引进市外资金10.4亿元，完成目标任务的140%。2012年,桂溪街道办事处招商引资形势较好，全年新引进企业1449家，其中注册资金在1亿及以上的4家，1000万-5000万的21家，100万元以上的162家，引进省外资金11.83亿元。2012年，桂溪街道办事处完成全口径财政收入15.64亿，完成年度工作目标的113.16%，同比增长30.61%。

【规模宏大的软件产业园】 中国中西部最大的国家级软件产业园——天府软件园（一、二、三期）在成都高新区桂溪街道的南部落户。成都天府软件园是一座立足成都，服务全球软件及服务外包企业的国际化生态产业园区。它由成都高新投资集团有限公司开发建设，总建筑面积100万平方米，拥有世界一流的市政基础设施、商务配套设施及咨询网络。作为成都发展软件与服务外包产业的重要载体，天府软件园已成为成都软件与服务外包产业的核心聚集区。园区自建成以来，已经吸引了包括IBM、SAP、NOKIA、NEC、DHL、新电、海辉、马士基、埃森哲、华为、腾讯、阿里巴巴等众多国内外知名企业入驻，园区工作人员12000多人。目前，成都天府软件园已成为国内外知名软件和服务外包企业在中国战略布局的首选地以及国内外软件产业资源汇聚的焦点。

【中国西部最大的孵化基地】 位于成都高新区桂溪街道辖区的成都高新孵化园是由成都高新区管委会统一规划设计，于2002年2月动工兴建，2003年10月投入使用的一个综合性集中式科技成果孵化基地，由成都高新区技术创新服务中心统一管理。园区占地22.644万平方米，总建筑面积22万平方米。成都高新孵化园建有9个孵化单元和综合服务楼、运动健身场所、专家公寓、会议中心等配套实施，其中孵化楼建设由高新区管委会投资为引导，吸引社会资本投资兴建。园区构建软件、IC设计、中医药、新材料等专业孵化器。2003年10月，成都高新孵化园启用。2003年成都高新孵化园软件孵化器一期27000平方米实现100%的入驻，引进有任我行公司、华为成都公司等软件企业和研发机构。软件孵化器二、三期引进有联想集团、中兴通信等龙头企业，引进范围有：软件开发、集成电路设计、信息安全技术、数字娱乐等。2005年孵化园在孵企业达210家。截至2009年年底，高新区创新中心管理孵化面积13.24万平方米，新增企业103家（其中留学人员和博士企业53家），吸引以留学人员和博士为代表的高级人才317人，培育毕业企业42家，形成自主知识产权131项，为企业从政府、银行和投资机构实现融资2.3亿元，规模以上企业实现工业增加值10.2亿元。被工业和信息化部软件与集成电路促进中心以及中国软件与信息服务外包产业联盟共同授予“2009年软件与信息服务外包公共支撑平台最佳园区组织奖”称号；荣获由四川省科技厅等6个部门授予的“四川省集成电路设计产业技术创新联盟”称号，成为四川省首批产业技术创新联盟试点单位。与成都市团市委共建首批成都高新青年（大学生）创业示范园，建成成都·全球多语信息转换中心，并成功承办“第四届中国—欧盟投资贸易合作洽谈会”。成都高新孵化园拥有国家软件产业基地（成都）和技术平台、国家信息安全成果产业化基地（四川）、国家网络游戏动漫产业发展基地、国家数字媒体技术产业化基地、国家863软件专业孵化器四川基地、国家集成电路设计成都产业化基地共6个国家级专业化孵化基地。

【“新南天地”商圈】　新南天地片区位于成都城南高新区范围三环路内，东临天府大道，西靠益州大道，北临火车南站，南靠三环路，位于桐梓林和天府新城的交界地带。

截至2012年12月，成都城南“新南天地”商圈已基本建成并投入运营。一个建成面积55.5万平方米，营业面积40万平方米的新兴商圈正在城南高新区内崛起。未来两年，还将有大鼎、凯德·天府等项目陆续投入运营，届时整个新南天地商圈建筑面积将达120余万平方米，力争在2013年将新南天地打造成百亿级商圈。

“新南天地购物中心”于2007年7月23日由成都市民政局批准命名。2005年，地处火车南站的这个地段还是农产品批发市场，到目前已经转变成为成都高新区首个全面建成的大型成熟商圈。

“新南天地”是成都高新区精心打造的重要商圈，目前，商圈内业态以大型商业卖场为主，世界500强企业瑞典宜家家居、荷兰环达通凯丹购物广场、法国欧尚超市高新店、法国迪卡侬运动超市等国际商贸大腕，以及富森·美家居、苏宁购物广场、九方购物中心等主力商家组成的新南天地的超级卖场阵容。新南天地的基本规划定位是“新城门户，时尚载体”。按照设想，到2013年，新南天地将打造成百亿级商圈，发展方向是按国际化、多元化、高品质、信息化、多业态标准，全新打造的国际一流示范商业中心。

根据规划，成都高新区将把新南天地打造成“同步欧洲的时尚之城”的新商圈。该商圈还有一个重要特点是，它作为一个现代化的、集群式的商圈具有较大的市场半径，商圈的市场定位不仅面向高新区天府新城将来的60万人口，以及成都市区的数百万人口，而且包括整个四川省乃至其他相邻省市。这得益于它临近三环路、天府大道、火车南站、地铁1号线、机场路等重要路段，离外环路较近，又有成乐高速铁路建设的利好，购物者到这里来很方便。

这个总面积逾120万平方米的大型商业圈中，涵盖五大时尚业态，汇集时尚购物、电器旗舰、美食影音、儿童娱乐等。购物环境要求高，档次高，顾客群购买力强。由此，造就一种新的生活形态和环境，给人们带来多功能、多特点、全方位的购物生活形态。在五种业态规划中，苏宁还将严格区别于传统百货，突出中高档精品特色，采用主力百货、生活超市、精品零售、高档餐饮、娱乐等业态的品牌进行组合搭配，形成“同业差异，异业互补”的空间布局，营造不一样的高端购物享受。

随着康普雷斯、九方购物中心的开业，“新南天地”商圈将成为为城南区域服务的最大、最成熟的综合性商圈，商业体量约40万平方米。由于其独特的定位，该区域将广泛的吸引着来自成都各区域的中产阶层消费者。

【建筑物特色突出】　辖区内拥有众多的特色建筑，经过多年建设已成为成都高新区乃至成都市的地标性建筑，其中最具代表性的建筑有成都高新国际广场、成都“世纪城”新国际会展中心、中国成达大厦、成都天府国际金融中心、四川广电中心、天府立交桥。成都高新国际广场位于天府大道北段，是2005年以前天府大道沿线三环外建设标准最高、商务环境最好、建筑设计最具个性的甲级写字楼群，由五座各具形态的建筑组成，远看整体建筑犹如将一块宝石切割成五块并把它们分开，打破了传统的建筑形态，形成强烈的视觉冲击；成都“世纪城”新国际会展中心位于天府大道中段，由规模庞大的建筑群体组合构成，被誉为中国“西部第一馆”，集展览、会议、酒店、餐饮、娱乐、休闲、购物为一体。新国际会展中心拥有九个室内展馆，面积达20万平方米，整个展馆成弧形银杏叶状向外展开，展厅采用无柱单层机构，最高处净高21米、最低处12米，建筑和施工的难度和技术含量相当高；中国成达大厦位于天府大道中段，成达大厦是中国成达工程有限公司总部办公大楼（公司前身为化工部第八设计院），建成于2008年，位于天府大道中段279号，楼高145米，建筑面积75000平方米。这是成都第一座外立面不规则的建筑，奇特的外形让人过目难忘，又因夜晚灯光射出时有水晶的质感，民间别称“水晶塔”；成都天府国际金融中心位于成都市高新区天府大道北段西侧，是一个智能化、生态化的大型多功能办公园区。用地面积约22万平方米，总建筑面积37万平方米。办公院区首先被考虑建成一个公园，绿地率达到41%。所有建筑物都坐落在树林的背景中。建筑群采用相似建筑造型，以7号楼为核心，由高到低沿半圆形依次展开，形成独特的向心之势。所有建筑外立面由纵横交错的钢条包裹，现代感和立体感十足，有西部“鸟巢”之称；四川广播电视中心，位于天府大道南延线新会展中心旁，由四川广电集团投资兴建、中国建筑第四工程局总承包，总投资11亿余元。2007年2月1日开工建设，2011年8月竣工，总建筑面积13.5万平方米。其中，主楼56700平方米，地上31层，地下2层，高135米；裙楼69500平方米，地上5层地下2层；辅楼8800平方米，地上6层地下1层。工程首创在国内抗剪环形梁，获得QC成果全国工程建设优秀质量管理奖；工程设计获中国建设筑总公司设计方案一等奖；钢结构获2008年中国建筑钢结构金奖；主体结构获四川省2009年度结构优质奖；2010年获得中建总公司科技示范奖；2011年四川省科技进步奖。工程是四川省政府重点建设项目，十大文化标志性工程。工程建设期间，中共中央政治局常委李长春，四川省委书记刘奇葆、省长蒋巨峰等领导莅临施工现场，视察指导工作，四川省建设厅、省政府重点建设项目代建办公室、省广电集团以及中建四局的相关领导也给予了高度关注。据悉，四川广播电视中心大楼的设计、建筑、装饰及设施设备属于全国一流、西部第一，而且是目前成都市首个能够停直升飞机的大楼；成都茂业中心是一个含商业、写字楼、公寓及配套车库的综合商业体，位于成都高新区管委会旁，由成都崇德投资管理有限公司投资建设，中国建筑西南设计研究院设计。该工程总建筑面积348666平方米，包括A、B栋塔楼，地上35层，C栋塔楼地上31层，高119.8米，商业裙楼5层，呈U形，地下3层，框筒结构，筏板基础，工期639天。质量目标争创成都市结构优质工程、"芙蓉杯"及四川省"天府杯"。建成后将成为集办公、商业、餐饮多功能为一体的高档建筑，成为成都市又一地标性建筑物。成都奥克斯广场位于成都市天府城南核心商务区，南面锦城大道，西临益州大道，东临交子南一路，北临蜀锦路；项目对面是成都市政府办公所在地（即高新区孵化园）；地铁1号线自北向南经安远路穿过本项目并与本项目B1层连接，来自地铁的人流可以直接到达本广场的B1层商业卖场。项目总建筑面积为56万平方米，地下建筑3层（地下首层为商业零售卖场）、B2、B3层为停车场；地上建筑30层，其中商业群楼为5层；包含有一座5星级酒店、7栋住宅、2栋公寓、2栋甲级写字楼；商业零售面积约20万平方米。项目定位为一站式综合品质性购物中心，由主力百货、超市、精品电器及生活配套专业店、主题餐饮、KTV、超五星酒店、甲级写字楼、住宅、室内游戏场所及室内步行街组成，集购物、餐饮、娱乐、酒店、商务、文化休闲、生活配套业态为一体。奥克斯广场商业中心为金融城内最大规模商业，占据金融城核心地段，享有地段、地标、地铁、商圈的多种稀缺优势，其中商业中心自持约26万平方米，商业业态涵盖各种餐饮、百货、超市、影院、KTV、精品专卖店、休闲娱乐、等各类商业以及五星级酒店，提供一站式购物餐饮休闲娱乐为一体的商业中心，填补了金融城乃至整个城南不可或缺的区域配套，致力于打造辐射整个城南区域的天府国际金融城商业中心。2012年11月，奥克斯广场商业中心已经开业，成为区域内开业最早，影响力最大的商业中心。成都九方购物中心，作为中航地产在西南地区打造的首个商业综合体，位于高新区管委会南侧，紧邻地铁1号线高新站的九方购物中心拥有绝佳的地理优势，其定位于中高端国际精品购物中心，面积达10万平方米，汇聚时尚购物、特色餐饮、娱乐休闲等功能。九方购物中心开业为片区120万商务办公人士及中高端家庭式客群带来了全新的高端精致生活理念。成都九方定位中高端国际精品购物中心，引进约200个国内外知名品牌，覆盖精品超市、餐饮美食、星级影院、服饰名品、美容护理、童装玩具、运动户外、娱乐休闲、精品数码等业态。其中，"西南首家"的次主力店是突出亮点：4600平方米西南地区首家华润BLT精品超市、6000余平方米西南地区首家中影国际影城超五星旗舰店、2000平方米星际传奇电玩城西南地区首家旗舰店及1600平方米百丽MAP西南地区旗舰店。此外，九方还带来了米兰时尚圈最"野"的品牌Just cavalli，彰显年轻个性风格的意大利一线时装Iceburg，源自瑞士表现完美享乐本质的男士精品Davidoff，巫女般迷幻魔力风格的Anna Sui等时尚品牌。

成都天府立交桥（斜拉桥）是成都市（1995–2020）城市规划"五路一桥"中特指的一桥，位于成都市人民南路南沿线跨火车南站交汇处，是辖区由北向南的起点。天府立交桥桥梁索塔外观呈"A"字型，塔高78.3米，箱形断面，直径达8米的桥徽是最能代表成都历史文化的金沙遗址出土的"太阳神鸟"造型。天府立交桥是成都市自二十世纪以来最大的市政工程之一，是成都市的标志性建筑。

天府新区

【概况】 中共四川省委书记刘奇葆在2010年9月1日到2日召开的四川省深入实施西部大开发战略工作会议上提出，要规划建设天府新区，形成以现代制造业为主、高端服务业集聚、宜业宜商宜居的国际化现代新城区。“天府新区”的建设目标是成为继上海浦东新区等又一个国家级新区，在带动成都现代产业发展的同时，进而带动整个西部经济发展。“天府新区”的建设可以吸引先进制造业和高端服务业，比如IT产业、新材料、航天航空、物流、金融、商贸等。四川省人民政府于2011年11月16日批准并原则同意《四川省成都天府新区总体规划（2010–2030）》。

【规划范围】 天府新区以成都高新技术开发区南区、成都经济技术开发区、双流经济开发区、彭山经济开发区、仁寿视高经济开发区以及龙泉湖、三岔湖和龙泉山（简称“两湖一山”）为主体，主要包括成都市高新区南区、龙泉驿区、双流县、新津县，资阳市的简阳市，眉山市的彭山县、仁寿县，共涉及3市7县（市、区）37个乡镇和街道办事处，总面积1578平方公里。其中，在成都范围内的面积有1293平方公里，约占整个天府新区规划面积的81%。

按照规划安排，天府新区分为近期（2011–2015）、中期（2016–2020）和远期（2021–2030）三个实施步骤。其中近期新增城镇建设用地160平方公里，以国家级成都高新技术开发区和经济技术开发区为依托，基础设施先行，高技术产业、现代制造业以及高端服务业快速推进。中期新增建设用地150平方公里，实现再造产业成都目标；远期则新增城镇建设用地150平方公里，基本建成宜业宜商宜居的国际现代新城区。

【高新片区建设思路】 瞄准高端产业和产业高端，坚持高起点高标准，引进一批具有全球影响力的知名企业和龙头项目，提升城市的国际化现代化品质，努力把天府新区高新片区建设成为创新发展的高端示范区，为把天府新区建成现代产业、现代生活、现代都市“三位一体”的国际化现代新城区贡献力量。

【高新片区发展规划】 2011年到2012年，成都高新区将加快其区内天府新区两大组团“大源组团”和“中和组团”建设发展，陆续新开工650亿元项目，天府新区高新天府新城片区位于成都市南中轴天府大道，北起绕城高速，南与双流华阳接壤，包括“大源”“中和”两个组团，总用地面积55平方公里，其中建设用地48平方公里，规划人口74万人。

【大源组团】 大源组团位于桂溪街道南部，是成都天府新城的核心区域，地处外环路（绕城高速）以南，锦江以西，成昆铁路以东，高新区界以北区域，面积12.2平方公里。是桂溪街道未来除新会展片区外，另一经济增长区域。预计未来2~3年内，投资超过百亿元、从业人员超过10万人、中国西部最大的金融后台服务产业园将在这个区域崛起。截至目前，成都高新区金融后台集中建设区项目总投资已超过110亿元，项目占地面积千余亩，其业务内容几乎涵盖了金融行业所有的后台支持和服务功能。

大事记

CHRONICLE OF EVENTS

1月

5日　成都高新区困难家庭就业托底援助工作现场新闻发布会在桂溪街道隆重举行，20余家新闻媒体参加了发布会。

▲　高新区党工委委员、管委会副主任杨东带队到桂溪社区卫生服务中心慰问了医护人员。

▲　桂溪街道隆重召开2011年度“文明和谐院落·文明和谐家庭”评选表彰大会，街道党工委副书记、办事处主任张学文参会。

6日　桂溪街道党工委副书记、办事处主任张学文带队慰问了双源社区152号院4户困难人员。

▲　桂溪街道组织召开了辖区双困人员帮扶及大学生创业带动就业奖励机制座谈会。

9日　桂溪街道党工委办事处召开办公会，要求做好节前党风廉政建设工作。

10日　委领导李岷雪、杨东、林明全等到双和社区看望慰问了残疾人家庭及就业托底困难家庭。

▲　桂溪街道治安巡逻大队在和平学校开展了年度军事训练汇演，桂溪街道党工委书记樊晓峰出席活动并讲话。

11日　成都市劳动监察总队副总队长罗正为一行对桂溪街道2011年劳动保障监察两网化工作完成情况的检查。

▲　桂溪街道隆重举行2011年度工作总结表彰会，对61个“先进集体”和123名“先进个人”进行了表彰。

12日　桂溪街道党工委书记樊晓峰带队到对口帮扶的彭州市九尺镇永兴村走访慰问了困难群众。

▲　桂溪街道党工委副书记、办事处主任张学文带队慰问了驻区部队—武警四川森林总队、成都消防支队。

▲　成都市副市长苟正礼、市政府副秘书长周万生慰问了双和社区5号院漆素芳、双祥社区48号院汤家华两位百岁老人。

13日　省委常委、市委书记黄新初，市委副书记、市长葛红林率市民代表，到桂溪街道综合文化活动中心考察了民生工程“文化设施建设项目”实施情况，委领导敬刚、韩春林、杨东陪同考察。

▲ 桂溪街道党工委副书记、办事处主任张学文主持召开了辖区文明交通行动动员会，会后，各社区纷纷开展了广泛宣传。

16日 桂溪街道党工委书记樊晓峰带队走访慰问了和平社区天和东街8号院的困难居民。

▲ 举行了机关迎春团拜会。

17日 桂溪街道党工委书记樊晓峰，党工委副书记、办事处主任张学文率班子成员一行，前往桂溪社区卫生服务中心、桂溪敬老院进行了慰问。

18日 省社科院社会学所副所长、博士张雪梅带队对街道社会建设相关工作进行调研，街道党工委副书记、办事处主任张学文参会。

▲ 街道办事处召开了重点企业迎新座谈会。

18日–19日 桂溪街道党工委副书记、纪工委书记陈长贵，党工委委员、党政办主任瞿蓉芳分别慰问了双源、双祥、和平、三瓦窑社区的贫困党员。

19日 桂溪街道组织人员参与高新区民俗闹春主题活动。

▲ 桂溪街道综治委组织召开“春节、两会”期间综治维稳工作专题部署会，街道党工委副书记张仲常参会。

20日 桂溪街道党工委副书记、办事处主任张学文，街道党工委委员、办事处副主任王子琦带队检查了烟花爆竹销售点位安全工作落实情况。

▲ 桂溪街道党工委书记樊晓峰带队对桂溪环卫工人进行了节前慰问。

▲ 街道分管领导主持召开了伊腾洋华堂高新店及周边地段治安防范工作现场会。

29日 桂溪街道党工委副书记、纪工委书记陈长贵同志率队到各社区督察工作人员到岗情况，党工委委员、党政办主任瞿蓉芳率队对机关全体工作人员到岗情况进行了督察。

2月

1日 桂溪街道组织召开辖区环保工作会议，安排电动车清理等工作。

2日 桂溪街道党工委委员、办事处副主任王子琦主持召开2012年度双困人员帮扶及大学生创业带动就业奖励机制研讨会。2月2日高新区城市管理和环境保护局局长陆军、副局长王普德一行到桂溪街道调研指导城乡环境综合治理工作。

▲ 国土高新分局局长官旭一行到桂溪街道调研指导拆迁安置工作。

▲ 桂溪街道社事科发生一起居民因对计生政策不满从而对工作人员实施过激行为的事件。

3日 桂溪街道按照高新区第六届人大换届选举工作会议精神，连夜召开会议启动选举工作。

▲ 桂溪街道召开机关全体工作人员会议，传达市纪委十一届七次全会会议精神，并学习了高新区工作人员行为规范。

4日 组织辖区各单位、各社区相关人员130余人召开了选举工作动员培训会。

4日–5日 桂溪街道党工委书记樊晓峰及班子成员分别到各社区、单位督查人大换届选举宣传动员、选民登记等工作。

6日 桂溪街道组织辖区社区戒毒（社区康复）人员及家属开展了欢度元宵节包汤圆、猜谜语活动。

7日 桂溪街道拟定涉藏维稳工作实施方案暨突发性事件处置预案，对辖区涉藏人员进行排查、分析，严防不稳定因素苗头。

8日　桂溪街道组织召开“五会”期间维稳工作会，开展全国“两会”期间辖区不稳定因素、涉稳高危人员大排查。

9日　桂溪街道党工委召开166次会议。

▲　桂溪街道分别召开各社区、各学校党组织负责人会议，安排出席成都市第十二次党代会代表的推荐工作。

▲　桂溪街道妇联在双祥社区举办了双祥、双和、双源社区“粉色三月”女性招聘会。

10日　桂溪街道党工委副书记、办事处主任张学文召集会议，安排部署文明院落示范点建设工作。

13日　桂溪街道党工委召开第167次会议。

▲　桂溪街道党工委办事处召开工作会，要求各部门、社区围绕街道工作思路，做好全年计划并开展好日常工作。

▲　桂溪街道党工委书记樊晓峰召集分管拆迁领导及临江村负责人专题研究涉及高新区重点建设工程的拆迁问题。

14日　桂溪街道召开深化院落自治建设动员会，街道主要领导、分管领导、各农迁社区两委及片长60余人参加会议。

16日　桂溪街道党工委书记樊晓峰带队到市机关事务管理局衔接了人大换届选举投票点设置等工作。

17日　市机关工委召集各部门机关党委书记参加的会议，安排人大换届选举工作，街道主要领导对辖区选举工作进行了介绍。

▲　资阳市委常委、副市长蒋林率资阳市政府考察团一行，到和平综合农贸市场考察市场规划建设及营运管理工作。

▲　高新区组织、人事部门到桂溪街道，对参加成都市第十二次党代会代表的推荐人选进行了考察、座谈、个别谈话。

▲　桂溪街道组织召开企业会计例会，辖区30余家企业参会。

22日　桂溪街道组织各选区有序召开了武侯区第六届人大换届选举正式候选人见面会。

▲　成都市政协副主席李铀率市政协委员一行20余人，到双源综合农贸市场考察了生猪溯源和蔬菜溯源工作。

▲　高新区就业处处长邓换生到桂溪街道指导双困人员帮扶、大学生创业带动就业工作。

23日　桂溪街道党工委书记樊晓峰召集各社区书记、就业业务主办、新社区就业工作人员研讨就业工作。

▲　桂溪街道召开2012年食品安全监管工作会议。

24日　国土高新分局局长官旭率经发、信访及公安等部门有关人员，到桂溪街道专题研究临江村电力通道拆迁有关事宜。 2月26日省市党政军领导在桂溪辖区开展义务植树活动。

27日　武侯区第六届人民代表大会换届选举桂溪辖区四个联合选区各项工作取得圆满成功。

29日　长春市政府副秘书长、市政府决策咨询委员会主任赵国华一行到桂溪街道综合文化活动中心考察调研。

3月

1日　成都市城管行政执法局执法督察处处长徐虹一行到桂溪街道就近年来城市管理工作开展情况进行检查指导。

2日　遂宁市执法局局长一行到桂溪街道双源综合农贸市场参观考察。

5日　桂溪街道党工委书记樊晓峰带队到

成都百施特金刚石钻头有限公司进行走访座谈，并授予了“成都市非公有制经济组织示范党组织”授牌。

▲ 桂溪街道党工委办事处召开办公会，肯定了近期在人大选举、临江村电力通道拆迁及维稳处置、双祥幼儿园开园、省市区领导植树活动等重点成绩。并强调各部门工作要围绕街道2012年工作思路突出亮点和特色。

▲ 高新区“幸福高新·百姓故事会”活动启动仪式在桂溪街道文化活动中心举行，3位奥运火炬手讲述了身边的故事，10余家新闻媒体进行了采访报道。

▲ 中和街道就业和社会保障服务中心及工会负责人到桂溪街道交流学习和谐劳动关系创建工作。

6日 高新区国土局领导到街办与办事处主要领导、分管领导及临江村负责人研究了电力通道拆迁问题。

▲ 高新区城市环保局局长陆军等到街道调研了城郊结合部治理难点问题，办事处主要领导及分管领导陪同。

▲ 桂溪街道组织召开了财政所长选聘演讲及满意度测评会，街道机关全体人员，各社区（村）负责人参会。

▲ 桂溪街道圆满完成了昆明市委团体参观软件园的保障工作。

8日 桂溪街道党工委书记樊晓峰，党工委副书记、办事处主任张学文，党工委委员、办事处副主任全少英参加了2012年度老龄工作座谈会并提出工作要求。

▲ 高新区社事局、桂溪街办、天府软件园公司、社区卫生服务中心在天府软件园举办了“关爱女性健康、关注职业病防治”三八节大型义诊宣传活动。

9日 桂溪街道组织各社区就业业务主办进行了述职。

12日 桂溪街道召开第168次党工委会议，要求班子成员按照党风廉政建设和预防职务犯罪责任分工做好分管范围内的检查督促工作；会议还要求继续做好维稳包案和大接访工作。

▲ 桂溪街道党工委书记樊晓峰带领机关和益州社区工作人员，与世纪城南路学校师生一起开展了植树造林活动。

▲ 桂溪街道召开了专题工作会，分管领导安排部署了全年的党建和群团工作。

▲ 桂溪街道党工委副书记、纪工委书记陈长贵带队走访了华创通讯、金山软件等企业，调研党建及群团建设等工作。

13日 桂溪街道召开了2012年党风廉政建设和预防职务犯罪工作会，回顾2011年工作，并安排部署2012年工作，街道党工委书记樊晓峰对工作提出了要求。

14日 高新区就业处负责人等到双源社区检查了基层平台准备情况。

▲ 桂溪街道召开“门前双五包”创佳专题会议，街道分管领导参加并提要求。

15日 桂溪街道举办了“四川基层综治暨大调解工作信息管理系统2012V1”软件培训，街道党工委副书记张仲常参会并提要求。

▲ 桂溪街道召开人事工作会，对做好聘用人员人事工作进行了安排。

▲ 桂溪街道对2012年春季动物防疫工作进行了安排。

▲ 广元市卫生局副局长吴春瑛带队到桂溪社区卫生服务中心进行了参观考察。

16日 桂溪街道召开了党建工作会，对近期的问卷调查、三分类三升级工作等基层组织建设年工作进行了安排。

▲ 桂溪街道相关工作人员前往对口扶贫的彭州市九尺镇永兴村进行了走访慰问。

19日 桂溪街道主要领导召集会议安排部署对临江村3组种植户游祖明（福建菇农）终

止合同后的清场工作。3月20日 平稳完成了清场工作。

20日 国家禁毒办副主任、中国禁毒基金会秘书长陈新友等到桂溪街道社区戒毒（社区康复）中心进行了考察调研，肯定了街道和社区的工作成绩。

▲ 双祥社区36号院落发生两名中学生坠楼事件，高新区和街道相关部门、社区工作人员做好了现场秩序维护、家属安抚等工作。

21日 召开了专题会议对后续工作进行了安排，并开展媒体舆情跟踪工作。截至3月23日，后续工作基本平稳完成。

▲ 桂溪街道主要领导召集负责建设、水务和城管的分管领导和党政办、城建科、经发科、城管中队和财政所的负责人召开街道工程建设项目审计工作会；对街道建设工程中存在的问题进行了研讨，并针对出现问题逐一提出限时整改意见，建立了工程竣工结（决）算审计管理办法。

▲ 桂溪街道党工委副书记、纪工委书记陈长贵主持召开非公企业党群工作会，安排了全年工作并通报近期活动安排。

22日 桂溪街道在双源社区举行了三个非公企业党组织与三个社区党组织结对帮扶18户困难群众的签约仪式。

▲ 桂溪街道组织122人参加了桂溪2012年“红标成都”应急救护知识培训。

▲ 桂溪街道召开会议对双祥社区居民办理产权证工作进行了安排，高新区房管部门同志、街道主要领导、相关科室和社区负责人参会。

23日 桂溪街道协助高新区检察院做好了石墙村相关人员和资料的调查工作。

26日 桂溪街道圆满完成了2012年春季糖酒会综治维稳、食品安全及市容秩序保障工作。

▲ 桂溪街道就业和社会保障服务中心组织社保经办人员召开工作交流会。

▲ 桂溪街道组织辖区农迁社区书记、主任一行，前往肖家河街道办事处考察学习院落自治建设工作。此次考察由街道党工委委员、办事处副主任全少英带队。

▲ 临江村拆迁工地发生一起意外死亡事故，街道相关分管领导和人员立即赶赴现场处置，街道随即召开了会议安排处理善后事宜，平稳妥当地做好了亲属安抚、人道救助等工作。

▲ 街道主要领导、分管领导与社区文化活动中心相关负责人和工作人员研讨了全年文化建设工作。

27日 街道对辖区各流管站的流动人口服务管理工作进行了督导。

▲ 成都市委常委黄建发同志在市商务局、高新区经贸发展局、桂溪街道相关负责人的陪同下，到双源综合农贸市场检查指导工作。

▲ 按照成都市深入推进城乡环境综合治理开展 “市容和环境保护管理条例” 专项活动的安排，桂溪街道在双源社区设立主会场开展文明劝导及法规宣传活动。

28日 街道对益州社区工作站站长拟任人选进行了考察谈话和民主测评。上报省级军转干工作先进集体和个人申报材料。完成一季度副处级以上领导干部的学分统计。

▲ 桂溪街道纪工委组织临江村相关人员开展了党风廉政建设集体谈话。街道党工委副书记、纪工委书记陈长贵，党工委委员、办事处副主任王子琦，临江村村两委、社长、党小组长等骨干人员参会。

▲ 桂溪街道党工委副书记、纪工委书记陈长贵到电子科技大学科园教育中心第二期初级党校开学典礼，为87名同学开授党课。

29日 桂溪街道 “科技之春” 科普知识竞赛在高新和平学校多功能厅拉开了帷幕。

▲ 桂溪街道在双和社区广场组织开展了综治及见义勇为宣传月活动。活动主要对综治、禁毒、防邪、流动人口、见义勇为等社会治安综合治理工作进行了宣传。

▲ 街道主要领导召集城管、水务等部门和民乐村负责人开会，安排部署民乐村市场周边水环境整治工作。3月30日早，分管领导带队顺利拆除了市场的4座直排式旱厕和几处违章搭建窝棚。

▲ 东苑A区的业主联合签名（共约400名）反对地铁七号线在3、4栋之间地下修建，并在小区内打出了两条横幅，当晚，业主大会筹备组召集会议进行了政策解释，3月31日，小区内横幅已拆除，无业主继续签名。

30日 桂溪街道组织召开了2012年统计工作会，桂溪辖区70余家企业参加了此次会议。

▲ 桂溪街道与上海恩派座谈了社区社会组织培育发展工作。

▲ 桂溪街道“科技之春”科普活动月活动圆满落幕，本次科普活动月参与群众3000余人，发放各类科普宣传资料6000余册，接受咨询200余次，解决实际问题30余件。

▲ 桂溪街道组织社区党务工作人员及党员群众代表70余人前往成都金沙烈士陵园开展了清明节缅怀烈士扫墓活动。

▲ 桂溪街道组织党务工作者到东郊烈士陵园开展了“清明节”扫墓活动。

▲ 高新区两委办政务服务处相关人员一行，到桂溪街道三瓦窑、双祥、双源社区调研指导综合服务站建设工作。

▲ 委领导杜必强召集国土、维稳等部门及街道负责人研讨了临江村菌棚拆除的有关事宜，随后，国土高新分局局长官旭到街道研讨布置了相关工作。

31日 贵州省遵义市市委组织部、遵义市红花岗区区委组织部及下辖乡镇干部考察团一行13人到桂溪街道考察交流。

▲ 桂溪街道组织召开了农村集体资产处置工作培训会，街道党工委书记樊晓锋，街道党工委副书记、办事处主任张学文等相关领导出席会议。

▲ 街道分管领导带领社区院落相关人员到武侯区火南办等参观学习院落自治工作。

4月

6日 桂溪街道组织辖区幼儿园召开了食品安全、卫生防疫、安全生产工作专题会。

▲ 桂溪街道党工委副书记、办事处主任张学文召集专题会议，对2012年深化院落自治的配套政策和具体工作进行了研讨。

7日 桂溪街道成功举办了“青春文明梦想”趣味运动会分赛区桂溪预赛，5支参赛队进入决赛；组织人员参加了高新区职工“健步走”活动。

16日 桂溪街道召开了2012年城乡环境综合治理工作会，街道党工委书记樊晓峰，党工委副书记、办事处主任张学文出席，对全年工作进行了安排部署。

17日 绍兴市政府各相关局负责人到桂溪街道双源综合农贸市场参观考察猪肉、蔬菜产品质量可追溯体系建设情况。

▲ 桂溪街道对双源、双祥社区院落治安防范工作进行了指导，要求加强院落的巡查力度。

▲ 街道举办了院落“三驾马车”相关人员培训会，街道分管领导到会。

18日 桂溪街道分管领导召集相关科室负责人研讨了敬老院老人遗赠抚养事宜。

▲ 桂溪街道召开机关全体人员及社区负责人参加的会议，专题传达17日高新区工委（扩大）会议精神，街道党工委书记樊晓峰对

贯彻落实好会议精神提出了要求。

19日–20日 桂溪街道组织巡逻大队副组长以上骨干进行了述职述廉汇报。

20日 桂溪街道召开农村集体资产处置工作会，街道党工委书记樊晓峰及分管领导、相关村工作小组成员参会，对近期工作进行了安排部署。

▲ 桂溪街道组队参加高新区趣味运动会决赛并获得二等奖的好成绩。

▲ 高新区委领导宋志斌到桂溪街道调研指导工作，两委办主任卢哲平陪同，街道领导班子全体成员参加调研座谈。

▲ 桂溪街道在双祥社区举行了青年见习基地授牌仪式暨2012年大学生专场招聘会，高新区委领导林海、人事劳动和社会保障局副局长王红、街道主要领导、分管领导等出席了仪式。成都日报、腾讯网等媒体对创新开展青年见习基地工作进行了采访报道。

▲ 桂溪街道举办了社区两委成员培训会，街道党工委书记樊晓峰到会并讲话。

23日 因街道协调做好工资清欠工作，成都大魔方演艺中心中国五冶项目部、四川明洪建筑劳务有限公司木工班组农民工代表来到街道送上锦旗表达感激。

▲ 德阳市旌东街道办事处主任带队街道社区戒毒（社区康复）活动中心进行了交流学习。

▲ 桂溪街道召开办公会，要求各部门完善目标考核内容，加强对院落自治工作的指导，以委领导对街道工作的肯定为动力做好全年各项工作。

23日–28日 桂溪街道党工委副书记、办事处主任张学文带队分别前往三瓦窑、和平、双和、双源社区指导院落自治建设工作。

25日 高新区政务服务处副处长何佳等查看了和平综合服务楼现场，希望共同思考打造市民中心的可行性。本周，街道主要领导、相关科室、社区对和平综合服务楼功能布局进行了现场查看。

▲ 合作街道城管执法中队到街道学习交流城市管理数字信息操作。

▲ 四川省女篮与高新区篮球队在双源体育运动中心进行了友谊赛，委领导李岷雪参加了活动。

25日–26日 桂溪街道总工会举办了首届基层企事业单位工会主席培训班，街道总工会主席为50余名参会人员授课。

26日 桂溪街道综治办、司法所、辖区派出所召集社区矫正人员18人进行警示性教育和谈话，街道分管领导到会。

▲ 桂溪街道在双祥社区开展了“世界知识产权日”宣传活动。

26–27日 桂溪街道组织人员到石羊街道流管办进行了工作交流和研讨。

27日 桂溪街道召开了城乡环境综合整治工作会，街道党工委书记樊晓峰、党工委副书记、办事处主任张学文对市、区相关工作要求进行了传达，并安排部署近期工作。

27日–5月1日 桂溪街道党工委书记樊晓峰、党工委副书记、办事处主任张学文带队，全力做好城乡环境综合整治工作，确保了辖区的干净、整洁。

28日 桂溪街道做好了在和平社区广场举行的“新品川鲜活农产品直通车进社区暨产销对接签约仪式”的相关保障工作。成都市副市长谢瑞武、市政府副秘书长罗树林、高新区管委会副主任宋志斌及省、市相关部门负责人出席。

▲ 桂溪街道和平社区天和东街8号院接受了成都市组织的文明程度测评摸底调查。

29日 高新区党工委委员、管委会副主任宋志斌带领高新区城市管理和环境保护局局长陆军、副局长王普德一行，对桂溪街道城乡环境综合治理工作落实情况进行了检查。

5月

2日　桂溪街道召开城乡环境综合整治工作会，街道党工委副书记、办事处主任张学文安排部署了近期工作。

3日　桂溪街道举办了“争做有为青年”演讲比赛第一场预赛。

▲　高新区就业处处长邓换生到双祥社区检查指导工作。

▲　桂溪街道党工委副书记张仲常到双源综合农贸市场指导日常监管工作。

▲　桂溪街道对新聘的流动人口协管员进行了业务培训。5月3日　桂溪街道在大源体育公园成功举办了“棋聚高新·共品国粹”——2012年高新区棋类比赛暨第三届国手桂溪行系列活动，高新区社会事业局吕毅局长、桂溪街道樊晓峰书记、张学文主任、成都棋院院长谢祖瑞等出席了活动。

▲　委领导宋志斌带队视察城乡环境综合治理工作，对桂溪街道迅速采取措施、解决广和一街排污问题进行了肯定。

4日　桂溪街道主要领导和分管领导与高新区统征办相关人员会商勤俭村、民乐村、铜牌村、大源村集体资产赔付事宜。

▲　成都世龙公司举行党支部、工会、团支部成立大会，桂溪街道党工委副书记、纪工委书记陈长贵参会。

7日　桂溪街道党工委办事处召开办公会，要求结合院落自治工作动员居民参与院内的城乡环境综合治理工作，在维稳工作上要做到不信谣不传谣。

▲　桂溪街道组织人员在成都天府软件园现场办理37家企业劳动保障年检，目前累计年检企业达260家。

7日–11日　高新区就业督察组到桂溪街道各社区检查指导工作。

7日–12日　桂溪街道组织治安巡逻大队队员开展了业务技能培训、廉政建设警示教育。

8日　高新区老龄办相关人员对桂溪老年大学申报省A级工作进行了指导。

▲　桂溪街道组织召开百姓故事会活动推进会,街道党工委书记樊晓峰参会。

▲　桂溪街道举行了“争做有为青年”演讲比赛第二场预赛，并邀请高新区团工委书记冉启平为参赛人员讲授演讲技巧。

10日　桂溪街道党工委副书记、办事处主任张学文主持召开会议，安排禁放烟花工作。

▲　成都市总工会副主席曾祥斌、市总国防电子工委主任李学建带队指导了街道“面对面，心贴心，实打实服务在基层活动”工作，并走访了桂溪环卫公司、平安数据（成都）有限公司。

11日　桂溪街道机关全体人员观看了廉政教育警示片。

▲　桂溪街道组织召开了社区戒毒（社区康复）工作会。

▲　桂溪街道党工委副书记、纪工委书记陈长贵带队到双祥社区，与筹备组成员研讨了队伍建设、党建、群团、人事、社区细分等工作。

▲　桂溪街道联合消防大队共同对双和社区餐饮商家、大源社区手工业基地、农贸市场进行了安全消防检查。

14日　桂溪辖区外来务工就业农业劳动者子女入学合同换发工作正式启动。

▲　桂溪街道街道党工委书记樊晓峰主持召开城乡环境综合治理工作会，并带队慰问了城管队员、环卫工人。

▲　桂溪街道召开临江村拆迁工作专题会议，街道党工委书记樊晓峰参会。

▲　桂溪街道组织召开了省第十次党代会

期间的维稳工作会议。

15日　桂溪街道召开了争创戒毒人员服务管理暨戒毒康复人员就业安置工作全国示范点迎检工作会。

▲　桂溪街道召开了各社区院落支部委员培训会，街道党工委副书记、纪工委书记陈长贵到会并授课。

16日　桂溪街道组织机关全体人员及社区书记主任收看了省第十次党代会开幕式及刘奇葆书记的工作报告。

▲　桂溪街道召开工作会，与各社区签订了目标责任书。

17日　桂溪街道召开了党群联席会。

▲　桂溪街道与高新区安全处相关人员对临江村家具生产企业进行了检查。

▲　桂溪街道、三瓦窑派出所联合在和平广场开展了"三电"整治宣传活动。

18日　桂溪街道组织召开综治巡逻大队工作会，并开展了工作作风教育。

▲　桂溪街道团工委举行了"争做有为青年"演讲比赛，街道主要领导和高新区团工委负责人为青年选手们喝彩并致辞寄予厚望。

▲　桂溪街道召开会议对防汛工作进行具体安排，并将防汛物资发放给各社区。

19日　2012年成都市社区广场健身活动月"太极蓉城"专场展示活动在和平社区广场举行。成都市体育局局长覃文林、副局长何荣波、桂溪街道党工委书记樊晓峰，党工委委员、办事处副主任全少英等出席。

21日　桂溪街道组织中心组学习，围绕高新区工委组织部基层组织建设年工作方案以及相关配套文件进行了学习研讨。

22日　桂溪街道双源社区举行了开设"幸福驿站"、争当"幸福使者"活动启动仪式。

▲　桂溪街道分管领导带领目督办、城建科相关人员到临江村督查种菌户搬迁和农房拆迁工作进展情况。

▲　桂溪街道组织召开"送人玫瑰 手留余香"征文活动表彰会，街道党工委委员、办事处副主任全少英参会并颁奖。

▲　桂溪街道召开2012年重性精神疾病患者线索调查复核工作动员会，街道党工委委员、办事处副主任全少英到会并提要求。

23日　桂溪街道召开了传达贯彻省第十次党代会精神专题会。

▲　桂溪街道在会展中心北门外人工湖旁组织开展2012年度防汛抢险应急演练。高新区党工委委员、管委会副主任宋志斌、桂溪街道樊晓峰书记、张学文主任等参加演练。

▲　市、区文明办相关人员到桂溪街道三瓦窑社区198、208号院检查了文明示范院落建设情况。

▲　桂溪街道召开老龄、老协工作联系会，选举产生了新一届街道老年协会名誉会长、会长、常务副会长等。

24日　桂溪街道召开深化院落自治工作现场会。街道班子全体成员、相关部门负责人、各社区书记主任等到双源、双和部分院落进行了现场调研走访，并围绕院落自治工作进行了研讨。

25日　市城调队到桂溪街道双源社区开展成都市第五次公众科学素养调查。

▲　高新区检察院相关同志到桂溪街道座谈调研涉农惠民领域贪污贿赂等职务犯罪的预防工作情况。

25日–26日　桂溪街道组织社会事务服务中心窗口工作人员开展了业务培训和拓展活动。

28日　桂溪街道党工委办事处召开办公会，要求院落自治组织要切实解决一些具体问题，院委会要牵头收集群众意见并反映。

29日　国务院参事郭瑞、袁隐到桂溪街道综合文化活动中心视察了文化惠民工作。

▲　委领导宋志斌带队到桂溪街道慰问

了奋战在城乡环境综合治理工作一线的桂溪街道城管执法中队队员。

▲ 2012年度汽车营二连集结点验大会在桂溪街道和平社区广场举行。四川预高师师长、四川军区副参谋长李勇，委领导杨东，桂溪、石羊、芳草街道主要领导出席。

▲ 攀枝花市卫生局相关同志到桂溪街道社区卫生服务中心进行了参观考察。

▲ 桂溪街道与省委组织部相关人员共同座谈研讨了党建创新工作。

▲ 桂溪街道在长城半岛召开了治安防范现场工作会议。

30日 桂溪街道纪工委组织100余人观看了爱国主义教育影片《赛德克·巴莱》，委领导李岷雪及高新区纪工委相关同志受邀观影。

▲ 桂溪街道党工委书记樊晓峰带领班子相关成员、科室负责人到大源片区对社区配套用房的使用问题进行现场调研办公，并与石羊街道相关领导明确了边界划分。

31日 桂溪街道开展了"怀感动之心·做有为少年"百姓故事会小故事员培训暨陈岳叔叔进校园活动。《成都日报》、四川新闻网等多家媒体进行了报道。

▲ 桂溪街道召开了安全生产工作会，签订了2012年目标责任书，街道党工委副书记、办事处主任张学文参会。

▲ 委领导李岷雪到街道安排部署了高新区篮球协会相关管理工作。

▲ 桂溪街道党工委副书记、办事处主任张学文主持召开会议，安排落实城乡环境综合治理长效机制建设工作。

6月

1日 桂溪街道党工委委员、办事处副主任全少英带队对辖区5所学校和10所幼儿园进行了"六·一"慰问。

4日 桂溪街道党工委召开工委会议专题研究双和、双祥、双吉、双桂等四个社区办公用房配备及片区文化活动中心、老年大学分校、殘康中心设置有关事宜。

▲ 桂溪街道组织召开了争创社区戒毒（社区康复）全国示范点迎检工作第三次协调会。

5日 桂溪街道在融城理想楼盘组织召开小区治安防范现场会。

▲ 桂溪街道城管执法中队成功举办了主题为"绿色经济，你参与了吗"环保演讲比赛。

5日起 桂溪街道组织开展了入党积极分子培训，辖区约110名积极分子参训。

6日 桂溪街道举办了目标及宣传工作培训。

▲ 成都市食品药品监督管理局局长张蓉一行到桂溪街道双源综合农贸市场考察生猪、蔬菜溯源工作。

7日 委领导韩春林、宋志斌一行到民乐农贸市场龙爪堰右支渠视察指导防汛工作。

9日 桂溪街道开展了"两新"党组织党务工作培训，辖区企业、学校党组织书记和党务工作者参加了培训。

10日 桂溪街道组织40余名高校学生、社区居民志愿者参加紫竹广场举行的高新区"三关爱"活动启动仪式暨"城乡环境综合治理"志愿服务集中宣传活动。

▲ 桂溪街道与高新区质量局、经发局共同在苏宁广场举办了全国安全生产宣传月咨询日活动。

11日 桂溪街道在和平社区广场举行了志愿者授旗仪式及大型志愿服务活动，街道党工委书记樊晓峰出席并讲话。

12日 新华职业技术学院荣获"2011年成都市平安单位"称号，街道党工委副书记张仲常参加了授牌仪式。

13日　在高新区第二届老年艺术节文艺汇演上，桂溪街道选派的代表队荣获了2个金奖、1个银奖、1个铜奖。

▲　桂溪街道在和平社区举办了医保知识培训会。

▲　桂溪街道组织召开辖区"门前三包"工作推进会。

14日　桂溪街道召开了防邪"共建卡"签定工作会暨争创社区戒毒（社区康复）全国示范点迎检工作协调会。

▲　桂溪街道纪工委督查了相关社区的城乡环境综合治理工作开展情况。

15日　桂溪街道纪工委督查了社区"三务"公开工作。

19日　四川省卫生厅巡视员、省社区卫生协会会长郭秀卿一行到桂溪社区卫生服务中心调研指导工作。

20日　全国肉菜流通追溯体系建设试点工作现场会在桂溪街道和平综合农贸市场召开，国家商务部副部长姜增伟、商务部部长助理房爱卿及参会人员约260人到现场考察调研，市委常委、副市长赵小维陪同。

▲　桂溪街道召开机关全体人员和社区、卫生中心负责人参加的大会，传达高新区作风整顿会议精神。

▲　桂溪街道在特勤二中队举行了消防安全演练，辖区企业、居民代表、各社区安全员近100人参加。

▲　桂溪街道组织50名就业相关人员进行就业政策培训。

21日　桂溪街道再次召开班子全体成员、各部门、社区负责人参加的专题会，传达落实高新区相关会议精神。

▲　街道召开了窗口工作人员作风整顿专题会。

▲　桂溪街道在南新社区欧尚广场开展了"6.26"禁毒宣传活动。

▲　高新区志愿者协会负责人到桂溪街道及和平社区调研和指导志愿者服务站、点建设工作。

▲　桂溪街道召开文明程度指数测评工作会，街道主要领导对工作进行了安排部署。

26日　委领导宋志斌带队到桂溪辖区临江村（老双华路段）下穿隧道抽水闸房视察闸房用电情况、三吏堰支渠泄洪情况。

▲　桂溪街道党工委办事处召开办公会，传达了25日全市开展保持党的先进性纯洁性为主题的干部作风教育实践活动动员大会精神。

▲　桂溪街道召开了辖区志愿服务联席会，街道党工委副书记、纪工委书记陈长贵到会并安排工作。

▲　桂溪街道组织各社区青年见习人员进行了交流座谈。

▲　桂溪街道举行了2012年第二届桂溪街道"和谐杯"院落乒乓球决赛。

▲　桂溪街道召开了辖区地籍数据库建设工作会议，大源、五岔子、双土、临江等村相关人员参会。

27日　桂溪街道开展了城管执法中队组长竞聘演讲及测评工作。

28日　桂溪街道召开中心组专题学习会议，街道党工委书记樊晓峰组织班子全体成员学习了全市开展干部作风教育实践活动动员大会的精神，要求班子全体成员带头做好相关工作。

▲　桂溪街道党工委书记樊晓峰带队到和平社区天仁北二街一号院现场办公，解决城乡环境综合整治中存在的老大难问题。

29日　桂溪街道组织开展了"忆峥嵘岁月·谈百态人生"庆"七·一"百姓故事会活动。

7月

2日　桂溪街道组织召开干部作风教育实践活动工作组专题会议，通报了近期工作部署及要求，明确各工作组的责任分工。

▲　桂溪街道党工委副书记、纪工委书记陈长贵带队到和平阳光家园调研设计工作。

3日　桂溪街道组织召开干部作风教育实践活动专题会，通报了活动实施方案、领导小组及各工作组分工职责等。

▲　桂溪街道党工委书记樊晓峰督察了各社区、机关工作政府作风。

4日　桂溪街道召开活动领导小组及各工作组推进会，通报高新区推进会精神，并对加强学习、督促联系社区、强化督查宣传等提出了要求。

▲　桂溪街道组织机关全体人员进行集中学习。

▲　桂溪街道被纳入全市20个区域团建试点单位之列，团市委青工部部长冯金伟到街道调研了区域团建工作。

▲　桂溪街道综治办召开作风教育实践活动动员会，巡逻大队、监控室全体人员参加会议。

5日　成都市成华区建设路街道办事处相关同志到桂溪街道参观学习了城乡环境综合治理工作。

▲　桂溪街道党工委书记樊晓峰带队巡查桂溪辖区8个在建重点项目工地，落实民生工程建设进度。

▲　桂溪街道对辖区所有地下停车场开展了防汛隐患排查。

▲　桂溪街道城管执法中队对拟聘组长职务人员进行岗前作风教育及廉政谈话。

6日　街道党工委书记樊晓峰慰问了对口联系帮扶的院落困难群众。

▲　桂溪街道组织机关全体人员开展“参与志愿服务 塑造桂溪形象”大型志愿服务活动。

▲　桂溪街道组织召开城管执法中队骨干（组长及以上）人员座谈会，街道党工委书记樊晓峰到会。

▲　桂溪街道在和平广场举办了“道德模范故事汇”进社区基层巡演。

▲　桂溪街道再次组织机关全体人员集中学习。

7日　桂溪街道召开社区负责人会议，安排部署干部作风教育实践活动、文明创建等工作。

9日　桂溪街道组织开展作风教育实践活动机关全体干部集中学习。

▲　桂溪街道召开干部作风教育实践活动工作推进会，对转段工作动员会相关工作进行部署。

▲　高新区基层组织建设年工作督查组到桂溪街道听取工作述职。

10日　桂溪街道组织召开社区负责人例会，街道党工委书记樊晓峰要求各社区结合教育实践活动做好社区管理、院落自治等工作。

▲　桂溪街道举办了以“保持党员的先进性纯洁性”为主题的中老年党员培训会，由省委党校党史党建教研部教授侯德邻主讲。

11日　桂溪街道党工委书记樊晓峰带队到双祥社区现场办公，要求相关科室配合社区及时解决居民反映的相关问题。

▲　市委常委、高新区党工委书记敬刚在街道党工委书记樊晓峰的陪同下到桂溪街道视察指导工作。

▲　桂溪街道召开辖区非公企业半年党建工作会。

▲　桂溪街道举办了“道德模范故事汇进社区”基层巡演，道德模范杜淑云到场与观众

交流。

▲ 桂溪街道举办了“道德示范讲堂”活动，宣讲一位普通楼栋长冯开萍的故事。

11日–13日　桂溪街道党工委书记樊晓峰带队到各社区、临江村进行了目标半年运行情况的检查。

12日　桂溪街道组织召开干部作风教育实践活动工作点评会，领导班子全体成员、相关工作组成员参会。

▲ 桂溪街道组织召开干部作风教育实践活动第二阶段工作安排会。

▲ 委领导冯亚曦在街道党工委书记樊晓峰的陪同下到桂溪街道和平社区视察指导了社区志愿服务站建设工作。

12日–14日　委领导宋志斌多次带队视察了桂溪街道铁路沿线、河道、三环路等城乡环境综合治理难点点位。

13日　桂溪街道召开医疗机构培训会，19家医疗机构负责人参加了此次培训。

16日　桂溪街道组织召开干部作风实践活动第二阶段工作推进会。

▲ 桂溪街道召开专题协调会，督促解决双祥社区院落坝坝会收集到的建议意见。

▲ 广西壮族自治区住房和城乡建设厅副厅长韦力平一行参观考察了桂溪街道铁路沿线城乡环境综合治理工作。

16日–17日　高新区两委办、党群工作局、发展策划局、经贸发展局、质监局、公安分局、地税局、高投集团的党员干部纷纷到对口联系社区“双报到”。

17日　桂溪街道组织召开了城乡环境综合治理涉及小区、院落四防设施建设工作会。

▲ 桂溪街道对双源、双和、双祥社区的“小旅馆”进行摸底排查。

▲ 桂溪街道召开专题会议传达高新区文明程度指数测评调度会精神。

▲ 成都市地方志办王家球副主任等到桂溪街道对接“双报到”工作。

18日　桂溪街道组织召开二季度考核领导点评与集体谈话会。

19日　高新区社会事业局、食安办、工商局、城管执法局、公安分局、桂溪街道联合对广和一街沿铁路无证餐饮店铺进行集中整治。

20日　桂溪街道党工委副书记张仲常带队督察和平、石墙综合农贸市场。

▲ 桂溪街道组织机关、社区党员志愿者、居民志愿者在和平社区南铁新居院落开展了城乡环境综合整治志愿服务活动。

▲ 对机关工作人员进行桂溪街道民生热线主要流程培训。

▲ 委领导杜必强在国土局局长官旭的陪同下到桂溪街道研究拆迁遗留问题。

24日　桂溪街道连续召开两次座谈会，收集各方面的意见和建议。

▲ 桂溪街道集中整治了和平、石墙、大源农贸市场的环境卫生及占道经营行为。

25日　高新区两委办主任卢哲平带队到桂溪街道征求意见。7月25日，市委组织部督导组莅临桂溪街道检查基层组织建设年工作。

▲ 桂溪街道党工委书记樊晓峰主持了召开全国城市文明程度指数测评推进会。

28日　市城调队到和平、双源社区开展了成都市综合文明指数半年测评。

31日　高新区工会办事处、桂溪街道总工会联合对辖区非公企业成都清科生物科技有限公司工会及迪卡侬体育休闲用品公司（外资）开展“面对面、心贴心、实打实”服务职工在基层走访慰问活动。

▲ 桂溪街道城管执法中队召集全体队员召开专题会议，总结反思7. 25事件。

▲ 桂溪街道党工委书记樊晓峰带队走访慰问了四川省武警森林总队，成都市消防支队、特勤二中队的官兵。

8月

1日　桂溪街道迎接了市委组织部对基层组织建设年工作的检查。

▲　市委常委、高新区党工委书记敬刚到桂溪街道三瓦窑社区“双报到”，并慰问了困难居民方洪辉、蔡素英。

▲　桂溪街道对治安巡逻大队新进队员31名进行了岗前培训结业考核。

2日　桂溪街道组织社区戒毒（社区康复）人员及家属开展了心理健康培训会。

▲　桂溪街道组织泰和佳园流动党员服务站党员进行座谈。

▲　成都市林业和园林管理局副局长李建、副巡视员严代碧一行到桂溪街道检查防灾减灾工作。

▲　桂溪街道接受了高新区教育实践活动督察组的检查。

3日　高新区党工委副书记、管委会副主任冯亚曦同志到桂溪街道和平社区　“双报到”，并慰问了困难居民陈善华、程正清。

▲　委领导冯亚曦副书记到双源体育健身广场检查街道道德示范讲堂的设施配备、活动开展情况。

▲　桂溪街道召开街道党工委（扩大）会议，传达学习8月2日高新区工委（扩大）会议精神。

▲　成都市规划执法监督局副局长张蜀月一行实地考察了桂溪街道城乡环境综合整治工作情况。

▲　桂溪街道召开“两园一圈”两新组织党总支工作会。

6日　桂溪街道召开办公会，要求全力做好文明程度指数测评迎检工作。

6日–8日　桂溪街道召开了3次现场办公会，协调污水处理厂闲置土地捡种户的拆除纠纷问题。

7日　桂溪街道城管执法中队召开以文明执法为专题的作风纪律整顿会议。

▲　桂溪街道组织治安巡逻大队党员及骨干召开了作风教育实践活动第二阶段自查自纠工作推进会。

7日–11日　桂溪街道做好了2012年第九届四川国际西部国际煤炭工业暨矿山机械博览会的保障工作。

8日　桂溪街道总工会干部在高新区工会办事处负责人带领下，到桂溪环卫公司开展“四送三助”之“送清凉”活动。

▲　桂溪街道与三瓦窑派出所对大源片区5家赌博机非法经营窝点进行了集中清理。

▲　桂溪街道党工委书记樊晓峰带队到双源、双和社区及街道道德讲堂检查指导工作。

8日–9日　桂溪街道对辖区25户计生“三结合”困难户、50户“关爱女孩”、3户独生子女死亡家庭进行了慰问。

9日　市、区信访办相关领导到桂溪街道调研周先义上访问题。

▲　桂溪街道成功调解了广和一街城管执法冲突事件。

▲　桂溪街道党工委副书记、纪工委书记陈长贵慰问了文明志愿者。

▲　桂溪街道组织召开单位清查培训会。

10日　桂溪街道召开了大学生志愿者暑期社会实践总结会。

▲　桂溪街道机关工作人员政治学习，通报了干部作风教育实践活动自查自纠工作的推进情况。

▲　桂溪街道对辖区企业标准化达标情况、职业病防治情况进行检查。

13日–14日　晚上6点–10点，桂溪街道党工委书记樊晓峰带队深入双源、双和、和平、三瓦窑社区共16个院落开展入户模拟测评。

15日　桂溪城管执法中队组织全体队员召开作风纪律整顿会议。

▲　高新区党工委委员、管委会副主任宋志斌在桂溪街道党工委书记樊晓峰陪同下，对双源、石墙农贸市场进行检查指导。

16日　桂溪街道对辖区企业和个体工商户进行了安全检查。

▲　桂溪辖区70名流动人口育龄妇女在社区卫生服务中心参加了“新市民健康倍增计划”健康体检。

16日–17日　桂溪街道组织各社区召开维稳工作会。

17日　桂溪街道全体机关人员开展了文明程度指数测评问卷模拟调查。

18日　桂溪街道在和平广场开展了学雷锋大型志愿服务活动，《成都晚报》进行了采访报道。

20日　桂溪街道召开办公会，街道党工委书记樊晓峰要求在干部作风教育实践活动第三阶段要重点做好建章立制工作。

20日–21日　成都市就业信息中心到桂溪街道各社区进行了“就业和劳动保障基础平台建设”问卷调查。

21日　桂溪街道党工委副书记张仲常带队到农迁社区督查“四防”设施的整改情况。

22日　桂溪街道党工委副书记张仲常对软件园的治安环境进行了走访调研。

▲　桂溪街道党工委副书记张仲常到对口联系的四川虹微技术有限公司走访座谈后进党组织转化升级工作。

▲　高新区党工委副书记、管委会副主任冯亚曦在街道党工委书记樊晓峰陪同下，到双源社区、街道及文明单位的道德讲堂检查指导工作。

▲　成都市基层公益性医疗卫生服务体系综合补偿资金专项审计调查组检查了社区卫生服务中心资金使用情况。

23日　桂溪街道组织社区戒毒（康复）人员及家属60余人到双流黄龙湖开展了趣味活动。

▲　桂溪街道组织召开干部作风教育实践活动第三阶段工作安排会。

24日　高新区党工委委员、管委会副主任宋志斌同志，到双和社区检查指导文明程度指数测评迎检工作。

▲　桂溪街道组织召开辖区非公企业党员轮训，并观看红色电影《听风者》。

27日　高新区党工委委员、管委会副主任杜必强调研了东苑流动人口管理和治安防范工作。

▲　市人防办技术专家对桂溪辖区的警报设施进行了检查和试鸣。

28日　成都市食品药品监督管理局高新区药品监管处处长周全对桂溪街道卫生服务中心药品质量进行监督检查。

29日　桂溪街道召开干部作风教育实践活动领导班子专题民主生活会。

30日　桂溪街道组织双源、双和、双祥社区召开市场迎检分工会。

31日　桂溪街道党工委书记樊晓峰带队，对辖区全国城市文明程度指数测评迎检点位及迎检线路进行了检查指导。

9月

2日　委领导冯亚曦、宋志斌到桂溪辖区检查全国城市文明程度指数测评迎检工作。

▲　桂溪街道召开中层以上干部会议，统筹充实全国城市文明程度指数测评各迎检点位人员，再次明确要求。

5日　针对蔬菜捡种居民沿街销售情况，

桂溪街道综治办组织召开了会议安排疏导工作。

6日　桂溪街道召开第175次党工委会，对街道班子成员分工进行了调整，对机关部分工作人员岗位进行了调整。

▲　高新区综治办相关人员调研桂溪街道综治巡逻大队工作及经费保障情况。

6日–11日　桂溪街道在辖区各社区认真组织开展了“9.12出生缺陷干预知识讲座”和预防出生缺陷干预专题宣传活动。

10日　桂溪街道召开办公会，要求各科室做好人员调整后的内部分工，以文明创建为契机，保持高标准日常管理。

▲　桂溪街道召开城乡环境综合治理工作例会，对下一步规范化建设进行了安排部署。

▲　桂溪街道召开街聘人员合同续签考核考前动员。

11日　桂溪街道综治办对辖区各点位的治安防范工作开展情况进行检查。

▲　桂溪街道组织召开2012年“教师节”座谈会。

12日–13日　治安巡逻大队续签劳动合同的队员参加了专业技能测试。

13日　针对无证摊贩跨界摆摊问题，桂溪街道党工委副书记张仲常率队与中和城管执法大队商讨了联动工作。

▲　桂溪街道组织召开楼宇经济座谈会，30余家楼盘以及部分社区相关负责人参会。

14日　街道100余名续签二次合同、无固定期限合同的人员在和平学校多功能室进行了笔试。

▲　桂溪街道组织机关全体工作人员参观成都市规划馆。

▲　桂溪街道党工委副书记张仲常和街道综治办相关人员参加了三瓦窑社区的综治工作总结会。

▲　桂溪街道召开专题会传达14日上午高新区工委（扩大）会议精神。

15日　桂溪街道组队参加高新区第二届老年艺术节时装表演赛。

17日　桂溪街道巡逻队员帮助泰和家园居民找回走失的4岁小孩，收到了居民怀着感激之情送来的锦旗。

17日–18日　桂溪街道与邛崃允礼镇流管办签订了流动人口服务管理的双向协议。

18日　桂溪街道党工委副书记张仲常带队到和平社区检查了重点人员的稳控情况。

▲　资阳市雁江区资溪社区卫生服务中心院长欧阳彦成带队到桂溪社区卫生服务中心参观交流。

19日　高新区基层组织建设年工作督导组到桂溪街道检查指导工作，街道党工委书记樊晓峰及部分班子成员参加汇报座谈。9月19日　桂溪街道召开农村集体资产处置工作领导小组预备会，街道相关领导、各集体资产处置村的指导员、联络员参会。

▲　桂溪街道党工委委员、武装部部长马玉良带队前往黄龙溪桂溪敬老院看望、慰问老人，并进行了义诊。

20日　桂溪街道召开法治城市创建工作专题会。

20日–21日　桂溪街道做好了遂宁市城乡环境综合治理办、温江县城乡环境综合治理办到高新区参观交流的市容保障工作。

21日　街道纪工委同志将居民赠送给队员的感谢金送还到居民家中。

▲　桂溪街道联合卫生、工商等相关部门开展节前食品安全联合检查。

▲　桂溪街道组织社区戒毒（社区康复）人员在社区卫生服务中心进行了健康体检。

▲　桂溪街道联合卫生、工商等相关部门开展节前食品安全联合检查。

21日–27日　桂溪街道党工委书记樊晓峰

带队进行了食品安全、安全生产等联合检查，重点对辖区知名餐饮企业进行了监督检查。

24日　桂溪城管执法中队召开了以“努力打造一支群众满意的规范化城管队伍”为主题的业务培训会议。

25日–29日　桂溪街道各社区精心组织开展了中秋、国庆文艺晚会等庆祝活动。

26日　桂溪街道总工会在大源中街举行了“社区是我家，安全靠大家”消防安全知识竞赛。

28日　桂溪街道党工委副书记、纪工委书记陈长贵带队对辖区20余名贫困老党员、贫困家庭、贫困青少年、坚强母亲等进行了节前走访慰问。

▲　桂溪街道组织人员参加高新区百姓故事会PK赛。

▲　桂溪街道组织机关全体党员干部和社区书记、主任、相关工作人员以及辖区内“两新”组织党员共计130余人观看了影片《雨中的树》。

▲　桂溪街道召开辖区节前综治慰问工作例会，安排部署双节期间工作。

29日　桂溪街道机关全体人员参加了政治学习会议，对节日期间的维稳、安全、应急、值班等工作进行了安排部署。

▲　桂溪街道组织领导班子成员传阅了中央5号文件。

10月

8日　武侯区粮食局及高新区经贸发展局相关领导对桂溪街道粮油供需平衡记账户记账本进行了指标讲解指导。

9日　桂溪街道召开了由大源村两委成员、村民小组长参加的集体资产处置会，对代表名额分配达成了一致意见。

▲　市纪委副书记、监察局局长景明，高新区党工委委员、纪工委书记李岷雪一行到桂溪街道检查纪检监察系统“三项建设”活动开展情况。

▲　桂溪街道对辖区内流动人口、出租房屋、商铺的变动情况进行抽查。

10日　桂溪街道对凯丹广场标准化达标与落实企业主体责任等级评定情况进行检查。

▲　桂溪街道召开双源农贸市场周边秩序专项整治工作会，并对取缔捡种集市进行了安排部署。

11日　由四川省老龄办副主任渠崎带队的省老年大学评估定级检查小组，到桂溪老年大学进行了升A检查验收。

▲　桂溪街道铜牌村两委成员、村民小组长、全体党员80余人参加了集体资产处置工作动员会。

▲　桂溪街道召开流动人口信息流转会。

12日　桂溪街道组织机关全体人员开展了法治大讲堂、“三项建设”之清风大讲坛活动。

▲　桂溪街道在三瓦窑社区开展了市级部门“双报到”党员志愿服务活动。

13日　桂溪街道在双源社区、双和社区、双祥社区联合举办奥克斯广场专场招聘会。

13日–14日　桂溪街道组织辖区60名青少年开展了“高新区2012魅力体验游”活动。

15日　桂溪街道召开办公会，要求保持各项工作的常态化，防在完成好全年工作的同时做好特色亮点的提炼。

▲　桂溪街道党工委副书记、纪工委书记陈长贵到电子科技大学科园教育中心党支部为120余名同学开授党课。

▲　桂溪街道党工委委员、办事处副主任全少英带队到三瓦窑社区召开院落自治座谈

会。

16日　合作街道社区中心、社区、物业中心负责人到桂溪交流学习社会组织、物业服务工作经验。

▲　桂溪街道纪工委召开“三项建设”工作纪检干部专题会议。

▲　桂溪街道党工委书记樊晓峰带队对天府四街、天府五街以及辖区边界扬尘治理、整治乱倒渣土工作进行了督察。

16日–17日　桂溪街道对辖区内特种设备的安全情况进行了检查。

17日　高新区政务服务处负责人到桂溪街道调研指导市民中心建设工作。

▲　桂溪街道组织大厅相关人员到新鸿路社区考察了市民中心建设工作。

▲　双源社区、双和社区、双祥社区联合召开天虹百货专场招聘会，参会企业7家，提供岗位150个，求职者100余人，达成初步意向30余人。

18日　桂溪街道组织辖区8个社区近100余老年人在双源健身广场举办了老年人趣味运动会。

19日　桂溪街道召开大源村、民乐村集体资产处置第一次代表会。

▲　桂溪街道进行了三季度考核领导点评和集体谈话会。

22日　桂溪街道成功承办了“高新区老年书画”大赛。

▲　桂溪街道相关人员参加了地铁分局7号线工程社会稳定风险评估报告征求意见会议。

23日　桂溪街道组织召开社区负责人例会，研讨并安排社区建设工作。

24日–25日　桂溪街道对各社区流管站工作落实情况进行督导。

25日　在征询意见表提出措施和建议。

▲　桂溪街道对石墙综合农贸市场大楼进行消防安全检查。

▲　桂溪街道开展打击非法行医活动，取缔3家药店的非法行医行为。

▲　桂溪街道承办高新区“太极蓉城 活力高新”太极拳比赛。

26日　桂溪街道党工委书记樊晓峰以“廉洁自律、洁身自好”为题，为机关全体人员、各社区、卫生中心负责人、综治城管队伍骨干讲授党风廉政建设党课。

▲　桂溪街道党工委书记樊晓峰带队看望慰问了辖区一线环卫工人。

26日–29日　做好了在新世纪会展中心举行的“第八届中国食品博览会”的食品安全、市容秩序、治安防范的保障工作。

29日　四川省总工会组织部部长陈黎、副部长庞欣等到桂溪检查指导“全国百家示范（乡镇）街道工会”创建准备工作。

▲　街道组织召开了冬季征兵工作会。

▲　桂溪街道对做好地铁7号线下穿东苑小区相关维稳工作进行了研判。10月30日，落实辖区涉稳重点人员领导包案。落实了“十八大”期间领导接访、带班制度。

▲　桂溪街道流管办组织各社区、村相关人员进行了业务专题培训。

30日　桂溪街道召开专题会议传达成都市干部作风教育实践活动总结大会及高新区相关会议精神，并对贯彻落实工作提出了要求。

▲　桂溪街道召开了文化建设工作研讨会。

▲　桂溪街道组织召开专题会议传达了成都市以保持党的先进性纯洁性为主题的干部作风教育实践活动总结大会会议精神。

31日　桂溪街道召集环球中心、奥克斯广场、宜家家居等12家商业综合体负责人商讨商圈品牌打造和推广事宜。

▲　桂溪街道召开2012年度党群联席会暨基层组织建设年下半年工作推进会，总结并

安排工作。

11月

1日　桂溪街道纪工委组织机关全体人员、各社区（村）负责人，治安城管巡逻大队中队长以上人员到四川省邛崃监狱开展警示性教育。

5日–6日　桂溪街道党工委副书记、纪工委书记陈长贵带队走访了成都世龙实业有限公司党支部、中冶赛迪建筑市政设计有限公司党支部、成都衡泰工程管理有限责任公司等辖区重点企业。

8日　桂溪街道组织机关全体工作人员在五楼大会议室集中观看中国共产党第十八次全国代表大会开幕式现场直播。

12日　桂溪街道在苏宁广场召开了规模以上企业、限上个体户一套表培训会。

▲　桂溪街道党工委办事处召开办公会，要求结合编制“一上”预算方案，积极思考明年工作。

14日　桂溪街道召开辖区院落治安防范工作经验交流会。

▲　桂溪街道召开综治工作例会，安排部署治安防范和相关维稳工作。

14日–15日　桂溪街道举行临江村转非安置培训会。

14日–16日　城调队对桂溪辖区3个农迁社区居民开展了统筹城乡满意度测评工作。

15日　桂溪街道召开了和平社区治安防范工作专题研判会。

▲　桂溪街道组织召开冬季征兵工作会。

16日　桂溪街道纪工委组织街道监督员、社区监事会主任召开了工作例会。

▲　桂溪街道召开了高新区劳动关系协调工作站授牌仪式及座谈会。

19日　遂宁市政府秘书长带队到和平综合农贸市场考察了生猪溯源和蔬菜溯源等工作。

20日　桂溪街道迅速召集班子全体成员传达贯彻高新区领导干部会议精神。

▲　桂溪街道党工委副书记、纪工委书记陈长贵到双祥社区36号院开展了“纪委书记下基层”听民意活动。

21日　高新区党工委委员、组织部部长林海到双和社区走访调研了就业工作。

▲　桂溪街道组织机关全体工作人员、各社区书记、主任，社区卫生中心负责人召开学习宣传贯彻党的十八大精神专题会。

▲　桂溪街道开展了综治大队、城管中队人员的招聘面试工作。

22日　桂溪街道与高新区锦辉小学联手举行了科普主题班会活动。

22日　桂溪街道在和平小区举行了垃圾分类试点工作启动仪式。

▲　桂溪街道组队参加高新区举办的就业劳动监察社保业务知识竞赛，获得团体一等奖。

23日　桂溪街道迎接高新区ISO14001环境管理体系内审。

▲　高新区老协领导张学果一行到桂溪街道调研指导老协工作，街道党工委委员、武装部长马玉良参会。

26日　桂溪街道组织召开办公会，街道党工委书记樊晓峰传达了11月26日上午高新区工委（扩大）会议精神。

▲　桂溪街道组织了治安巡逻大队队员培训。

27日　桂溪街道组织召开扬尘治理专题会议。

27日–30日　街道组织了两批聘用人员培训。

29日-30日　桂溪街道召开了流动人口管理服务工作会。

29日　桂溪街道对辖区内社区的防邪工作进行督促、检查。

29日　桂溪街道以“灿烂阳光下，那些年我们与天府新区的故事”为主题的百姓故事会晚会在和平社区广场隆重举行。

30日　桂溪街道机关一支部集体学习党的“十八大”精神和安排党员进行双报道的相关事宜。

▲　市防邪办殷主任带队检查桂溪辖区全年防邪工作。

▲　桂溪街道党工委书记樊晓峰带队督查扬尘治理工作落实情况，特别是和平、双源、双和社区停车场扬尘整改情况。

12月

3日　桂溪街道在和平广场举行了成都高新区庆祝国际残疾人节暨“2012年暖冬行动”启动仪式。

5日　桂溪街道组织社区戒毒（社区康复）人员参观了建川博物馆。

6日　桂溪街道召开党员领导干部民主生活会征求意见会，听取各方意见建议。

7日　桂溪街道组织召开了中心组学习（扩大）会议，由省委党校侯德邻教授解读党的十八大精神。

▲　桂溪街道召开党工委第177次会议。

▲　桂溪街道机关二支部集中学习党的十八大精神。

8日　桂溪街道圆满完成第一届残联选举大会。

10日　高新区管委会副主任杨东、街道党工委书记樊晓峰审查参加波恩艺术节的节目。

▲　桂溪街道党工委办事处召开办公会，对转变作风、联系群众等工作进行了强调。

▲　桂溪街道召开了16家单位代表参加的“两新”组织党建联盟理事会第一次会议。

▲　桂溪街道对街道党建宣传片项目进行了比选。

11日　桂溪街道党工委书记樊晓峰带队视察了辖区部分已建和在建的民生工程项目工地。

▲　桂溪街道组织召开防邪工作专题会议。

13日　桂溪街道配合成调队做好了对南新、永安、益州等社区的民生问卷调查工作。

▲　桂溪街道办事处召开就业帮帮总队和友好用工企业（为困难人员购买社保的企业）代表座谈会。

14日　桂溪街道召开大调解暨信访工作培训会。

▲　桂溪街道召开党风政风工作作风监督员座谈会。

▲　桂溪街道党工委书记樊晓峰召集会议，结合预算编制对社区赋权进行了研讨。

▲　成都市文明办对三瓦窑、和平、双和等社区的文明示范院落建设工作进行检查。

17日　桂溪街道组织人员参加了高新区纪工委主办的“忠诚与奉献”演讲比赛，获得三等奖。

18日　桂溪街道组织“两新”组织代表参观了成都硅宝科技股份有限公司的党建工作情况。

19日　高新区就业督察组到桂溪街道检查了促进充分就业全年目标完成情况。

20日　广州市人社局代表团到桂溪街道社会事务服务中心考察了基层平台建设工作、社会保障服务等工作。

21日　高新区宣讲团十一分团成员、街道党工委书记樊晓峰同志向辖区240余名基层党员干部宣讲了党的十八大精神。

▲ 桂溪街道党工委书记樊晓峰同志主持会议，研究原双土村村民叶云金的问题。

▲ 成都市流管办检查了桂溪街道第四季度流动人口服务管理工作。

22日–27日 桂溪街道接受了城乡环境综合治理第四季度测评。

24日 桂溪街道党工委办事处召开办公会，要求结合街道2013年工作思路制定具体落实措施。

▲ 桂溪社区卫生服务中心接受了ISO9001质量体系认证外审。

25日 桂溪街道召开班子成员专题会，传达贯彻高新区工委（扩大）会议精神。

▲ 桂溪街道党工委副书记张仲常带队到临江村检查指导治安防范工作。

▲ 桂溪街道召开2013年就业工作务虚会。

26日 桂溪街道召开了党员领导干部民主生活会，高新区党工委委员、管委会副主任宋志斌，高新区监察局副局长丛艳萍到会，社区负责人、党员、群众、人大、非公企业代表列席。

▲ 桂溪街道在双源社区召开了学习宣传贯彻党的十八大精神高新区宣讲团报告会。

▲ 桂溪街道召开会议，专题研究、安排元旦节城市环境卫生和市容秩序专项整治工作。

▲ 桂溪街道顺利完成了市级领导考察大源体育公园、金融城等线路的市容保障任务。

▲ 位于双源社区体育运动公园的桂溪街道助老助残服务中心对外试运行。

26日–27日 桂溪街道办事处开展了为期两天的元旦节前安全消防大检查。

27日 桂溪街道完成对口扶贫的彭州九尺镇永兴村生猪认养工作，增加该村农户收入3万余元。

28日 桂溪街道召开专题会，传达高新区关于切实做好元旦、春节和省市“两会”期间社会稳定工作的相关文件精神。

▲ 桂溪街道在双祥社区举办了学习宣传贯彻党的十八大精神为主题的元旦文艺晚会。

特　载

SPECIAL RECORDS

桂溪街道党工委　桂溪街道办事处
2012年工作总结及2013年工作计划、未来5年工作安排

2012年工作总结

2012年，桂溪街道党工委、办事处在高新区党工委、管委会的领导下，按照"紧紧围绕加强社会管理和创新实践活动，以改善民生为出发点，加强党建为着力点，规范服务为突破点，不断促进思想理念新觉醒，争创文化建设新成就，推动街道各项事业新发展"的工作思路，不断完善组织领导、责任分工和狠抓落实的工作机制，全年工作取得了较好的成绩。

（一）加强组织建设　强化居民自治

2012年，桂溪街道完成了细分基层党组织和组建院落自治组织（党支部、院委会、议事会）工作，在4个农迁社区的16个院落组建了自治组织，出台了配套的政策，保障院落自治组织工作的有序开展。解决了院内摆摊、车辆停放等难题，在改善院落环境、提升居民素质、树立群众参与意识方面起到了积极的作用。

街道党工委做好了创先争优活动中开展基层组织建设年的工作，开展了社区两委培训、院落自治组织培训、不同年龄段的党员轮训、入党积极分子培训培训等。深化了"两园一圈"（孵化园、软件园、新南商圈）两新组织党建模式，并正在积极推进市委组织布置的"党建联盟"试点工作。和平社区"五必到、五必访"党员志愿服务、双源社区幸福驿站等活动效果显著。1个社区党组织、1名党员受到中共成都市委表彰，15个党组织、13名党员受到高新区党工委表彰。

认真开展干部作风教育实践活动，开展了主要领导进大厅、分管领导进服务站、机关人员志愿服务、党员双报到等特色活动，受到了高新区领导及相关部门的肯定。收集到问题和建议135条，编发了29期活动简报、18期督查通报，下发了桂溪《街道关于效能督察工作的通

知》。

制订了《关于做好“成都文明热线”“高新区民生服务呼叫热线”相关工作的通知》，坚持处理好社情民意、民生热线、市长及高新区领导热线、信访、办公会等渠道反映的各种问题，处理来信来访112件，办结率100%。将矛盾化解在基层。2012年上半年，街道委托第三方测评公司进行满意度测评，一级指标群众满意度指数为89.73%，比2011年同期提升了12.04个百分点。

（二）搭建青年见习平台　丰富就业托底内涵

辖区就业形势良好，就业率达98.4%，举行大小型招聘会24场，达成意向794人，上岗156人。通过各种形式推荐成功上岗418人。双源社区被推荐为省级充分就业示范社区。

2012年，街道创新开展了青年见习平台工作，在6个社区组建了青年就业创业见习基地，为辖区12名大学生提供了社区见习岗位，给予每月1050元/人见习生活补贴，其中有5人通过见习顺利到公司、单位就业。此外，为辖区企业推荐见习人员7名，有4名被正式录用；安排了4人分别到电器维修中心、和平物业中心见习；联系了10余家餐饮公司，为职技学院在校生提供钟点工见习岗位。

深化低保户、低保边缘户就业托底工作，三瓦窑社区成立“双困人员温馨服务站”，按照“分层援助、一人一策，因人设岗、按劳取酬”的原则开展托底帮扶。和平社区依托民政现有居家安养模式，建立“居家安养托底队”，扩大托底服务面。双源社区与社区物管倾力合作，以“有偿服务、促进增收”的模式提高托底队员家庭收入。目前就业托底队员有19名，开展公益性活动729次，发放工作补贴10万元。街道还出台了进一步推进双困人员帮扶工作的政策，在退出机制中创新引入了激励办法，对实现就业脱贫的人员给予经济奖励和租金补贴，截至2012年10月，共有7人通过不同形式的就业使家庭脱离了双困。全国“两会”期间，《中国经济时报》刊登文章《民生解忧 破解“双困”家庭就业难的“成都高新模式”》，对桂溪街道就业托底帮扶工作进行了的专题报道。

（三）不断提升文明程度　丰富群众文化生活

按照文明城市程度指数测评的要求，建立完善了四级迎检网络，充分运用各种有效方式和载体，强化信息沟通、重点整治、队伍培训、资料归档、正确引导等精细化措施，扎实开展志愿服务活动100余次，辖区三个道德讲堂举办讲座19次，社区、院落组织“百姓故事会”系列活动77次，参与人数达8000余人次，征集文章400篇，创作微电影2部。举办了高新区首场百姓故事会活动（奥运火炬手讲故事），开展了成都好人杜淑云讲故事、陈岳叔叔培训小故事员等特色活动。顺利完成了文明城市程度指数测评迎检工作，极大提升了辖区文明程度。在树立成都好人杜淑云典型基础上，街道成功推荐和平社区居民严达刚为中国好人候选人。

街道承办了成都市“太极蓉城”专场展示活动、太极拳比赛活动，开展了国手桂溪行、桂溪杯篮球赛等品牌活动。与上海恩派公司座谈社区社会组织培育发展工作，与“猎豹足球俱乐部”等社会组织签订了合作协议，借力社会组织提升文化活动水平，带动提升全辖区文化工作的开展。目前社区文体协会30个，参加协会总人数达到1160余人。街道综合文化活动中心被评为“成都市群众体育先进单位”，已成为成都市文化工作的迎检和参观点位。1月，黄新初书记、葛红林市长率队参观考察了桂溪街道“文化设施建设项目”实施情况，并给予了肯定。国务院参事袁隐、郭瑞也莅临考察指导。桂溪老年大学是以服务于辖区失地农民为办学特色，并进一步完善了办学场地和设备，秋季开设13个专业、40个班，学员达980名（若含社区辅导站，则学员达2816人)，11月，成功创建了“四川省A级老年大学”。

(四)加大帮扶救助　推进民生工程

2012年，街道继续强化“五民五好”工作措施，加强民生政府建设，截止10月，投入经费约600万元。其中向困难人群提供医疗救助80.7万元，发放低保金19.9万元，慰问群众3000余人次、32.5万元。开展了“暖心工程”投入约80万元。进一步扩大教育助学范围，对农村居民和失地农民子女就读街道举办的幼儿园，给予2元/人·天的生活补贴、100元/月保教费补贴等，全年补贴达43万元。向桂溪辖区204名考取大学的学生发放“桂溪街道政府奖学金”32万元。

投入50万元，在双源健身绿化广场筹建1400平方米的“桂溪街道助老助残综合服务中心”，为辖区老年人和残疾人提供日间照料、康复训练、健康教育、文化生活等综合服务，目前正在进行装修。

(五)建立治理长效机制　提升区域环境质量

街道主要领导亲自抓城乡环境综合治理工作，建立了工作例会制度，并利用院落自治组织发动群众积极参与治理。全年，累计教育、制止、清理违法占道经营36000余件/次，查处无证摊贩、夜市排档等违法占道行为17000余件/次；拆除违规广告450余块、6300平方米；拆除乱搭乱建110余处、3200余平方米。完成了广和一街雨污分流、铜牌村保利用地乱搭建等难点整治。完成3户(民乐村2户，五岔子村1户)拆迁难点户拆迁安置工作。拆除食用菌种植户112户，面积987.181亩；苗木种植户20户，面积236.08亩。目前，正在积极推进临江村的整体转非安置工作，为天府新区的重点项目建设做好准备。

在治理工作中，桂溪街道的农贸市场规范化管理工作已成为全国推广的典型。4月，成都市在和平广场举行了新品川鲜活农产品直通车进社区暨产销对接签约仪式。6月，全国肉菜流通追溯体系建设试点工作现场会在和平综合农贸市场召开。11月，双源综合农贸市场作为成都市城乡环境综合治理成果展示项目，被各新闻媒体采访报道。

(六)圆满完成人大换届选举任务

在时间紧、任务重的情况下，街道克服了辖区机关、大型企事业众多等诸多困难，通过近一个月的共同努力，顺利完成辖区四个联合选区的投票工作，共选出代表11名。市委书记黄新初、市长葛红林等领导和辖区广大选民在各投票站进行了投票，行使了选举权利。黄书记在现场表扬街道选举工作认真严谨，并问候了工作人员。

(七)做好协税护税　确保经济增长

街道办事处通过上门走访、重点企业座谈会等方式加强与企业的联系，印制桂溪商业服务手册、向消费群体派送商业综合体推广台历，打造桂溪商圈品牌。向即将开业的商业综合体及楼宇派驻招商团队，争取新入驻企业落户高新区，确保招商引资和综合治税的成效。截至10月底，新引进企业900余家，其中注册资金在1亿及以上的企业4家，1000–5000万元的企业18家。引进省外资金10.3亿元。1–10月，街道预计完成全口径财政收入13.6亿元，完成年度工作目标的92.8%。

工作安排

(一)2013年工作安排

1. 创新管理服务　丰富院落自治内容形式

街道将继续加强和创新社会管理服务工作，做好双祥社区细分工作，保持院落自治“三驾马车”顺畅运行，以“两个文明”评选活动及各类协会组织为抓手，广泛开展群众性文体活动，动员群众广泛参与社会建设，进一步改善院落环境，提升居民素质，促进辖区文明和谐。

2. 持续开展环境治理　助推天府新区建设

街道将长效狠抓城乡环境综合治理工作，落实各项工作具体措施，集中精力，攻坚克难，分阶段、有计划开展一系列综合整治工作，常态化保持辖区环境清洁优美，更好地服务于天府新区建设。

3. 狠下功夫　完善便民惠民举措

在抓好经济工作的基础上，加快社区办公及配套设施的建设，进一步完善市民中心建设，通过畅通民意诉求、开展文明创建、促进创业就业、加大救助力度、强化社会服务、丰富文化生活等各项举措，深化街道工委“五民五好”工作措施。

4. 加强组织建设　创先争优出成效

加强队伍的培训教育，贯彻落实十八大精神，继续深化创先争优活动，在“两园一圈”两新组织党建模式基础上，完成党建联盟试点。建立干部作风教育实践长效机制，更好地服务于企业群众、产业聚集和天府新城建设。

（二）未来5年工作安排

贯彻落实党的十八大精神，围绕省、市、区重大战略部署，在天府新区的建设过程中，加快物质文明、精神文明、政治文明和生态文明建设，推动辖区经济和社会全面进步。

1. 结合地处高新区南区的区位特点，按照天府新区近期规划（2011–2015年），为基础设施先行及高新技术产业、现代制造业及高端服务业的快速推进而做好服务工作，为中期再造产业成都的规划做好准备。

2. 为天府新区聚集发展高端服务业（中央商务、总部办公、文化行政），根据市区安排，细分街道和社区，为产业聚集提供更加优质高效的精细化服务，为组团建设做好前期工作。

3. 进一步完善各社区办公和配套设施，不断加强医疗、社保、文化、教育、科技等服务，促进社会事业的协调发展，适应区域产业项目和人口不断增长的趋势。

4. 持续开展城乡环境综合治理，提高环保水平，生态环境更加优美，为建成宜业宜商宜居国际现代新城区打好基础。

5. 保持文明城市创建成果，加强思想道德建设，继续深化辖区“两个文明”评选活动，开展百姓故事会、道德讲堂和其他群众性文体活动，发动广大群众志愿参与辖区重大建设和工作。培育和引进各类社会组织，丰富公共服务内容。

6. 强化党员干部的教育培训，完善社区和院落的组织建设，推动两新组织的党群建设，创新和加强社会的管理服务。

7. 做好行政区域、会展、园区、商业综合体和重大项目的治安环境秩序保障工作，做好农转非集中居住区的民生和就业工作，确保辖区和谐稳定。

8. 优化招商引资结构，地方财政收入年均增长10%，税源逐步实现以商业、服务业等第三产业为主。

专　文

SPECIAL ARTICLES

加快天府新区建设要优先抓好五项重点工作

陈　羽

前　言

规划建设天府新区是四川省委、省政府贯彻落实《成渝经济区区域规划》，实现培育新的增长极、带动全省经济社会发展目标的重大战略决策。要求各有关方面要以《四川省成都天府新区总体规划（2010-2030）》实施为契机，抢抓机遇，开拓创新，密切配合，狠抓落实，努力推动天府新区快速启动建设，实现又快又好发展。笔者作为成都高新区被规划入天府新区范围的一个街道办事处的一名基层干部，自然对天府新区的建设和发展比较关心和关注。通过对《天府新区总体规划》的解读、对新区建设各类信息的收集，并结合自己曾经全程参与成都新加坡工业园区建设的经验，就如何加快天府新区建设进行了一些思考，提出了要优先抓好组织机构建设、明确各涉及城市的责权利、招商引资、重大项目建设和人才的培养引进及储备等五项重点工作的思路。仅供有关领导参考。

一、对天府新区的认识和了解

“天府新区”的概念是由四川省委刘奇葆书记，在2010年9月初召开的四川省深入实施西部大开发战略工作会议上提出的。“要规划建设天府新区，形成以现代制造业为主，高端服务业集聚，宜业、宜商、宜居的国际化现代新城区”。其建设目标是成为继上海浦东新区、天津滨海新区和重庆两江新区等等以后又一个国家级新区，天府新区将在再造一个产业成都的基础上，为四川经济乃至西部内陆经济的发展注入新的活力。同时，“天府新区”又是成渝经济区发展双核引擎之成都极核，而以成都和重庆为核心的成渝城市群被称作“国家发展第四极”。因此，天府新区也将成为引领中国西部经济发展的新的重要增长极。

在省委、省政府的领导下，经过各有关部门和众多专家学者近一年的共同努力，《四川省成都天府新区总体规划（2010–2030）》已经编制完成，并于2011年11月16日经四川省人民政府批准并原则同意。天府新区的规划范围是：以成都高新技术开发区南区、成都经济技术开发区、双流经济开发区、彭山经济开发区、仁寿视高经济开发区以及龙泉湖、三岔湖和龙泉山（简称“两湖一山”）为主体，主要包括成都市高新区南区、龙泉驿区、双流县、新津县，资阳市的简阳市，眉山市的彭山县、仁寿县，共涉及3市7县（市、区）37个乡镇和街道办事处，总面积1578平方公里。到2030年天府新区城镇人口控制在580–630万人，建设用地约650平方公里。

《四川省成都天府新区总体规划（2010–2030）》是在科学发展观的指导下，本作“山水环绕、合理布局，产城融合、三位一体，城乡统筹、生态田园，集约发展、智能低碳。”的理念，在规划范围内做出了一套科学的和切实可行的城市规划和产业规划。它围绕再造一个“产业成都”的核心目标，大力发展战略新兴产业、现代制造业、高端服务业和现代都市农业，把天府新区建设成以现代制造业为主、高端服务业集聚，宜业、宜商和宜居的国际化现代新城区，形成现代产业、现代生活、现代都市“三位一体”协调发展的示范区。

二、天府新区目前的状况

目前，在《四川省成都天府新区总体规划（2010–2030）》被省政府批准近一年以来，天府新区规划范围内所涉及的成都、眉山和资阳三个城市的市委、市政府都非常重视天府新区的建设工作，分别成立了天府新区建设领导机构，并将该项工作纳入了各级政府的一级目标进行管理。各市的工作积极性和热情都非常高，都抓住了天府新区建设的发展契机，在对外宣传和对外招商引资工作中都大打“天府新区”牌，以提升城市形象和提高对外招商引资工作的成效。最近，各城市都有一些基础设施建设项目和产业发展项目分别陆续开工建设，可以说天府新区建设的帷幕已经拉开。

由于《四川省成都天府新区总体规划（2010–2030）》是在科学发展观的指导下，突破了过去“摊大饼”式的城市规划方式，在1578平方公里的土地上打破了现有的城市与城市间的界限，进行了“组团式规划”。它是以生态保护带为依托，根据不同的产业集聚规划出了若干个“产城一体”的组团，每个组团面积不超过30平方公里。因此，要想全面完成这一无论是城市服务功能的布局还是产业发展集群的布局都是跨地域的宏伟规划，要单纯依靠其中的任何一个城市来独立完成是不现实的，若要像目前这种由规划范围内的成都、眉山和资阳三个城市各自为阵自己去搞，也将会遇到许多难以解决的困难，如：土地问题、拆迁问题、企业税收的分配等等问题及各城市之间其他难以预料的地方利益问题。《总体规划》已为我们描绘出了一幅宏伟的蓝图，但是，如何将这幅美丽的画卷尽快地变为现实，这就是我们目前需要解决的重大问题。

三、加快天府新区建设要优先抓好的五项重点工作

（一）首先建立健全组织管理机构、抓好干部队伍建设

1. 建立机构：为了加快天府新区的建设步伐，促进我省经济和社会的跨越式发展，改变

目前天府新区建设各自为阵的局面。必须尽快成立一个以省委、省政府主要领导挂帅，省级各有关厅、局主要领导为成员的天府新区建设领导小组，然后，下设天府新区管理委员会。管委会作为省委、省政府的派出机构直接对领导小组负责,全面负责天府新区的建设工作。

2. 明确工作职责：管委会的主要工作职责就是要统一组织和协调成都、眉山和资阳三个城市，严格按照《四川省成都天府新区总体规划（2010–2030）》去组织实施。 同时，管委会还要负责与省政府有关部门加强联系 沟通，让各有关部门按照职能分工，加强对《总体规划》实施的支持和指导。要努力争取各有关部门在政策实施、项目建设、资金投入、体制机制创新等方面给予管委会积极的支持。要加强与所涉及的城市之间的沟通和协调，深入调查研究，及时总结经验，指导帮助解决《总体规划》实施过程中遇到的困难和问题，为推动天府新区加快发展营造良好环境。

3. 抓好干部队伍建设：管委会要从全省各地抽调一批懂经济、懂管理，有开发区建设经验的领导干部，同时，还要面向全国引进一批专业技术人才和专业技术干部，组建一支高素质的干部队伍。具体措施如下：

（a）首先是要努力搞好领导班子成员之间的团结，营造一个团结协作，蓬勃向上的工作氛围。明确分工、明确责任，充分调动他们的工作积极性和热情，充分发挥他们的聪明才智，让他们自觉地去思考工作，去发现问题和解决问题。

（b）当管委会的干部全部配齐到位后，有必要分期分批对全体人员进行一次为期（2–3）天的封闭式强化训练。其主题是“认识天府、热爱天府和建设天府”，其内容是：（1）请专家学者开展专题讲座，请规划专家对《四川成都天府新区总体规划（2010–2030）》进行规划解读，请经济专家讲当前国际、国内经济发展形势，讲开发区的建设和发展趋势等等。（2）请部队干部进行一些简单的军训，以提高参训人员的组织纪律性和服从性。(3)进行一次拓展训练，通过训练可以增强参训人员相互间的信赖和团队协作精神，可以提高个人的心里素质，培养勇敢和超越自我的精神。

(c)要认真抓好干部队伍的党风廉政建设工作，由于新区建设涉及土地审批、工程项目的招投标等极易出现腐败问题的工作。因此，纪工委要提前介入，要随时给敏感部门的干部敲敲警钟，提前打好“预防针”防患于未然。总之，要努力打造一支“团结、务实、廉洁、高效”的干部队伍，充分保障天府新区的建设需求和健康有序发展。

（二）理顺关系明确各市的责权利

1. 理顺天府新区管委会与成都、眉山和资阳三市的关系：天府新区管理委员会是省委、省政府的派出机构，它直接对省天府新区建设领导小组负责。全权负责天府新区的建设工作，在规划范围内严格按照《四川省成都天府新区总体规划（2010–2030）》的要求，分步骤组织实施。成都、眉山和资阳三市的市委、市政府要积极参与和配合管委会的工作，其各自下设的天府新区建设管理机构应该服从管委会的统一指挥和统一调度。

2. 明确工作责任：《总体规划》是天府新区建设和管理的基本依据，新区内的一切建设活动都必须严格执行规划，遵循规划定位，依法依规操作，维护规划的权威性和严肃性。管委会本身首先就要认真负责地按《总体规划》去组织实施一切建设项目，同时，还要监督和指导成都市、眉山市和资阳市，在各自行政区域内也必须严格按照《总体规划》去具体组织实施。

当天府新区管委会成立以后，在天府新区的项目建设中，凡是关系全局的重点工程、重大产业项目和有与其他城市之间有交叉、跨越界线的项目，一般情况下都应该由管委会直接组织实施，特殊情况可以由管委会指定其中某一个城市来负责组织实施。其他工程和项目，只要不涉及与相邻城市有利益和地域界线冲突的，均可以由各城市自己去组织实施。

3. 明确各级政府的利益分配比例：由于天府新区的规划无论是城市服务功能的布局，还是产业发展集群的布局在许多地方都是突破了现有的城市地域界线，是一个跨地区的规划。加之，目前各级政府对经济工作的考核体系决定了，省、市政府之间和各市与市政府之间都存在着利益分配的问题。因此，为了进一步充分调动成都、眉山和资阳三市对天府新区建设的积极性和热情，省“天府新区建设领导小组”必须尽快召集相关各市和省级各有关厅、局主要领导进行讨论，要按照“互惠互利，资源共享”的原则，在招商引资、固定资产投入、工业增加值、创汇、税收等主要经济指标和年度税收地方留成、土地经营等政府性收益上都要明确省与市和各市与市之间的分成比例，从政策上明确各级政府的责任和保障各级政府的利益。

（三）制定优惠政策，加大招商引资工作力度

天府新区的建设，是一个庞大的系统工程，根据《四川省成都天府新区总体规划（2010-2030）》它将分为近期、中期和长期三个步骤来建设，需要巨大量的建设资金。仅靠国家资金的支持和我省自身的财力是远远不够的。要想解决近期建设资金的缺口问题，需要从以下几个方面采取措施：

1. “天府新区建设领导小组”必须尽快召集规划所涉所及的三个市和省级各有关厅、局主要领导参加的联席会，讨论和研究我们要如何借助国家新一轮西部大开发和承接东部产业转移的契机，面向全国和面向全世界进行招商引资的方案，并制定出一系列招商引资的优惠政策，努力吸引更多的资金和技术投入到天府新区的建设中来。

2. 天府新区管理委员会要主动与建设、工商和农业等几大国字头的银行及地方各商业银行和金融机构加强联系和沟通，争取建立一系列战略伙伴关系，拿出一些能够改善投资环境的基础设施建设项目来向银行贷款，并进行建设。基础设施建设是天府新区建设的关键，也是进一步招商引资工作的前提，只有基础设施建设到了位，环境出来了，才能够吸引更多的省外和国外投资者前来投资和建设。才能够形成资金的良性循环，并保证新区建设资金的需要。

3. 天府新区管委会要根据《总体规划》分步实施的要求，统一组织成都、眉山和资阳三城市对规划范围内的所有项目，建立统一的项目库。项目工作要基本做到实施一批、宣传包装一批和贮备一批。特别是，对外招商引资工作要由管委会统一组织，统一口径通过各种宣传媒体对外宣传和对外招商引资，以避免各城市之间为了地方利益相互争夺投资者、相互挖墙脚等恶性竞争的现象发生。待条件成熟时，管委会要统一组织包装一批项目到香港、新加坡等地举行几场专题招商洽谈会。对引进的资金要在规划范围进行内统一调配，对引进的项目一定要严格按照总体规划的产业布局，进行统一安排。还要着重抓好龙头企业的引进工作，使之能够在规划的产业集聚开发区内不断发展壮大，尽快形成产业链，从而带动区域经济的跨越式发展。

（四）狠抓重点项目建设，起好引领和示范作用

根据四川省委刘奇葆书记在成都、眉山、资阳调研天府新区规划建设情况时强调，天府新区建设要突出公共基础设施和生态绿地“两个先行”的要求。天府新区管委会成立后，在项目建设上首先要直接抓好“两湖一山国际旅游文化功能区”的建设，（即龙泉山中央生态公

园，龙泉湖生态商务休闲度假旅游区和三岔湖现代国际休闲度假旅游区项目的建设。）这是一个横跨成都和资阳两市的重大项目，就天府新区规划范围来说，这个项目既是一个公共基础实施项目，又是一个最大的生态环境项目。它既能够体现“以生态为本、文态为魂”的规划理念，又能够在天府新区项目建设中起到引领和示范的作用。管委会要集中一切力量，打好第一仗。要严格按照《总体规划》的要求，高标准、高质量地打造一个生态环境优美的国际休闲度假旅游区。只要这个项目搞好了，天府新区的投资环境将会得到较大幅度的提升，也必将会吸引更多的国内外投资者和建设者前来投资和创业，使天府新区的经济和社会真正实现可持续发展。

（五）加强人才的培养、引进和储备

随着天府新区建设的不断推进，对于各类、各层次人才的需求也必将会不断地增长，为确保新区建设的顺利进行，我们要面向全国和全球广泛招纳人才，必须要建立一个包含各类、各层次人才的“人才库”。首先，要为各类人才创造一个良好的发展空间和生存空间，要以省内现有的大专院校和科研单位为依托，并积极与国内外的一些科研院所和大专院校联合，为天府新区的企业培养和引进所需的各类研发人才、专业技术人才。要制定一系列优惠政策吸引各类优秀人才到天府新区来创业、发展和安家落户。同时，为解决目前普遍存在的生产性企业缺乏生产一线的技术人员和技术工人的问题。我们还要尽快在天府新区内建立几所中等专业技术学校或技术工人学校，为高端制造业和一般生产性企业培养和储备各类技术人员和各级技术工人，要为天府新区的建设做好人才资源和劳动力资源的保障工作。

总之，天府新区的建设不是一朝一夕之事，《四川省成都天府新区总体规划（2010-2030）》是一个比较长远的规划，要实现规划为我们描绘的宏伟蓝图，需要我们长期不懈的努力。目前，天府新区的建设帷幕才刚刚拉开，只要优先抓好以上五项重点工作，对加快天府新区建设的速度必将起到积极的促进作用。要“从保障着手，从创新落笔”，围绕着天府新区的建设，建立一个工作有序、运行高效、保障有力的天府新区组织机构。要举全川之力，面向全国甚至全球，进行招商引资，广泛地培养和吸引各类优秀人才到天府新区来安居乐业。最大限度地调动一切人力、物力资源，充分保障天府新区建设需求。我们相信在省委、省政府的坚强领导下，通过全川人民的共同努力，在不久的将来，一座辖区面积1578平方公里、聚集约600万人口的，集现代产业、现代生活和现代都市三位一体协调发展的新“产业成都”将呈现在人们的面前。

（本文是作者在2012年10月，应邀参加四川省科学技术协会举办的“首届天府管理论坛”而撰写的调研文章，该文已经获奖并被收集入《首届天府管理论坛论文集》出版发行。）

组织机构

ORGANIZATION

领导机构

【桂溪街道党工委】 成都高新区桂溪街道党工委于2002年7月成立，其是成都高新区党工委的派出机构，对街道的各项工作实行全面领导，在街道各行政组织、经济组织、群众组织中起领导核心作用。负责贯彻执行党的路线、方针、政策和国家的法律、法规，积极组织实施上级党组织的决议，讨论、决定本街道党的建设、经济建设、社会事业发展的重大问题，完成各项任务。领导基层党组织搞好党的思想、组织和作风建设，坚持党管干部的原则，依照权限，做好干部的培养、选拔、使用和管理工作，负责基层党组织的设立及调整，审批新党员，抓好党员的教育和管理工作。发挥基层党组织的战斗堡垒作用和党员的先锋模范作用。依托区域优势，深化社区党建工作。领导街道办事处的工作，支持和保证行政组织、经济组织依法行使管理职能，保证上级政府的政令畅通，促进街道经济和各项社会事业的发展。领导街道思想政治工作和精神文明建设，搞好社会治安综合治理，开展形势、政策、法制宣传教育，提高党员群众的思想政治觉悟和科学文化素质，努力创造良好的社会环境。领导人民武装、统战工作和工会、共青团、妇联等群团组织，支持群众组织独立负责地开展工作。做好本辖区省、市、区属单位的有关协调工作和人民代表工作，密切党群关系，促进共同发展，推进社区建设。加强党工委以及办事处领导班子的自身建设，加强党风廉政建设，教育党员、干部遵纪守法，增强勤政意识，同一切违法行为作斗争。

【2012年街道党工委成员及分工】 街道党工委书记樊晓峰：主持街道全面工作。

街道党工委副书记张学文：协助党工委书记樊晓峰做好街道全面工作。

街道党工委副书记、纪工委书记陈长贵：主持街道纪工委工作；负责党务、组织、人事、工青妇工作。分管党政办公室。

街道党工委副书记张仲常：负责综治、维稳、信访、流动人口服务管理、市场管理、城管执法、环保工作。兼任社会治安综合治理办公室主任，分管治安巡逻大队、城管执法中队。

街道党工委委员王子琦：分管就业和社会保障服务中心。

街道党工委委员全少英：分管社区管理服务中心。

街道党工委委员洪敬涛：分管城市管理科。

街道党工委委员、武装部部长马玉良：负责社会事务、计划生育、老龄、武装民兵、预备役、征兵工作。分管社会事务和人口与计划生育科。

街道党工委委员瞿蓉芳：主持党政办工作，负责街道目标、精神文明建设、规服建设、机关内部协调管理工作。分管社会事务服务中心。

街道党工委委员、三瓦窑派出所所长吴若欢：协助张仲常做好综治、维稳工作。

街道党工委委员、三瓦窑社区党总支书记陈治平：主持三瓦窑社区全面工作。

【桂溪街道办事处】 2002年7月，成都高新区桂溪街道办事处成立，其为成都高新区管委会派出机构。桂溪街道办事处下设社会事务和人口计划生育科、经济发展科、城市管理科、财政所、劳动和社会保障所、社区管理服务中心。承担教育、科学、卫生、防疫、民政、司法、老龄、人口与计划生育。街道经济发展计划的编制和组织实施，街道企业、农村集体经济组织和其他经济组织的管理和服务、招商引资、环境保护、安全生产、防汛、统计。承担土地管理、农房建设管理、征地拆迁、环卫、市容市貌、绿化、城管执法。承担街道财政预决算管理、财务会计培训与管理、内部审计、协调工商和税务。承担辖区内劳动就业和社会保障等公共服务职能；承担辖区内文化、社区建设等公共服务职能。

【2012年街道办事处领导及分工】 街道办事处主任张学文：年主持街道办事处工作，2012年至2014（参加四川千名干部援藏计划，就任四川省阿坝州理唐县）。

街道办事处副主任王子琦：负责劳动就业、社会保障、经济、安全、动防、防洪、城乡统筹及农业工作，分管劳动和社会保障所和经济发展科。

街道办事处副主任全少英：负责社会事务、计划生育、老龄、社区建设工作，分管社会事务和人口与计划生育科、社区管理服务中心。

街道办事处副主任洪敬涛：负责国土、拆迁安置、城市建设工作，分管城市管理科。

街道办事处副主任吴志娟（挂职）：负责招商引资、城乡统筹、科普工作。分管经济发展科。

街道办事处党政办主任瞿蓉芳：主持党政办工作，负责街道目标、精神文明建设、规服建设、机关内部协调管理工作。分管社会事务服务中心。

街道办事处调研员刘焕春：协助副主任王子琦负责劳动就业、社会保障工作。

街道办事处调研员张景山：协助党政办主任瞿蓉芳负责地方志工作。

街道办事处助理调研员王无：协助党工委副书记陈长贵负责工会工作。

街道办事处助理调研员陈羽：协助党工委副书张仲常工作。

【桂溪街道纪工委】 中共成都高新区桂溪街道纪工委是成都高新区纪委、成都高新区监察局的派出机构，纪工委受党工委和上级纪委的双重领导，其职责是：负责落实上级党委和纪委关于加强党风廉政建设的决定，维护党的章程和其他党内法规，检查党的路线、方针、政策和决议的执行情况，对党工委及其成员和其他党员、干部实行党章规定范围内的监督；协助党工委贯彻落实党风廉政建设责任制，加强党风廉政建设，纠正部门和行业不正之风，对党员、干部进行党风廉政、党纪政纪教育；受理对党组织或党员违反党纪、败坏党风等行为的检举、控告，受理党员对所受处分不服的申诉，维护和保障党员的正当权利和合法权益；检查所属单位党组织和党员、干部违反党的章程及党内法规的案件，并按照《关于处分违犯党纪的党员批准权限规定》和干部管理权限履行审批手续；负责辖区纪检监察、党风廉政建设和反腐败工作；完成上级纪委和街道党工委交办的各项工作任务。

纪工委书记：陈长贵

纪工委副书记：周学儒

纪工委委员：瞿蓉芳

纪工委干事：徐爱武

【桂溪街道武装部】 成都高新区桂溪街道武装部于2007年7月成立，是成都高新区桂溪街道党工委的军事部，办事处的兵役机关，在成都武侯区武装部和成都高新区桂溪街道党工委、办事处实施领导。其主要职责是：组织和带领民兵、预备役人员维护社会治安，参加两个文明建设和抢险救灾。协助有关部门做好拥军优属工作和军（警）民共建工作；负责民兵组织建设，完成民兵、预备役组织的整顿工作和预作；负责本区域的征兵工作和预备役士兵、预备役军官登记统计工作；协助有关部门开展国防教育，做好退伍军人的安置和军烈属的优抚工作；做好战时兵员动员工作；完成街道党工委、办事处和上级军事机关交办的其他工备役军事训练，并做好训练和执勤中武器装备的管理、维护和安全工作任务。

武装部部长：马玉良

武装干事：郭科

【桂溪街道总工会】 桂溪街道总工会于2006年9月正式成立，在组织建设方面，街道总工会按照相关法律法规，选举产生主席、副主席。选举产生工会经费审查委员会、工会女职工委员会、工会劳动争议调解委员会、工会法律监督委员会、工会劳动安全监督委员会。工会委员会下设工会办公室。另外，分别成立机关工会一工会、机关二工会。各社区成立社区工会委员会。截至2012年，街道总工会批准成立辖区企业基层工会组织294个。

主席：街道党工委副书记、纪工委书记陈长贵

委员：王无、蒋艺兰、邓雯
李露英、胥理清、秦开珍
田海波

【共青团桂溪街道工作委员会】 共青团桂溪街道工作委员会成立于2002年7月，其前身为共青团桂溪乡工作委员会，于1996年成立。共青团桂溪街道工作委员会有委员7名，下设办公室。各社区有独立团支部。截至2012年，辖区新成立非公企业团支部82个，成立志愿者服务队48支，注册志愿者8000余人。

委员：罗王军、董涛、王秋霞
吴瑕、李伟、陈洁

【桂溪街道妇女联合会】 桂溪街道妇女联合会于2002年7月成立，其前身桂溪乡妇女联合委员会。桂溪乡妇女联合委员会于1996年成立，1997年第一届妇女代表会议正式召开。桂溪街道妇女联合会办公室设在党政办。桂溪街道妇联重点开展“女性素质工程”、“女性家庭文明工程”和“社会维权工程”建设活动。

委员：张琼、左晓红、高国容
张小梅、李丽、成华利

党工委工作机构

【党工委办公室】 成都高新区桂溪街道党工委办公室2002年7月成立，是成都高新区桂溪街道党工委的办事机构，承担街道党工委的日常工作，负责街道党组织建设、政治宣传、纪律检查、行政监察、精神文明建设、工会、共青团、妇联等党务群团工作，负责人大代表、政协委员的联络工作。

主任：瞿蓉芳

副主任：李丛节

工作人员：周学儒、徐爱武、张小梅、付佳毅、李丽、欧光蓉、胡静、高雅琴、雷婉莹

【社会治安综合治理办公室】 成都高新区桂溪街道社会治安综合治理办公室2002年7月成立，是承担综合治理、维护社会稳定、来信来访、防止邪教、禁毒、流动人口管理等职能的管理机构，下设治安巡逻大队和流动人口服务管理工作办公室。桂溪街道流动人口服务管理工作办公室是在成都高新区流管办指导和街道流管工作领导小组领导下开展工作，作为履行本辖区流动人口服务和管理各项职责的下设工作机构。

社会治安综合治理办公室副主任：李天福

桂溪街道综治特派员：王际明

工作人员：王有兴、宋荣娥、田理会、但永宏、罗小敏、袁佳、熊鑫、刘杰慧

【综治巡逻大队】 成都高新区桂溪街道综治巡逻大队成立于2011年，其前身是桂溪街道治安城管巡逻大队（1996年成立），是承担综合治理、维护社会治安和稳定的一支半军事化管理的队伍，受社会治安综合治理办公室领导和管理。

治安巡逻大队副大队长：陈军

治安巡逻大队副教导员：刘剑

【2012年桂溪街道综治巡逻大队人员名单】

中队长：漆洪建、周林、苏开福、

副中队长：先海涛、贾先强

组长：李保友、王磊、白成荣、林美远、漆贵洪、黄东、赵庆源、刘洪军、秦沛、张立恒、叶志远、郭华伟、李代强、晏江、张占伟、敖锡伟、张小波、朱鹏云

副组长：徐伟、曾军、郑万兵、赵翊、蒋华伟、卢明、银亮、方洪雨、周家波、张光平、葛长勇、崔静彧、吴兵

队员：胡羚、黄友伟、林家华、廖波、张军、伍贵云、刘静、敬红花、柳岸、蔡建林、王成、李俊、苏欢、张长君、刘年、张正德、徐言刚、程文宇、张文龙、郑三峰、林振奎、何浩、廖中良、陈培、彭云贵、赵勇、谭国平、唐炳祥、代大根、李敏、李靓、郑海、李翼、翁雪燕、谭志强、廖乙、沈涛、周进、廖文、高传云、刁雪元、余江、王路、徐炳林、卢军、肖伟、徐辉、白代伟、何明、徐均、付波、蔡兵、周祥忠、罗彦怀、张维春、罗家龙、林振东、季跃平、朱昌华、余建、袁华、廖洁、林强、刘刚、曾彬、邵之伟、张成礼、廖远威、吕宗建、陈贵、杨陈、林美昌、冯默牒、王明、李刚、易昆、汪云波、李万东、王正华、王成、刘志刚、蒋磊、廖建明、张万刚、徐言林、薛兵、李加军、邓刚、张昆、黄科、刘谋勇、胡跃、冯端伟、刘飞、刘青勇、付建均、郑义、刘振、廖远松、李云祥、李涛、马涛、邵伟峰、王孝平、张锐、程阳、彭高超、李海、刘洪军、吴成金、游江、向东旭、罗进、陈静、卢德富、谭德君、陈大智、吕双端、郭友聪、刘兴跃、苏磊、陈林、曹阳、袁建国、钟文强、李治刚、文忠、李长辉、李泽祥、钟文成、高文彬、文武、李勇、李国庆、周伟、苏开福、张成林、林云洪、张世国、叶羽、袁进、张庆、何

光胜、李中林、李书伟、白宇航、邓志冬、吕建国、刘波、张杰 、袁军、郭洪、方开超、刘建、林洪、余顺文、罗富强、张洪建、秦大忠、陈兴建、陈能虎、刘志威、方显廷、赵斌、王伟、李超、蔡刚、张林、姚成均、江林、周建、李道明、白润、郑浩、涂翔宇、张雪芹、吴传消、周杰、王际成、李明、王坤、陈兴国、李涛(大)、魏涛、陈佳建、向东、程裴、蒋维雄、郭奇、白林、沈阳、刘强、白代发、王晨晨、干志强、周强、白代勇、郑长志、张永鑫、范杰、阚世林、高翔、杨雨、李青亮、张平、朱世明、高俊、 成洪刚、袁凯、黄雨舟、刘影、马鑫、刘鸿兵、张伟、李军、杜强、王洪根、周扬、龙江、张安洪、张洁、文明强、魏夕雷、刘杨、倪天龙、谢长春、邹飞、郭家建、黄建彬、徐飞、雷刚、李建伟、廖远凯、黄军、苏兴波、罗永川、吴军、陈胜、林文峰、林振丰、张阳、王军、周蜀军、马勇、彭建刚、李文强、张杰（小）、袁旭东、徐田、张志强、林波、林文、汪强、蒋元伟、王利、何发勇、胡波、张怀兵、郭林、马明、马骏奎、曾刚、王元鹏、李进、杨淘、邹远刚、唐宇、侯义、程辉、徐孝刚、范国元、赵向龙、青帆、林家福、邝林杰、刘涛、张先行、古聪林、张鑫、曾刚、郑根友、付伟、陈章云、余亚军

村党组织

【概况】 成都高新区桂溪街道下辖11个行政村，其中永安村、和平村、红光村、石墙村、五岔子村、双土村、勤俭村、民乐村、铜牌村、大源村已完成集体资产处置，仅保留建制，留有部分两委成员处理遗留事情。

【临江村党支部】 中共成都高新区桂溪街道临江村支部委员会是领导临江村村名委员会及各种组织开展各项活动的基层党组织，截至2011年有8个党小组，110名党员。

党支部书记：杨根

党支部副书记：张洪建

支部委员：古学军、张蓉华

社区党组织

【和平社区党总支】 和平社区党总支是由和平社区党支部全体党员选举产生领导本社区全面工作，支持和保证居民委员会、经济组织、群众自治组织充分行使职权的基层党组织，成立于2001年12月4日，有10 个党小组，党员184人。2012年总支书记李国涛。

党总支书记：李国涛

党总支副书记：胡艳

总支委员：邓强、郭术清

【双源社区党总支部】 双源社区党总支部是由双源社区党总支部全体党员选举产生领导本社区全面工作，支持和保证居民委员会、经济组织、群众自治组织充分行使职权的基层党组织，于2008年12月成立，有总支委员5人；党总支书记严雨坤，共有党员288人，下设五个支部，各支部有支委成员3人，有党小组15个和15个下设支部成员；2012年党总支书记胡华英

总支书记：胡华英

党总支副书记：苏德君

总支委员：赵伟、彭建

【三瓦窑社区党总支】 三瓦窑社区党总支是由三瓦窑社区党支部全体党员选举产生领导本社区全面工作，支持和保证居民委员会、经济组织、群众自治组织充分行使职权的基层党组织，成立于2002年6月26日，有4个党支部，党员

96人（含预备党员3人）。2012年党总支书记陈治平。

党总支书记：陈治平。

党总支副书记：陈善军、叶莉

总支委员：罗安松、陈岚

附表：

序号	获奖名称	获奖单位或个人	授奖单位
1	桂溪街道基层党建创新工作评比优秀奖	三瓦窑社区党总支	桂溪街道办事处党工委
2	维稳工作先进集体	三瓦窑社区党总支	桂溪街道办事处党工委
3	信访工作先进集体	三瓦窑社区党总支	桂溪街道办事处党工委
4	城乡环境综合治理工作	三瓦窑社区居委会	桂溪街道办事处
5	计生工作先进集体	三瓦窑社区居委会	桂溪街道办事处
6	社区老年舞蹈队节目“竹林深处”捧得“成都高新区第二届老年艺术节独奏类”比赛金奖。	三瓦窑社区居委会	高新区社会事业局
7	高新区举办的第二届老年艺术节，张祖源老人以书法“龙腾盛世”荣获了三等奖。	张祖源	高新区社会事业局
8	参加桂溪街道办事处趣味运动会荣获三等奖。	三瓦窑社区居委会	桂溪街道办事处
9	三瓦窑老年舞蹈队代表桂溪街道办事处参加成都市第十一届老年艺术节在城区器乐独奏中荣获一等奖。	桂溪街道办事处	成都市社会事业局
10	获区“太极蓉城 活力高新”2012太极拳比赛二等奖；	三瓦窑社区居委会	高新区社会事业局
11	获区第三届社区篮球“冠军杯”争霸赛街道预赛第四名；	三瓦窑社区居委会	高新区社会事业局
12	选送节目“草原牧歌”获区“喜迎十八大”第九届社区文艺汇演 三等奖。	三瓦窑社区居委会	高新区社会事业局

【双祥社区临时党支部】 双祥社区筹备组临时党支部是由双祥社区党总支部全体党员选举产生领导本社区全面工作，为加强基层组织建设和党员管理，增强凝聚力，更好地服务于广大党员群众、使群众自治组织充分行使职权的基层党组织，成立于2011年3月，共有党员200余人。

党支部书记：李后全

党支部委员：高琴英、范琴、梁玉梅

【双和社区党总支部】 双和社区党总支部是由双和社区党总支部全体党员选举产生领导本社区全面工作，支持和保证居民委员会、经济组织、群众自治组织充分行使职权的基层党组织，成立于2011年10月，共有党员138人。

党总支部书记：魏尤年

党总支部副书记：成华利、李佳

党总支部委员：茹宗仁、陈立容

街道办事处工作机构

【办事处办公室】 成都高新区桂溪街道办事处办公室于2002年7月成立，是成都高新区桂溪街道办事处的行政办事机构，前身是成都高新区桂溪乡人民政府办公室，成立于1997年9月，承担办事处的人事、目标、规服、档案、文印、机关事务等管理职能。

主任：瞿蓉芳

副主任：李从节

工作人员：蒋艺兰、朱涛、徐全、杨林、吴暇、张渝康（地方志）、余剑侠、秦璐、杨津、张和平、江虹

后勤人员：吴永德、李有福、李晓明、龙文昌、旷才琼、温定强、石映春、胡吉

【城管执法中队】 桂溪街道城管执法中队2010年12月28日成立，是承担城市管理、环境保护、商招店招、队伍建设等工作的职能部门。

城管执法中队中队长：郭科

工作人员：廖宗儒、邓雯、朱贞俊、韩蕾、葛利萍

【2012年城管执法中队队员名单】

指导员：陈光南

副中队长：李华富、谭峰

文书：高翔

工作人员：石红、刘晓敏

一组：张家洪、黄松、蔡汝涛、张逸、张永洪、黄波、王庆、王凤波、白佳、黄政杰、刘辉

二组：夏敏、范旭均、苏波、彭源虎、黄体勋、苏冯滔、汪王雄、马祯模、余立杉、张诚

三组：陈波、唐忠程、梁学洪、魏涛、毛亨友、杨万里、刘宝华、杨浩、燕静

四组：高瑞、张宇、郑万明、林森、李强、张敏、马开斌、谢波

五组：廖远龙、郑万平、刘熊伟、晏威、敖聪、乔正、苏章、李锐、罗松、胡云强

六组：张朝刚、郭怀福、苏能荣、徐林、袁龙其、罗吉彬、白登志、范建毅、陶燕军、张维新

【社会事务和人口与计划生育科（兼司法所）】

成都高新区桂溪街道办事处社会事务和人口与计划生育科于2002年7月成立，是承担教育、科学、卫生、防疫、民政、司法、老龄、人口与计划生育等职能的管理、服务机构。

科长：陈攀慧

工作人员：高国蓉、胡智敏、付燕、谭莉、杨小清、郭宗文、张一军、伍彩云、舒远金、李莉、彭赟、尹玲、胡国群、杨洪明、彭梅、杨平、韩付萍、林晓艳、黎建军、罗志中、张彬、唐静、曾礼树、方义国、张媛、刘伟、蔡娟、廖克强、杨娜、孙敬、赵迁、谭静、张晶、宋克基、刘惠琼、冷锡英

【经济发展科】 成都高新区桂溪街道办事处经济发展科于2002年7月成立，是承担经济发展计划的编制和组织实施、企业、农村集体经济组织和其他经济组织的管理和服务、招商引资、安全生产、市场管理、防汛、统计等职能的机构。

科长：李婷

工作人员：石旭东、何明山、黄建明、徐霞、刘丹、邱玉梅、龙建、马兰、宋立新

【城市管理科】 成都高新区桂溪街道办事处城市管理科是承担辖区工程建设包括社区公共设施建设、农房管理、土地监察、征地拆迁、规划建设、街面绿化、社区院落改造、房屋维修等职能的机构。

科长：李发云、

副科长：曾林彬

工作人员：何顺燕、廖永伟、周旭东、刘警、左晓红、鄢华容

【财政所】 成都高新区桂溪街道办事处财政所承担街道财政预决算管理、财务会计培训与管理、内部审计、协税护税等职能的机构。

所长：谢名清

工作人员：何义忠、杨莉、刘汉蓉、钟文君、袁玲、邓继蓉、刘桂蓉、余磊、黄平会、袁彩琼、陈绍强、张燕、张秀娟

【就业和社会保障服务中心】 成都高新区桂溪街道办事处就业和社会保障服务中心是贯

彻执行就业和社会保障法律法规及政策，负责辖区内的相关宣传和咨询；承担辖区内城乡劳动者职业培训、就业和再就业服务、劳动输入等工作；负责辖区内城乡居民社会保障经办服务工作；负责辖区内劳动关系协调、劳动者权益维护工作；承担街道党工委、办事处及主管部门交办的相关业务工作的职能机构。

所长：张琼

副所长：林世良

工作人员：廖志国、周能、李义、王鑫、陈玉萍、陈洁、马燕、任洁、陈辛、王春冬、杨飞、陈敏、王晓劼、廖丽蓉、李丹、严琳、王勤、刘利、张锐、谭先琼、田倩、张蕴月、颜岑岑、敖娟、张娜、高利华、彭远超、李科、胡颖、谢娜、张耀文、王倩、王紫微、王燕飞、袁佳、敖小军、廖丹、张丹、江利、钟建英。

【社区管理服务中心】 成都高新区桂溪街道办事处社区管理服务中心是承担社区建设的指导和服务、文化建设、文化市场监管、小区和院内的绿化和保洁等职能的机构，下设综合文化活动中心专职负责文化建设、文化市场监管。

科长：徐德文

工作人员：董萍、熊艳、简志伦、张帆、谢芹春

综合文化活动中心主任：董涛（享受副科级待遇）

工作人员：何沙鸥、谭宇

村级自治组织

【概况】 成都高新区桂溪街道下辖11个行政村，其中永安村、和平村、红光村、石墙村、五岔子村、双土村、勤俭村、民乐村、铜牌村、大源村已完成集体资产处置，仅保留建制，留有部分两委成员处理遗留事情。

【临江村村委会】 成都高新区桂溪街道临江村村民委员会是临江村村民进行自我管理、自我教育、自我服务的基层群众性自治组织，接受临江村党总支领导。

村委会主任：张朝忠

村委会委员：刘泽富、张玉聪、 张会英、古学军

社区自治组织

【和平社区居委会】 成都高新区桂溪街道和平社区居委会是根据《中华人民共和国居委会组织法》由和平社区全体有选举权的居民民主选举产生的群众性自治组织，接受和平社区党支部的领导；成立于2007年12月18日。在居委会的领导下分别成立了社区团支部、妇代会、老协会，残疾人协会，计生协会，调解委会员，民间艺术团，志愿服务站等机构。

居委会主任：张庆

居委会副主任：叶建国

委员：张艳、杨林

工作人员：晏启顺、李伟、黄伟、张德才、余磊

公益性岗位：冯发明、李保刚、钟世超、魏科

物业管理人员：胡宁东、代明、赖贤贵

【双源社区居委会】 成都高新区桂溪街道双源社区居委会是根据《中华人民共和国居委会组织法》由双源社区全体有选举权的居民民主选举产生的群众性自治组织，接受双源社区党总支的领导；成立于2007年9月。在居委会的领

导下分别成立了社区团支部、妇代会、老协会，残疾人协会，计生协会，调解委会员，民间艺术团，志愿服务站等机构。

居委会主任：胡华英

副主任：茹宗仁

委员：成华利、姜素群、朱昌兵

【三瓦窑社区居委会】 成都高新区桂溪街道三瓦窑社区居委会是根据《中华人民共和国居委会组织法》由三瓦窑社区全体有选举权的居民民主选举产生的群众性自治组织，接受三瓦窑社区党支部的领导；成立于2002年6月28日。在居委会的领导下分别成立了社区团支部、妇代会、老协会，残疾人协会，计生协会，调解委会员，民间艺术团，志愿服务站等机构。

居委会主任：陈善军

居委会副主任：高小兰

居委会委员：张祥春、陈岚、罗安松

工作人员：刘桂蓉、林阳、邓超、李强、舒远金、敖娟、张娜、杨小清、吴瑕、张黎明、胡国群、徐影、李洪元、徐德春、夏李蓉、李万茹、胡旭东、赵凯

【双祥社区筹备组】

筹备组组长：李后全

筹备组副组长：高琴英、梁玉梅

筹备组组员：苏云福、佗薇薇、张国清

【双和社区居委会】 成都高新区桂溪街道双和社区居委会是根据《中华人民共和国居委会组织法》由双和社区全体有选举权的居民民主选举产生的群众性自治组织，接受双和社区党总支的领导，成立于2011年12月。在居委会的领导下分别成立了社区团支部、妇代会、老协会、残疾人协会，调解委员会、民间艺术团，志愿者服务站等机构。

居委会主任：成华利

居委会副主任：茹宗仁

居委会委员：陈立容、宁月荣、闵万军

工作人员：杜双久、薛婷、蔡兴彬、张步云、刘达先、王倩、王燕飞、袁佳、王紫薇、李利、胥倩、钟小梅、丁怡兮、何顺燕

社区工作机构

【益州社区工作站】 益州社区工作站是成都高新区桂溪街道办事处的派出机构，行使社区居委会的管理职能，负责益州社区的全面工作。

社区工作站站长：罗王军

工作人员：何雪、王秋霞、李茜、庄福明、朱昌兵

协管员：张亮、杨敏、尹玲为

【永安社区工作站】 永安社区工作站是成都高新区桂溪街道办事处的派出机构，行使社区居委会的管理职能，负责永安社区的全面工作。

桂溪街道永安社区工作站站长及工作人员名单：

站长：魏尤年（1月至6月）冷文（7月至12月）

工作人员：林健英、曾淼、秦秀娟、王锐

协管员：张一军、杨平、尹诚诚、李想

【南新社区工作站】 南新社区工作站是成都高新区桂溪街道办事处的派出机构，行使社区居委会的管理职能，负责南新社区的全面工作。

副站长：陈近（2012年1–4月主持工作）

副站长：高超（2012年5–12月主持工作）

工作人员：杜在春、刘建、陈利、秦芳

协管员：韩付萍、彭梅、唐鸥、杨菲

办事处直属机构

【桂溪敬老院】 桂溪街道办事处敬老院位于成都双流县黄龙溪镇学府路17号，是桂溪街道办事处全额拨款修建、管理的政府公益性慈善机构，服务对象是全辖区的五保老人。该院占地面积2000余平方米，建筑面积1717平方米，拥有床位60个，最大饱和床位数80个。现有五保老人40名，其中桂溪街道16名、石羊20名、芳草2名、火南办2名。

敬老院目前有汽车1部，配备了食堂、餐厅、会议室、阅览室、健身器材、医务室、43寸背投、DVD、棋牌、全自动洗衣机、冰箱、电话、空调等公共设施；每间房间配有衣柜、床、床头柜、电视机（25寸彩电）、热水器、卫生间等设施，敬老院具备了优越的生活条件。为进一步丰富老年人的文化生活，2010年新添置2台机麻、羽毛球等文化活动器材，并花费6000余元为老年人购买了衣服。

敬老院有工作人员8名，其中专职院长1名、炊事员2名、护理员5名。护理员坚持每天为老年人清扫室内外卫生，收拾洗涤物品，为行走不便的老人送水送饭，就医取药等，使老年人在敬老院颐养晚年。

院长：方义国

【社区卫生服务中心】 桂溪社区卫生服务中心地处成都市中心城区南大门，位于成都高新区东南部，北起火车南站，东依府河，西邻石羊街道，南与双流县接壤，地处“天府新区”的核心区域。中心于2007年10月由原高新区桂溪卫生院整体转型而来，承担着桂溪辖区23.05平方公里、12个行政村和7个社区、9万多人口的社区卫生服务工作。中心建筑面积3200平方米，设置儿童妇女保健室、计划免疫室、全科诊疗科、中医药馆等；下设和平、天府软件园社区卫生服务站。中心现有职工70名，其中全科医师25名，社区护士27名。其中：注册全科副主任执业医师3名、硕士研究生6名。

主任：熊伟

副主任：黄勇

工作人员名单：黄维田、黄铁、杨仕林、邓运书、陈贵勤、王梅、杨聚华、周敏、邓永杰、张家莉、朱晓燕、薛智勇、刘宜梅、张昱、黄维庆、易正奎、李天福、张翔、冯惠、徐平洪、黄静，张修贵、白桂林、蔡小玲、陈兴梅、何扬玲、陈艳、邓莉、邓秋蓉、牟正玲、罗江会、吴启英、李佩、李成娜、熊伟、郭怡静、叶佳、游玉华、马红梅、陆菡、刘汧、石娅莉、杨智、伍小英、杨玉、夏庆、陈龙飞、叶敏、高徐琴、侯秀彬、何勇、刘诸敏、肖庆华、周丽、李觅、林海涛、袁杰聪、李强、徐丹、赵娟、钟杨梅、谌国芬、邹萍、张忠荣、蔡魏霜、黄再华、黄新睿、何涛、钟思娟、龚国才、刘兰、卢正维

【桂溪老年大学】 成都高新区桂溪老年大学是桂溪街道办事处全额拨款兴建的一所公益性老年教育机构，为独立的法人机构，成立于2010年3月19日，组织机构代码证为55357139-9，“民办非企业单位登记证书（法人）”，其编号为成高新民政字第070092号，法定代表人：张学文。学校暂位于高新区天仁北一街26号的桂溪综合文化中心二楼，占地面积2500平方米，建筑面积1200平方米。学校根据学员需求设立教学班 ，2011年春季学期开设10个专业20个教学班，秋季学期开设12个专业21个教学班。各班设班委会，班委会有3～5人组成，每个班设有班长和委员。

校长：桂溪街道党工委副书记、办事处主任张学文兼任

常务副校长：谭伯祥（主持学校工作）

工作人员：牛键蓉、赵迁、宋克基

公安工作机构

【三瓦窑派出所】 成都高新区三瓦窑派出所是成都市公安局高新分局的派出机构，辖区区域北起武侯区火车南站，南与双流县接壤，东依锦江区，西接高新区石羊街道辖区和双流县白家镇辖区。辖区面积20平方公里。天府大道、益州大道、府城大道、三环路、红星路南延线、天府一、二、三、四街等主要交通道路纵横交错其中。

派出所辖区现有三瓦窑、和平、双源3个老社区，双祥、双和2个新建社区和益州、永安、南新3个筹建社区。有永安、和平、大源、临江、铜牌、双土、民乐、勤俭等8个不完整的建制村。有物管小区47个，居民院落13个。有实有人口31446户，97641人。其中常住人口22072户，71977人；人户分离中有户无人2789户，8544人，有人无户2871户，8039人；暂住人口8652户，25958人；境外人员211人。实有人口中重点年龄段男性人口28996人，有违法犯罪经历的女性人口5人；辖区内有党政军机关9个，其中有成都高新区党工委、管委会的办公区；有企事业单位31个、大专院校1家、中小学6家、幼儿园10家；有大型商业广场（超市）6家，如全球著名零售企业、瑞典宜家家居、法国欧尚超市、法国迪卡侬运动超市、荷兰凯丹广场、苏宁电器广场及成都富森美家居等；有各类特种行业31家，其中以康普雷斯国际酒店为龙头的旅店业13家，废旧收购业7家，有汽车修理业11家；有公共服务娱乐场所94家，其中洗浴水疗场所7家、按摩店5家、美容美发店29家、网吧9家、电玩城3家、茶坊41家；有各类商业店铺1556家。目前，派出所辖区内有包括美年广场、长城半岛、银泰泰悦湾、礼顿山1号、希顿国际广场、保利国际广场、大鼎广场、凯德广场、凯旋广场、天府长城半岛、中兴通讯、网通、时代晶座以及全球单体建筑最大的“环球中心”等大中型建筑工地60余个。其中仅“环球中心”工地面积就达150万平方米，有修建民工3万余名。三瓦窑派出所现配备警力45人，其中所长1名，教导员1名，副所长及刑警中队长3名，内勤4名、刑侦民警11名、治安民警5名、社区民警19名。

2012年9月，三瓦窑派出所党支部被中共成都市公安局委员会评为“全市公安机关创先争优先进基层党组织”。7月三瓦窑派出所党支部被中共成都市高新区公安分局评为“创先争优活动先进党支部”。9月经成都高新区分局党委研究决定，给予在“清网行动”第一阶段表现突出的三瓦窑派出所集体嘉奖一次。

2012年7月27日，三瓦窑派出所民警陈娟因借调公安部办公厅工作突出，被市局授予个人三等功一次。2012年3月16日，三瓦窑派出所民警雷舒因在警营文化建设中成绩突出，被市局给予个人嘉奖一次。2012年10月，三瓦窑派出所副所长杨溢被评为“成都高新区创先争优优秀共产党员”。2012年12月18日，三瓦窑派出所民警隆建因工作表现突出荣获市局个人嘉奖一次。2012年12月，三瓦窑派出所民警魏杰在“十八大”安保工作突出荣获分局授予三等功一次。2012年12月，三瓦窑派出所民警王德在“十八大”安保工作突出荣获分局授予三等功一次。2012年12月，三瓦窑派出所民警吕磊在“十八大”安保工作突出荣获分局授予三等功一次。2012年9月17日，三瓦窑派出所所长吴若欢因涉日维稳工作中成绩突出，被市局李昆学局长签署战地表彰令，个人嘉奖一次。

所长：吴若欢

教导员：李永辉

刑侦副所长：杨溢

基础副所长：叶波

治安副所长:韩勇

刑侦民警：李书鹏、陈赟、胡彬、胡猛、潘

君、徐兴隆、雷鸣、魏杰、段昕、杨静博、杨豪

治安民警：温仑勇、吕磊、丁茂明、隆建、王迅、应力

社区民警：刘卫兵、谢楠、林建军、刘真英、张建新、黄卫东、何平、郑建国、赵国、杨巍、雷舒、张厚坤、陈强、刘东、王德、郭勇、王欣欣、尚思思、陈娟

内勤民警 ：潘茜、张继国、孟庆一

综治民警：王际明（桂溪街道办事处综治办公室特派员）

【新益州派出所】 成都高新区新益州派出所是成都市公安局高新分局的派出机构，辖区位于成都市高新技术产业开发区“天府新城”区域内，毗邻“天府新区”，北起府城大道，南达高新孵化园，西至益州大道，东临天府大道，主要由成都市机关集中办公区，以金融、总部经济为代表的成都中央商务区和高端产业的现代化新城组成，现辖区面积1.5平方公里。截至2012年12月，辖区内共有机关、团体、企事业单位360余家，总人口31560人，无常住人口，其中暂住人口3050人，2012年新增居住登记867人，在辖区工作境外人员8人；全年辖区共发刑事案件38件，破刑事案件4件，打击处理3人，抓获网逃1人，行政拘留16人。2012年5月，派出所被成都市公安局授予“青年文明号”；2012年7月，派出所被成都高新区党工委授予“先进党支部”称号。

派出所现有民警36人，所领导5人，内勤民警2人，刑侦民警5人，社区民警6人，治安民警18人。男民警31人，女民警5人，均为大专以上文化程度，其中本科32人，硕士研究生1人；平均年龄34岁，中共党员25人。现有协警队员243名。

所长：周又光

教导员：骆永红

治安副所长：何刚

刑侦副所长：张云忠

基础副所长：李恒萍

刑侦民警：张艺兴、耿雷、张熹、岳欣、刘澈

社区民警：萨永、刘威、谭尧、赵祖石、赵晓明、李亚军

治安民警：刘青峰、周云鹏、李云辉、陈岷佳、乔宇、李党军、鄢翔、陈潜、曹毅、杨兰、田雪、杨辉、程曦、张鹏、樊傲鲲（2012年12月调入）、郑宇昕（2012年12月调入）、赵雁南（2012年12月调入）、唐平（2012年12月调入）、李伟（2012年7月去世）

内勤民警：周璟、李崎

【新会展派出所】 成都高新区新会展派出所是成都市公安局高新分局的派出机构，其工作职能是：维护社会稳定、打击犯罪、依法管理辖区内的特种行业、公共娱乐服务场所和枪支、弹药、爆炸、剧毒等危险物品、依法查处治安案件，调解治安纠纷、对辖区群众进行法制宣传、管理辖区内的实有人口（包括常住人口、暂住人口和境外在本辖区居住人员）、接受群众的报警、求助，为民排忧解难，解决群众的实际困难，积极为群众办好事、办实事。辖区现有实有人口7524人，其中常住人口1113户，2372人，人户分离有1222人，其中，有户无人17人，有人无户1205人，登记出租房屋1544 户。登记境外人员 262人；2012年当年满16周岁办二代身份证 33人，有违法经历女性0人，重点年龄段男（16~45周岁）566人，破获各类刑事案件50起，提供破案线索30起，打击处理1人。

新会展派出所现有民警31人(女4人)，其中所长1名、教导员1名、副所长3名、内勤1名、刑侦民警7名、治安民警10名、社区民警8名。全所民警中，中共党员27名；大专以上文化程度31名。全所民警年龄最大56岁，最小27岁，平均年龄为38岁。

所长：魏勇

教导员：周朝晖

治安副所长：李攀恒

刑侦副所长：刘昕

基础副所长：李非

刑侦民警：刘飞、何俊、蒲元武、杨黎、曾艾、马进、曾习

社区民警：杨洲、李兴友、刘志军、熊玲（女）、张静（女）、杨鑫林、赵丽娟（女）、徐成全

治安民警：邵图强、张帆、白建伟、汪雷、陈林、熊伟、赵磊、黄长高、杨建伟（女）、房宁

内勤民警：李可

公共管理和服务机构

【石羊工商所】 成都高新区石羊工商所是成都市高新工商行政管理局的派出机构，管理范围为成都高新区石羊、桂溪两个街道，1996年6月成立。工作职能是：依据法律、法规的规定，对辖区内的企业、个体工商户和市场经营活动进行监督管理，保护合法经营，取缔非法经营，维护正常的经营秩序。

所长：李艺

副所长：何宗伟、侯文捷

工作人员：高群、黄洪彦、扎西尼玛、邓荣

【地税分局管理四科】 高新区地税局第一直属分局管理四科现有工作人员11人，其中正式干部8人。办公地址在成都高新区石羊街道办事处二楼。

工作职能：主要负责成都高新区石羊、桂溪两个街道非房地产、建安、区本级、涉外企业的其他税收征收管理工作。

科长：谭丽霞（主持工作）

工作人员：刘青、许世伟、陈琦、张俐娟、刘俊、赵美名、张兰、潘超、黎杨阳、周小红、乔黎

【南区供电所】 高新供电局桂溪供电所于1997年11月18 日成立，2010年7月桂溪供电所与石羊供电所合并，更名为高新供电局南区供电所。南区供电所现有员工22人（其中管理人员5人、专职电工17人）。拥有各种技能人员10人（其中“国网公司优秀技能人才” 1人、技师4人、高级工2人、中级工3人）。供电所下设运行维护组、抄表收费组和业务受理组，担负着高新桂溪、石羊街办部分高压客户和全部低压客户的供电任务，供电区域面积51平方公里。现有高低压客户共2.43万户，2012年完成售电量5610万千瓦时。

所长：严常伟

工作人员名单：王盛、宋远洪、李江、周俊、张海霞、田科娜、喻秋静、聂坤元、饶俊红、张静、周国彬、张永才、魏才富、白登义、刘德钦、池家良、杨林、敖平、高远明、廖永禄

教育机构

【成都高新区锦晖小学】 成都高新区锦晖小学诞生于2010年8月，是成都高新区管委会以高标准、高品质启动的一所公办小学。学校位于成都高新区锦晖东街66号，地处天府新城腹心地带，占地20042平方米，建筑面积16405平方米，办学规模为36个教学班。学校现有一二年级6个班，学生163人。教师23人，其中中学高级教师4人，小学高级教师8人，全国模范教师1人、四川省特级教师1人、四川省骨干教师2人、全国优秀大队辅导员1人、成都市优秀青年教师及市骨干教师3人、成都高新区学科带头人及

优秀教师6人。一支理想高远、团结奉献、底蕴丰厚、超越进取、充满活力、梯级发展的高素质专业教师团队，构成学校发展的核心内力。

校长：付云涛

【成都高新和平学校】 成都高新和平学校是直属于成都高新区管委会的一所九年一贯制学校。学校南临三环路，西接天府大道,东邻红星路南延线。学校占地30亩，建筑面积15800平方米，2012年，学校共有学生2285名，在编在岗教师114名。和平学校现有中学高级教师26人，小学高级教师49人，中学一级教师18人。硕士及参加研究生课程班学习并结业的19人，省、市、区（县）级以上的学科带头人、优秀班主任、优秀青年教师、优秀教师、优秀教育工作者等76人。此外，学校还建立了由省特级教师、优秀教研员、成都市优秀校长等专家组成的教师成长指导团队。

校长、党支部书记：于建

副校长：林淑琼

党支部副书记：廖有俊

【成都高新世纪城南学校】 成都高新世纪城南路学校是成都高新区高标准启动的一所九年一贯制义务学校。学校位于成都世纪城南部，东临锦江，紧邻高新区天府软件园二期。主要为成都高新区南部园区企业员工和失地农民子女服务。高新世纪城南路学校占地30多亩，学校建筑面积2万多平方米，学校现规模达40个班。校园环境幽雅宁静，周围绿树环绕，同时拥有能容纳上千人同时就餐的餐厅及可控全校师生开展各项体育活动的室外、室内体育场馆、实验室、多媒体教室、形体室、音乐室、阅览室、微机室等功能配备齐全的教学生活辅助设施，各班教室均配备投影交互电子白板教学系统、广播等一流的现代化教学设备。学校现有在编教师91人，85人达到本科及以上学历，市优秀教师3名，区学科带头人3名，区优秀教师15名。

校长：高坚

【成都七中初中】 成都七中（初中部）坐落于天府新城永安片区科华路南延线和三环路交汇处，是一所由高新区管委会和成都七中联合举办的直属于高新区管委会的普通公办学校；是植根于高新区创业、创新土壤，按照成都七中百年优良办学传统精心打造的并与七中高中教育直接对接的初级中学；是服务于成都市向东向南发展战略，按照高起点、高标准的要求建设的现代化、有特色必将在国内有一定影响的高品质示范性学校。

校长：杨斌

【成都高新大源学校】 成都高新大源学校创办于2006年8月1日，是成都高新区为适应新城南经济发展着力打造的教育教学设施一流的九年一贯制学校。学校占地42亩，现有46个教学班，学生2000余人。学校拥有现代化的教育教学设备，有一支区、市、全国优秀教师和学科带头人引领的教师队伍，吸引了全国重点高校的优秀大学毕业生23人、硕士研究生5人。目前学校共有教职员工100余人，其中特级教师1名，区级以上名优教师占32%。

校长：李鸣

【成都美视国际学校】 成都美视国际学校是由深圳美视集团成都美视文化有限公司投资兴建，于2002年经四川省教育厅批准投资建成，是一所从小学到高中十二年一贯制寄宿式学校。学校地处成都高新技术开发区人民南路南延线，占地230亩，校园环境优美，欧式建筑风格，设施先进。现有在校中外学生2400余人，其中国际项目部学生200人；专职教师200余人，其中教育专家2人，特级教师8人，学科带头人14人，高级教师98人，外籍教师30人，70%的英语教师赴美培训，部分学科实行双语教学，英语环境得天独厚。建校十年，美视以"优质化、国际化、多元化、精品化"卓尔不凡的品质和魅力，赢得了家长和社会的广泛赞誉，跻身"全国民办教育先进集体""四川省十大品牌学校"行列，获得了IB（国际文凭）授权，通过NCA（美国北中部院校联盟）、NCPSA（美国私立学校委员会）、AI（国际认证）、AdvancED（世界先进教育促进组织）认证。美视历年高考、中考均取得优异成绩，IB国际教育项目成绩斐然。一大批学生相继跨入清华大学、北京大学、香港科技大学等国内名校，以及美国麻省理工学院、加州大学伯克利分校、南加州大学、华盛顿大学、英国爱丁堡大学、谢菲尔德大学、加拿大多伦多大学、日本早稻田大学等世界一流大学。

2012年，美视与美国联合教育投资机构（UEI）合作，开办中美英才班项目。中美英才班是美国大学预科班，学生在美视就读两年半，学习中国高中课程与美国原版初级至高级英语课程，获中国高中文凭，并同时获美国大学录取或有条件录取；半年在美国大学语言中心学习密集型语言课程，开始美国大学生活体验。当年9月正式入读美国大学。

同时，学校依托IB（国际文凭），引进IB-MYP（中学项目）IB-PYP（小学项目）先进理念，开办MYP、PYP实验班。MYP和PYP是IB国际文凭组织推出的分别适合中学和小学年龄阶段学生的两大项目。MYP项目是承接DP大学预科项目与PYP小学项目的桥梁，专为11-16岁学生设计；PYP项目是IB国际文聘三大课程的基础课程，是专为具有长远教育需求的3-12岁学生设计的国际化的跨学科的项目。

学校已正式向IB组织申报成为MYP、PYP候选学校，将是西南地区唯一一所IB三大项目齐备的学校。

校领导名录及分工

杨开智：小学部校长，中学数学高级教师，成都市小学数学专业委员会委员，主持小学部教育教学工作。

徐德雄：中学部校长，中学数学特级教师，成都市学科带头人。主持中学部教育教学工作。

刘建华：国际部校长，主持国际部教育教学工作。

陈康：副校长（中国学生营养与健康促进会理事，成都预防医学会理事）主持学校后勤工作。

【成都职业技术学院】 成都职业技术学院是成都市人民政府举办的全日制普通高等学校，位于四川省成都市。学院定位于培养现代服务业高素质高技能专门人才，是教育部高职高专人才培养工作水平评估优秀级院校，国家骨干高职院校和四川省示范性高职院校建设单位，学院设置专业40余个，在校学生1万余人。学院占地530亩，校舍24万平方米，办学条件优良，教学设施一流。校企合作共建150余个具有真实企业情景的现代化生产性实训中心（室）。学院拥有高素质师资团队，现有专任教师300余人，教授、副教授100余人，"双师型"师资占专业教师的60%。学院深入推进校企深度融合，与成都高新区合作建成"高新区成职软件教育园"，引入企业，使企业项目生产成为现实教学资源。与成都文旅集团合作牵头组建"成都旅游职教集团"，整合旅游企业和旅游中高职院校资源，以项目为驱动，实现抱团发展，互惠多赢。现为国家级计算机及软件技术实训基地、中国软件名城（成都）软件人才培养基地、首批四川省旅游标准化示范试点单位。

校长：贺继明

党委书记：周鉴

党务·政务

PARTY AFFAIRS & ADMINSTRATION AFFAIRS

组织建设

【领导班子建设】 2012年1月10日街道召开了以“贯彻落实《党员领导干部廉洁从政若干准则》、切实加强领导干部作风建设”为主题的领导干部民主生活会。街道党工委书记樊晓峰对2010年桂溪街道领导班子的工作尤其是班子团结务实、驾驭复杂形势和维护稳定等方面工作进行了总结和回顾，提出了班子要从队伍建设、社区治理结构、进一步调动发挥干部的积极性等方面进行改进和提高，通报了街道2011年工作思路和重点工作。班子其他成员纷纷发言总结了工作和个人存在的不足，明确了今后的努力方向；班子成员之间也进行了批评，指出了需要进一步提高和努力的地方。

【基层民主政治建设】 2012年，中央确定的“基层组织建设年”，桂溪街道党工委紧紧围绕省委、市委、区工委相关要求，坚持“围绕经济抓党建，抓好党建促发展”的工作原则，全面深入开展了“基层组织建设年”活动，一、对辖区内参与“三分类三升级”的144家基层党组织进行统一评定，年底，转换升级率分别为：先进党组织41.6%、一般党组织15.7%、后进党组织100%，圆满完成晋位升级目标。二、在和平、三瓦窑、双源、双和四个农迁社区细分建立了19个院落党支部，公推直选出院落党支部书记19人，委员44人；三、街道先后举办了社区（村）两委、院落“三驾马车”、社区监事会、纪检小组、“两新”党组织党务工作者及工会主席培训等。在全市范围内率先举办了9场特色党员轮训，培训党员1200余人。四、全年街道通过民意直通车、《社情民意》、主要领导进大厅、班子成员进社区服务站、院落坝坝会等各种途径，征集意见建议200余条、处理来信来访112件，督办事项207件，办结率均为100%。第三方测评结果显示，街道2012年度社区群众满意度指数为93.11，达到了很满意水平。

【基层党组织建设】 2012年，桂溪街道党工委下设机关党支部2个，社区（村）党总支部6个、党支部14个（未包含院落党支部19个）、泰和佳园退役军人党支部1个，卫生服务中心党支部2个，锦晖小学党支部1个。截至2012年12月，桂溪街道辖区“两新”组织共建立党组织 151个：其中：1、非公企业独建119家、联合党支部24个，共覆盖企业760家；2、新社会组织独建3家；新建岷山律师事务所联合党支部1个，共覆盖4家单位；3、“两园一圈”3个联合党支部；4、阳光家园流动党员党支部1个，顺利完成年度“两新”党组织党建工作目标。辖区内共有在册党员1801名（女性党员552名），其中机关、社区党员1141名，“两新”组织党员660名。街道全年新发展党员36人，预备党员转正48人。

【阳光家园建设】 2012年，桂溪街道阳光家园党校在做好日常工作的基础上，在辖区社区和“两新”党组织中开展了党员远程教育工作培训和学习、深化党员短信平台功能新增“历史上的今天”党史教育；2012年阳光家园党校共培训了入党积极分子培训360名，学员中有295人来自“两新”组织，占比82%，“两新”青年中新发展党员为10人，比2011年的4人增长了150%。

【“两新”党建工作】 2012年，为深化“两园一圈”党建工作模式，不断提升党组织覆盖率，桂溪街道党工委书记樊晓峰率队走访调研了“两园一圈”内的重点企业，创新试点开展了辖区企业和农迁社区结对帮扶工作、党组织公推直选进企业工作；积极引导企业党组织建设按“五有五服务”标准推进，向成都金山数字娱乐科技有限公司、电子科大科园教育中心、平安数据科技（深圳）有限公司四川分公司等非公企业拨付专项经费建立了党员活动场所，在天府软件园各园区建立了“红色视野”书屋；指导和帮助各“两新”党组织开展了党的十八大会议精神学习、党史知识竞赛、室外野战互动等非公党建活动。全年，街道向辖区“两新”党组织共拨付专项工作经费5万余元，有效地推动了“两新”党组织建设。

纪检监察

【概况】 2012年，桂溪街道纪工委召开机关干部专题会议4次，集中学习6次，各社区、卫生服务中心召开会议18次，集中学习40余次，开展警示性教育1次。

【党内廉政建设】 2012年，桂溪街道纪工委按照《中共成都高新区工委、成都高新区管委会关于印发成都高新区2012年党风廉政建设和反腐败工作责任制任务分工的通知》要求，结合人员变动情况，对原有领导小组成员进行调整，成立了由党工委书记樊晓峰为组长，党工委副书记、办事处主任张学文及党工委副书记、纪工委书记陈长贵为副组长，其他工委委员为成员的党风廉政建设和惩防体系建设工作领导小组。建立了“一把手”负总责，分管领导具体抓，一级抓一级、层层抓落实的领导体制和工作机制。

街道领导班子定期专门召开党工委会议，听取街道纪工委意见和建议，安排部署街道党风廉政建设和反腐败工作、预防违纪与职务犯罪工作，制定了《桂溪街道2012年党风廉政建设和反腐败工作责任制任务分工》《桂溪街道2012年建立健全惩治和预防腐败体系建设工作要点》，并与各村、社区签订目标责任书，将党风廉政建设责任制层层分解落实，定期检查。街道纪工委根据责任分工，每季度对领导班子成员、部门党风廉政执行情况进行检查汇总。

街道领导班子认真落实党风廉政建设责任制，街道党工委书记始终牢记“一岗双责”，并履职到位。3月桂溪街道召开了2012年党风廉政建设与预防职务犯罪工作会，街道党工委书记樊晓峰要求各单位要高度重视党风廉政建设与预防职务犯罪工作。10月26日，街道党风廉政建设第一责任人党工委书记樊晓峰主讲廉政党课，以“廉洁自律 洁身自好”为主题进行授课。重点强调了领导干部要坚持以身作则，带领全体工作人员加强党风廉政建设工作，勤奋学习，服务群众，大力倡导“八个良好风气”，在努力工作的同时，规范约束自身言语行为。

街道纪工委制定下发了《桂溪街道2012年党风廉政建设和反腐败工作责任制任务分工》《桂溪街道纪工委2012年主要工作思路及安排》《桂溪街道纪工委关于开展“树高效务实新风，促桂溪廉洁发展”主题实践活动的意见》；将党风廉政建设责任制层层分解落实，并定期检查。根据责任分工，开展了每季度对班子、部门党风廉政执行情况检查汇总。选举产生了社区监督事务委员会和在支部中建立了纪检小组，并制定了相关职责，同时开展了专题培训。

根据成都高新区纪工委《关于贯彻落实省纪委九届九次全会和全省加强乡镇纪检组织建设经验交流现场会精神的通知》开展了纪检交流“三项建设”工作，按照“九有一落实”要求配备了专职纪工委副书记，专职纪检专干及相关装备。

10月9日，成都市纪委副书记、监察局局长景明带队检查纪检监察系统“三项建设活动”开展情况，成都高新区党工委委员、纪工委书记李岷雪，街道党工委书记樊晓峰同志就桂溪街道按照“九有一落实”要求以及纪检干部队伍能力素质、思想作风、基层组织建设情况进行了汇报。景明副书记一行对桂溪街道开展“三项建设活动”的情况给予了肯定，要求在加强宣传力度，营造活动氛围上下功夫。要按照要求全面抓好各阶段活动内容的落实，结合街道的实际抓出自身的特色，创造更多的经验。

【纪检监察信访】 2012年，桂溪街道党工委顺通社情民意、化解社会矛盾、维护社会稳定，切实构建统一领导、部门协调，统筹兼顾、标本兼治，各负其责，取得了较好地成效。对省、市、区信访部门交办的信访案件及时调查回复，做到了件件有着落，事事有交代。街道今年共受理群众举报各类来信来访13件，全部办结。

【纪检队伍建设】 2012年，桂溪街道纪工委根据高新区纪工委《高新区纪工委关于建立廉政风险防控工作联系点的通知》（成高纪〔2012〕9号）文件精神要求，把推动科学发展、促进辖区和谐作为社区卫生服务中心廉政风险防控机制建设的出发点，突出服务意识，把握重点环节、防范重点领域，把廉政风险防控机制建设融入卫生中心人员的业务工作中。6月17日召开了廉政风险防控机制建设联系点动员会，对开展廉政风险防控机制工作进行全面动员和部署。街道党工委副书记、纪工委书记陈长贵要求要围绕中心工作抓关键环节整体推进风险防控。加强组织领导，落实责任。领导干部带头排查问题，带头落实防控措施，切实发挥表率作用。各社区（村）、机关各部门、社区卫生服务中心将反腐倡廉教育纳入干部教育总体培训规划，纳入年终干部学分考核内容。1月，街道纪工委针对下发了《中共桂溪街道纪律检查工作委员会关于转发〈高新区纪工委关于2012年元旦春节期间加强廉洁自律严肃纪律规定的通知〉的通知》，要求全体工作人员要加强政策学习，严守工作纪律，防止铺张浪费，确保群众合法权益。街道纪工委书记坚持对提拔任用人员、岗位变动人员、新聘用的人员进行廉政谈话，敲响反腐倡廉的警钟。

【干部队伍思想建设和制度建设】 2012年，桂溪街道纪工委落实《党员领导干部个人重大事项报告制度实施细则》；强化对党员干部的党风廉政宣传教育。一是领导干部始终将党风廉政建设责任制提示牌摆在醒目位置，时刻用四项纪律、八项要求规范自己言行，坚持填写《廉政日记》。二是认真落实预防违纪与职务犯罪工作，加强正面教育，维护正常的工作秩序，创造和谐的社会环境。三是5月30日，桂溪街道纪工委组织街道机关全体人员、各社区党支部书记、居委会主任及城管执法中队、综治巡逻大队中层以上100余人员进行爱国主义教育，观看了影片《赛德克·巴莱》。高新区党工委委员、纪工委书记李岷雪及纪工委相关同志受邀参加了观影活动.四是为迎接党的“十八大”胜利召开，强化党风廉政宣传教育， 11月1日桂溪街道纪工委组织机关全体人员、各社区（村）负责人，治安城管巡逻大队中队长以上人员共70余人，前往四川省邛崃监狱开展警示性教育，取得了良好的反响。

桂溪纪工委坚持对两支队伍的监督力度，一是要求完善制度建设，要坚持以制度管人管物，强化内部监管约束，杜绝违法犯罪的发生；二是强化法制观念，注重学习培训的质量，坚持以案说法，增强遵纪守法的意识，提高全体队员的遵纪守法意识、政治素质、工作水平；三是开展城管业务培训和执法业务测试，组织进行应知应会考试，提高队员执法管理水平，严格文明执法；四是落实岗位责任，将责任追究制具体落实到人、落实到事，避免工作“打折扣”、推诿现象的发生。五是要坚决杜绝直系亲属在同一部门工作的现象发生。

加强对社区、村基层干部的教育、管理、监督，圆满完成了农迁社区两委成员培训、院落党支部成员培训、院落议事会成员培训、院落院委会成员培训、辖区入党积极分子培训等。根据桂溪街道党风廉政建设与预防职务犯罪工作要求，桂溪街道纪工委组织临江村相关人员开展了党风廉政建设集体谈话。要求每一位村组干部对岗位廉政风险工作引起高度认识；加强工作责任心，严格自律，促进村上各项工作顺利开展，圆满保障拆迁各项工作顺利推进，建立完善高效廉洁村级组织。通过开展集体谈话的形式，扩大了受众人群，对进一步树立依法依规办事的理念，预防渎职、失职和腐败行为的发生起到一定的作用。街道纪工委书记对新聘用的人员进行了廉政谈话。

【制度建设】 2012年，桂溪街道纪工委坚持例会制度，组织纪工委全体成员学习党的十七大、十七届五次全会、中纪委十七届五次全会、市纪委十一届五次全会精神和中共中央《建立健全惩治和预防腐败体系2008-2012年工作规划》以及市委《建立健全惩治和预防腐败体系2008-2012年实施意见》等相关文件与要求，研究2012年桂溪街道党风廉政建设及反腐败工作，明确街道纪工委要加强制度建设，充分发挥为中心工作、重点工作保驾护航的作用，确保街道党工委、办事处的各项重点工作落在实处，强化源头治理。

综治工作

【概况】 2012年，桂溪街道综治委始终把综治维稳工作放在确保社会安定、促进经济发展的突出位置，把保一方平安、增强群众安全感作为实践“科学发展观”的重要内容，落实一把手亲自抓、分管领导具体抓、有关部门密切配合的良好工作局面。年初，根据街道党工委、办事处确定的目标任务，综治委及时召开会议对全年综治维稳工作进行安排部署，进一步明确了责任与目标，并签订了目标责任书。每月组织召开综治维稳工作例会，听取各村、社区及有关部门的工作汇报，研究部署具体工作措施，为辖区综治维稳工作扎实开展奠定了基础。

【信访工作】 2012年1月–12月，桂溪街道办事处共接待来信来访共121件（市、区信箱及热线、交办共90件），158人次，办结121件（重访件3件），按期办结100%。其中：征地拆迁31件，市政和物业管理63件，家庭纠纷1件，劳动保障4件，规划2件，社会治安3件，其他17件（收费、丧葬费用、户口问题、水管爆裂等、养鱼问题、投诉信、卫生中心不能刷社保卡、流动人口、铺面租金纠纷、人口失踪、经适房申请等）。全年，桂溪街道共排查出不稳定因素43件，已调处43件。

【维稳工作】 2012年，桂溪街道综治委及时召开会议对综治维稳工作进行了安排部署，制定并下发了《“创平安春节、创平安‘五会’活动”》成高桂综治委发〔2012〕1号，《涉藏维稳工作实施方案暨突发性事件处置预案》成高桂综治委发〔2012〕2号，《关于加强和创新社会管理为党的十八大顺利召开创造和谐稳定的社会环境的通知》（成高桂综治委〔2012〕4号），进一步明确了责任，为综治维稳工作扎实开展奠定了基础。街道党政主要领导亲自安排部署，分管领导具体负责，组织动员各方面的力量，对缠访、刑满释放、涉藏、临江村种植户、原法轮功习练者以及流动人口等方面容易出现涉稳问题的环节进行全面、深入、细致地排查，对可能发生的群体上访苗头提前介入，安排人力，努力将矛盾纠纷化解在萌芽状态。

【治安防范工作】 2012年，桂溪街道党工委、办事处健全了整体联动防范体系，设立24小时巡逻制度，遇突发事件能迅速出击，快速反应；为切实加强治安防范体系建设，大幅度提高人民群众安全感，街道综治办按照办事处“建立健全群防群治长效工作机制，达到发案少，秩序好，社会稳定，群众满意”的工作目标。如：加强了治安巡逻队伍管理，开展业务培训和作风纪律教育，提高队伍的业务水平；加强街面治安防控力度，积极鼓励挡获现行，促进压发案工作；加大辖区监控管理力度，及时汇报异常情况；注重加强对治安薄弱点的整治，采取了设置治安特勤组加大对东苑小区周边等点位的治安巡逻、设置治安岗亭在高河坎等处值勤等办法；召开治安防范工作会，协调石羊、桂溪两街道在伊腾洋华堂（高新店）员工夜间上下班高峰期对桂溪、石羊街道交叉地段加强巡逻密度；引导社区（村）开展了“天府新城.和谐物业联盟”、物业大联勤等活动；组织小区、独立院落开展“降低刑事案件”工作；针对一些小区连续发生入室盗窃的情况，还组织召开现场控案工作会；继续深化“新南商圈”大联勤防控机制，形成重心下沉抓防范的格局，通过健全组织、明确责任、强化管理等手段，充分挖掘新南商圈治安防范力量，制定和细化工作目标，进一步调动商圈参与的积极性，真正形成整体联动、齐抓共管、维护治安、人人有责的工作局面。针对不同环境因素，加强对商圈安保部门的培训和指导，因地制宜的科学合理配置人员，增强巡查力度，切实提高驾驭商圈社会治安局势和维护社会稳定的能力，从而大幅减少各类案件的发生，大力提升消费群体的安全感。

2012年全年，辖区共立案563件，与去年同期的532件比上升5.5%。辖区综治巡逻大队全年共挡现75起，挡获嫌疑人114人，其中：涉及刑事案件48起，刑事拘留55人，涉及治安案件27起，治安拘留40人，因故教放16人，监视居住2人，强制戒毒1人，协助破获市级挂牌案件1件。同时大队也积极配合参与辖区派出所开展的各项打击行动，如7月初积极配合派出所开展了"扫黄打非"活动，大力扫除淫秽色情等文化垃圾，破获1卖淫嫖娼团伙，打击处理18人，其中刑事拘留8人，治案拘留10人；全年配合派出所对大源片区经营赌博机的窝点进行了三次集中清理、整治，现场共销毁赌博机77台，并对经营者进行了告诫谈话，有效遏制了"黄、赌、毒"等违法犯罪活动。

【社区戒毒（康复）中心工作】 2012年，桂溪街道辖区正式注册为成都市禁毒志愿者的有25人。街道社区戒毒（社区康复）领导小组办公室积极组织志愿者开展《禁毒法》的大力宣传活动、广泛开展"珍爱生命、远离毒品"的活动；定期为康复人员开展心理辅导、法律知识讲座、就业技能培训、快乐健身等特色活动。参与群众达万余人，取得了良好宣传效果；在成都高新区区禁毒大队的指导下，街道工作领导小组办公室认真分析辖区涉毒人员的具体情况，做到对每个人的情况都心中有数，方便对其进行人性化服务和动态管理。

2012年桂溪街道社区戒毒（康复）中心迎来了省、内外多家兄弟单位及省、市、国家相关领导的参观、考察。3月，国家禁毒办副主任、中国禁毒基金会秘书长陈新友率国家禁办调研组到桂溪街道调研了贯彻落实《禁毒法》和禁毒工作情况，桂溪街道社区戒毒（康复）中心工作得到了充分肯定。

【队伍保障工作】 2012年，桂溪街道治安巡逻大队是维护辖区治安防范的一支重要力量，解决了桂溪辖区警力不足、防范力量薄弱等问题。因此桂溪街道党工委、办事处高度重视辖区治安巡防工作，始终把辖区巡防工作作为一项民生工程和社会治安综合治理基础性重要工作来抓，今年街道加大了财政投入，拨出专项资金购置了40辆巡逻电瓶车用于日常巡防工作；街道党工委经研究决定对全体队员的基本工资进行上调，并缴存住房公积金，为确保队伍稳定，同时建立了挡现、控案奖励机制，提高了队员的工作积极性，为巡防工作顺利开展，提供了有力保障。

文明建设

【概况】 2012年，桂溪街道党工委、办事处在高新区党工委、管委会的领导下，按照"以科学发展观为指导，以稳定为基础，以民生为重点，积极创新社会管理服务体系，强化服务意识，优化组织结构，深化惠民活动，促进辖区文明和谐"的工作思路，紧扣年度重点工作，不断完善组织领导、责任分工和狠抓落实的工作机制，全年工作取得了良好的成绩。

【精神文明和文明城市建设】 以文化促进和谐和管理。2012年，街道投入300多万元，在双源社区建设完成7800平方米的大源体育运动公园，包括足球场、篮球场、羽毛球场、棋牌活动区等设施，覆盖人群4万人。并投入5万建成文化活动中心标准化图书室。举办了纪念建党90周年晚会、全国风云球王三人足球争霸赛成都站比赛、第三届"桂溪杯"篮球赛、第二届国手桂溪行等大型的文体活动。在暑期，开展了青少年篮球专业培训及动漫、素描、书法兴趣班。对桂溪老年大学534名学员中的280名农转居老人提供每学期30元的学费补贴，并对12名距离较远的老年人给予20元的交通补助。街道综合文化活动中心自去年投入使用以来，不断完善设施和加强文化工作，2012年，被评为成都市首批一级综合文化活动中心、首批基层文化活动示范基地。辖区文体队伍在社区管理服务、提升素质、促进和谐方面进一步发挥了作用。

在文明城市复查迎检、巩固创建成果方面，街道完善了组织领导和例会制度，制定并落实文明城市复查迎检工作方案，确保了街面、院落、市场、窗口、迎检点位以及街道、社区创建资料各项指标达到最佳迎检状态，受到上级和群众的好评。投资160万元实施了3个社区17个院落的文明院落建设工程，在成都市测评中，高新区排名全市第一，桂溪排名高新区第一。街道还获得共青团四川省委、四川省城乡环境综合治理工作领导小组办公室“四川省城乡环境清洁志愿服务示范点”授牌。

【文明社区示范院落建设】 2012年，桂溪街道党工委、办事处在高新区党工委、管委会的领导下，按照“以科学发展观为指导，以稳定为基础，以民生为重点，积极创新社会管理服务体系，强化服务意识，优化组织结构，深化惠民活动，促进辖区文明和谐”的工作思路，紧扣年度重点工作，不断完善组织领导、责任分工和狠抓落实的工作机制，全年工作取得了良好的成绩。

在近年来开展“和谐文明家庭”“和谐文明院落”评选活动的基础上，2012年，桂溪街道又投资248万元继续开展评选活动，并通过调整评选规则、广开宣传路径、开展系列活动等措施将评选工作不断完善与深化。成立院落管理小组实行了精细化管理，办事处巧妙地将日常工作融入到评选活动中，对居民自觉参与社区建设、完善院落的自治组织、提升文明素质和自我管理水平、进一步改善干群关系，起到了积极的促进作用。

【志愿者活动】 开展职工送温暖活动12次，完成农迁社区及进城务工农民新市民素质培训200余人，免费为一线困难职工送体检卡387份；组织开展了“巾帼风采，我最美丽”三月风华主题系列活动，成功调解妇女纠纷案件6例。通过创新开展天涯坊志愿者服务活动，拓宽了外籍志愿者服务方式。成功承办了区级趣味运动会、羽毛球赛、亲子活动等。

人大和政协联络工作

【人大换届选举】 2012年2月13日，桂溪办事处街道克服了辖区机关、大型企事业众多等诸多困难，通过近一个月的共同努力，顺利完成辖区四个联合选区的投票工作，共选出代表11名。中共四川省委常委、成都市委书记黄新初，市长葛红林等领导和辖区广大选民在各投票站进行了投票，行使了选举权利。黄书记在现场表扬街道选举工作认真严谨，并问候了工作人员。

【人大代表】 2012年，桂溪街道当选成都市武侯区第六届代表有 911人，其中女性 3人。

成都市武侯区人大代表选举正式代表名单

桂溪辖区

选区	姓名	性别	民族	是否上届代表	工作单位及职务
第一联合选区	王　军	男	汉	是	成都职业技术学院副教授
	杨　东	男	汉	否	成都高新区党工委委员 管委会副主任

续表

选区	姓名	性别	民族	是否上届代表	工作单位及职务
第二联合选区	李国涛	女	汉	否	成都高新区桂溪街道和平社区党总支书记
	熊　伟	男	汉	否	成都高新区桂溪社区卫生服务中心主任
	樊晓峰	男	汉	是	成都高新区桂溪街道党工委书记
第三联合选区	田　勇	男	汉	否	成都市公安消防支队副政治委员
	成　建	男	汉	否	新华社四川分社党组成员、办公室主任
	何玉兰	女	汉	否	四川美嘉森名品百货有限公司 、成都东风商贸广场有限公司、成都乐森名品百货有限公司 董事长兼总经理
第四联合选区	张学文	男	汉	否	成都高新区桂溪街道党工委副书记、办事处主任
	张朝忠	男	汉	否	成都高新区桂溪街道临江村村委会主任
	胡华英	女	汉	否	成都高新区桂溪街道双源社区党总支书记、居委会主任

【政协委员】 2012年，桂溪街道有四川省、成都市、成都市武侯区三级政协委员共15人其中四川省政协委员4名，成都市政协委员5名，成都市武侯区政协委员6名。

四川省政协委员名录表

政协	姓名	性别	单位及职务
四川省	刘光基	男	四川种都种业有限公司总经理
四川省	李勇库	男	审计署驻成都特派员办事处特派员、党组书记
四川省	王　琳	女	成都高新区管委会副主任
四川省	杨惠恒	女	中国联合通信有限公司四川分公司总经理、党委副书记

成都市政协委员名录表

政协	姓名	性别	单位及职务
成都市	赖咏梅	女	成都市兴城投资有限公司总经理助理、高级工程师
成都市	代晓桦	女	欧盟项目孵化中心（成都）主任、成都南祥生物制品有限公司董事长
成都市	陈阳寿	男	成都市消防支队副支队长
成都市	何晓婉	女	成都职业技术学院党委副书记

武侯区政协委员名录表

政协	姓名	性别	单位及职务
武侯区	何静蓉	女	高新区政协工作联络处主任
武侯区	郑洪华	女	高新区管委会巡视员（朝鲜族）
武侯区	杨东	男	高新区经贸发展局局长
武侯区	郑莉	女	高新区党工委委员、管委会副主任
武侯区	官旭	男	高新区国土局局长
武侯区	张玮	男	巅峰集团总裁

政务服务

【政府信息公开】 2012年，桂溪街道办事处高度重视信息化建设工作，进一步完善了软硬件配套，强化了信息交流互动，圆满完成了信息工作任务，取得了较好的成绩。按照成都市、高新区的相关要求，健全完善成都市基层公开综合服务平台信息公开工作，开展了政府信息公开查询点标准化建设工作，为更好地将政府信息及时公开打下了坚实的基础。桂溪街道办事处在2012年度共新增主动公开政府信息4701条。主要涉及工作动态及其他应主动公开信息等，在市政府门户网站上主动公开信息2356条，信息发布数量位于高新区各街道办事处前列，按照公开目录（含指南、目录、补充公开），机构信息1条，公布信息公开年报类1条，工作信息类2354条，占99.9%。

其中，公开形式主要包括以下几种，一是公共查询点：2012年桂溪街道办事处设置信息公开查询点4处，汇总公开信息783条。二是新闻媒体：通过《华西都市报》《成都日报》《成都商报》《成都晚报》及成都电视台等媒体发布各类公开信息37余条。三是单位网站：通过高新区门户网站和各单位网站发布各类公开信息2479条。四是公开栏（屏）：通过各种公开栏（屏）发布各类信息420篇。五是公开资料：全年通过公开资料发布信息144条。六是编辑桂溪快讯24期、大事记12期，院落LED显示器发布的信息，为群众了解实情以及政府掌握舆情发挥了积极的作用。

【政务信息工作】 2012年，按照成都高新区管委会统一要求，桂溪街道办事处在社会事务服务中心及双源、和平、三瓦窑社区便民服务中心共设置了4个政府信息公开查询点，接受群众咨询。街道三瓦窑、和平、双源社区在市政府门户网站基层公开综合服务平台上及时发布社区动态信息，在高新区效能办关于信息填报的季度通报上，多次位居信息发布条数首位，全年共计发布信息2000余条。今年，新增了双和社区基层公开综合服务平台，辖区共计4个社区，均高质量做好了此项工作。

【政务服务创新】 2012年，按照成都高新区统一要求，桂溪街道办事处完成了8个社区综合服务站标志标牌标准化建设；组织安排了街道"领导进大厅"、"班子成员进综合服务站"活动；积极对街道市民服务中心打造模式进行探索、构想。

【民生服务热线】 2012年，根据成高效能办〔2012〕1号文件关于"即办件立即办结，承诺件限时办结"的要求，桂溪街道办事处安排专人负责民生服务热线，严格按照办理流程，将分办问题落实到本部门具体经办人员并跟踪协调办理进度，办理结果及时回复呼叫中心。对于不属于本部门权限范围的，按照首问负责的原则在部门内流转；不属于高新区范畴或因政策原因无法办结的，耐心做好解释工作，取得企业和群众的理解，并将情况及时反馈呼叫中心。

【政务服务队伍建设】 2012年，桂溪街道纪工委和目督办定期不定期地对重点工作和目标任务进行督查，及时督促问题的整改和落实，对违反劳动纪律和工作落实不力的单位和个人及时进行了处理和通报。全年，行政效能监督员采取了不定时督查方式深入辖区内各社区和服务中心进行督查工作，截至年底，共收到关于党风、政风、工作作风的意见、建议十余条，街道党政办及时采纳、整改，调整工作思路和措施，对违纪和不规范的行为进行了通报，并由各部门进行整改、说明，对监督员提出的建议、意见整改办结率100%。

人事工作

【人事制度完善】 2012年，桂溪街道办事处初步建立起了500余名街道聘用人员人事档案；修改和完善了《桂溪街道聘用人员管理考核办法》，针对合同续签、绩效考核、年终考核等环节进行了探索、细化并组织实施，为进一步探索做好桂溪街道聘用人员人事管理考核工作，打下了基础。研究合同续签笔试测试结果中聘用人员存在的薄弱处，以邀请街道领导授课、心理专家讲座的方式相结合，从提升自身素质、道德修养、工作执行力等方面针对性开展了140余名业务类街聘人员人事培训。

【机构编制】 2012年，桂溪街道办事处共有正编人员49名，区聘人员11名，街道聘用人员为450名（包括治安巡逻大队、城管执法中队队员、协警人员）。

【军转干部安置】 2012年，桂溪街道办事处围绕推进自主择业军转干部就业，抓教育、抓服务、促管理，各项工作取得了长足发展。结合自主择业军转干部大部分年龄在40岁左右，处在事业的黄金时期，就业愿望非常强烈这一现状，紧跟社会就业形势的发展变化，在认真总结前期经验教训的基础上，对当前存在的一些实质性问题进行了深入分析，引导符合条件的转业干部选择自主择业，发挥其特长为社会做出新的贡献。广大自主择业军转干部也发扬人民军队的优良传统和作风，及时转换角色，积极投身经济建设和社会事业发展，主动就业，大胆创业，在不同领域作出了突出贡献，表现出了崇高的精神境界和很强的能力素质。目前辖区自主择业转业干部中，有6名大胆创业，7名已再次就业。

2012年9月14日，桂溪街办事处举行聘用人员续签合同考试现场

群众团体

MASS ORGANIZATION

工　会

【概况】　2012年，桂溪街道总工会展开新一轮“广普查、深组建、全覆盖”集中行动，确保完成“普遍建会”任务。进一步深化部门联动机制，联合就业、经发、社区等召开2次企业建会培训会，向未建会企业宣讲工会的政策、服务，力争全年新建工会组织40家。街道及社区群团上门走访未建会企业不少于100家，走访500强企业建会不少于2家。联动“两园一圈”，组织召开2次企业工资集体协商培训会。

【工会组织建设】　2012年，桂溪街道总工会深化工会主席联席会建设，全年召开工会主席培训会不少于2次。进一步倡导企业工会组织深入开展“工会组织亮牌子促活力、工会主席亮身份促履职”活动；全面推广社区工会服务站，积极推进社区工会联合会建设，按照“有统一标识、有场地、有人员、有专项经费、有办公设备、有规范制度”标准，推动所有社区建立完善工会服务站。全年计划推动各个社区工会服务站挂牌运行，为每个社区工会服务站匹配工作经费1.5万元。

【工会活动】　2012年，街道总工会大力推广职工“互助保险”，继续扩大“四送三助”（春送健康，夏送清凉，秋送关怀，冬送温暖）覆盖面；健全困难职工数据库，搭建社会参与平台，适时推出结对帮扶计划等项目，长效关怀一线和困难职工，改变节假日走访慰问的单一模式。全年计划“冬送温暖”慰问困难职工50人以上，“春送健康”发放体检卡500份，“夏送清凉”发放慰问品2000份，“秋送关怀”帮扶困难家庭3~5个。全年计划新建职工书屋3个，完成新市民培训300人以上。开展职工技能比赛或比武活动2次以上。

【非公企业建会】　2012年，桂溪街道总工会有针对性加强非公有制党工共建示范企业示范引领建设，推动中清科华、世龙实业公司成为非公企业党工共建优秀示范企业。

2012年桂溪街道辖区新建会工会组织机构名单——

四川中物创业投资有限公司工会
TCL通讯科技（成都）有限公司
成都世龙实业有限公司
成都科泰园科技有限公司
中航瑞赛置业有限公司
成都富森美家居实业有限公司
成都易信科曼信息技术有限公司
湖南百利工程科技有限公司
成都清科生物科技有限公司
四川狄邦出国事务服务有限公司
重庆凯德物业有限公司
成都腾中贸易有限公司
桂溪街道益州社区工作站
成都美树装饰工程有限公司
桂溪街道双和社区
成都捷本科技有限公司
成都缘中缘房地产经纪有限公司
桂溪街道南新社区工作站
成都景印商务服务有限公司
成都柏雅美容美发有限公司
高新区忠恒腊肉食品加工厂
成都派沃特科技有限公司
华夏家电维修中心
益州社区石墙综合农贸市场商铺联合工会
三瓦窑社区商铺联合工会
双祥社区汽修行业联合工会
双源社区就业一条街联合工会
双和社区广场商铺联合工会
永安社区餐饮联合工会
南新社区小区物业联合工会
和平社区餐饮商铺联合工会
成都旁氏造型工会委员会
四川华星鑫瑞汽车销售有限公司
成都三源机电工程有限公司
成都瑞格自动化系统有限责任公司

共青团

【概况】 2012年，桂溪街道共青团新建非公企业团支部16家。

【共青团活动】 2012年，桂溪街道共青团组织开展“爱心启迪智慧”暑期行。组织开展“优秀青年观金沙”。组织开展“红色唱响 活力桂溪”红歌唱。组织开展“同在一片蓝天”关爱行动。

2012年4月7日，桂溪街道办事处举行的“青春文明梦想”预赛现场。

【志愿者活动】 2012年，桂溪街道新增商铺志愿服务点8个，整合志愿服务队25支。继续深化“党员义工”每月最后一周五志愿服务活动。继续深化志愿服务站建设，加强和平社区成都市心理辅导标准化志愿服务站建设。贯穿“三色、三抓、三联”工作主线，创新成立了社区“三八突击队”、设置“社区服务岗”、外籍“天涯访”和“心理辅导站”。

团委领导调研桂溪团工作，给予工作肯定。

妇 联

【概况】 2012年，桂溪街道妇联协调处理妇女及家庭纠纷6起。树立各层面的职工、女性、志愿者先进典型28人。开展“依法维权 关心关爱”维权法宣传活动总计17次，认真接待来信来访者。

【示范教育】 2012年，桂溪街道妇联组织开展“父母大课堂”及类似“父母大课堂”讲座16场。组织开展“三月风华”主题。组织开展“巾帼风采 我最美丽”主题。组织开展“妈妈您辛苦了”文艺汇演。组织开展“快乐嗨翻天”亲子活动。组织开展“和谐文明院落评选”及“文明家庭评选”，“文明家庭户”评选。桂溪群团在街道及社区工青妇队伍中大力倡扬创新精神和担当精神，注重加强对专干的学习培养，全年举办了有针对性的教育培训。

【组织建设】 2012年，桂溪街道妇联组织企事业单位群团专职人员开展团队素质拓展。组织召开党群联席会集思广益。通过以上思维学习，拓宽了群团专职工作者视野。团中央绿色家居宣传实践活动成都分场、团中央“保护母亲河”主题宣传活动成都分场由桂溪街道团工委成功协办。团杭州市委、团成都市委团工委工作现场会在桂溪成功举办。共青团中央组织部副部长褚峰、《中国青年报》副主编、金牛区

【维权帮扶】 2012年，桂溪街道妇联大力推进妇女创业就业小额担保贷款扩大规模。以推进妇女小额贷款为重点，完善创业就业服务平台。大力推进妇女创业就业工作。促进妇女就地就近就业；集合节假日及法制宣传日等特定节日，面向广大妇女、家庭开展内容丰富、形式多样、生动活泼的普法宣传活动。教育引导妇女学法、懂法、用法、守法，帮助支持妇女维护权益；以“六一”儿童节、未成年人思想道德实践月、暑期行动为契机，继续推进“小手牵大手”建设活动。针对下岗失业女性、单亲特困妇女、残疾妇女儿童等困难弱势群体，开展对应帮扶活动；以和谐家庭文化为切入点，推进文明家庭、学习型家庭、平安家庭、廉洁家庭等特色家庭创建活动。探索在家庭中开展道德建设的新思路新方法，引导广大家庭成员遵守社会公德、坚守职业道德、弘扬家庭美德、陶冶个人品德；建立社区“妇女之家”，为妇女、儿童和家庭提供创业就业、综合维权、教育培训、家庭教育、文化健身、帮扶救助等“一站式”服务。“妇女之家”深深扎根在基层和妇女群众之中，努力做到妇女有需求的时候就能在身边找到“妇女之家”，不断提升“妇女之家”建设水平。

2012年10月10日，桂溪街道办事处举行“爱依旧，暖冬计划”志愿服务活动现场

资源与环保

RESOURCES AND ENVIRONMENTAL PROTECTION

国土资源管理与利用

【征地拆迁安置】 2012年，桂溪街道办事处在临江村拆迁工作中，共拆除种植食用菌120户，面积1057.84亩；苗木14户，面积166.02亩；签订农房安置协议8户；签订铺面搬迁补偿协议3户；补签1户养殖专业户协议；拆除民乐村遗留难点户2户。

【土地执法监督】 2012年，桂溪街道办事处组织巡查222人次，发现乱搭乱建、乱倒渣土苗头9起，按照有关法律法规和政策全部及时处理，结案率100%，土地违法案件发案率控制在5%以内，确保辖区内无一例土地违法案件被区国土分局立案查处或通报现象。

【拆除违章搭建】 2012年，桂溪街道办事处在辖区内共拆除4处违章搭建，分别是：民乐中心村沿街铺面违章搭建约160平方米；民乐村一组钉子户王炳刚农房周围的违章搭建约150平方米；民乐村三组钉子户李培刚农房周围的违章搭建约450平方米；铜牌村一组保利用地附近（已征已供）违章搭建约450平方米。

水资源管理

【概况】 2012年，桂溪街道办事处根据成都市高新区防汛办的要求，展开重点对辖区内各村、各社区的沟渠疏掏和防汛隐患排查与整治工作，桂溪街道办事处对辖区内所属区域河道、市政府周边、会展中心周边、各下穿隧道、沟渠、城市排污（水）管网、建设工地、低洼地段、居民院落、地下停车场、有灾情历史的区域等进行不间断“拉网式”排查。

【河道管理和雨污分流】 2012年，根据成都高新区防汛办的要求，桂溪街道办事处重点对各村、社区已完成沟渠疏掏和防汛隐患排查与整治工作，再次对所属区域河道、市政府周边、会展中心周边、各下穿隧道、沟渠、城市排污（水）管网、建设工地、低洼地段、居民院落、地下停车场、有灾情历史的区域等进行不间断“拉网式”排查。并针对上述排查出来的问题进行了整改。大力开展对辖区的小水域进行清掏，共整治沟渠河道长约12000余米，淤泥近25000方，前后共投入经费近85余万元。同时积极协助区经发局对辖区雨污管网进行普查，并对各社区的雨污问题进行整改。

环境保护

【大气污染治理】 2012年，桂溪街道办事处加大建设工地、道路运输、工业企业等方面的扬尘污染及秸秆禁烧监管力度，有效控制扬尘污染，改善空气环境质量。在控制建设工地扬尘污染方面，桂溪街道城管执法中队重点检查施工工地周边围挡、垃圾处置和道路硬化等方面；督促施工工地采取遮盖、封闭、洒水等措施，避免物料堆放、装卸、运输等作业起尘和风蚀起尘；在秸秆禁烧工作的督导方面，中队以现场执法监察组监察记录和群众举报核实情况为依据，各小组加强巡查力度，预防秸秆焚烧死灰复燃；并切实组织骨干进行包片、包村、包组、包田间地块，确保辖区内无秸秆焚烧现象。

同时，街办切实加大环境保护执法力度，今年环保投诉事件共33起，督促整改29家。办理发放排污许可证50家，坚决查处环境违法行为,有效了遏制生态破坏。中队大力开展环境宣传活动2次（4月22日地球日、6月5日环保日），共发放环保宣传资料2000余份、环保袋1000余个；加强社区ISO14001环境管理体系认证的培训，多次对和平、三瓦窑、双源社区主任、内审员、联络员在街道办事处召开了ISO14001环境管理体系培训会；目前，三个社区ISO14001环境管理体系内审已顺利通过。

【扬尘污染治理】 2012年，桂溪街道城管执法中队针对辖区内“工地多，空地多，隐患多，矛盾大”的特点，总结以往的经验和教训，制订和落实了国土管理目标考核制度和工作措施，坚持以临江村、铜牌村、大源村和拆迁空地、建设工地为巡查重点，进一步强化“四级”联动机制，及时消除乱建、乱倒渣土、非法挖土、挖砂石等现象。全年，组织巡查7000多人次，车辆出动2500余台次，在铜牌村、大源村、金融中心片区挡获10起乱倒渣土的车辆，全部按照有关法律法规进行了及时处理，结案率100%。

【环境管理体系】 2012年，桂溪街道办事处按照ISO14001环境管理体系标准的要求，识别了桂溪街道办事处本体和区域及相关方面环境因素。根据《高新区2012年环境保护和节能减排工作专项目标》（成高管目督办〔2012〕13号）文件分解并下达了《成都高新区桂溪街道办事处关于分解成都高新区2012年环境保护和节能减排工作专项目标的通知》。2012年新识别并收集了办事处适用的法律、法规12部，制定了2012年ISO14001环境管理体系培训计划并上报了高新区改进办和人事劳动局。在12月中旬的内审工作中，办事处积极配合高新区改进办的工作，组织30多位重点员工在文锦江进行了ISO14001环境管理体系的培训，接受了内审工作组的检查。办事处各部门按照标准的规定和目标的要求，扎实有效的开展了体系的运行工作，取得了显著的环境绩效。

防洪防汛

【概况】 2012年，桂溪街道办事处根据高新区防汛办的要求，重点对各村、社区已完成沟渠疏掏和防汛隐患排查与整治工作，再次对所属区域河道、市政府周边、会展中心周边、各下穿隧道、沟渠、城市排污（水）管网、建设工地、低洼地段、居民院落、地下停车场、有灾情历史的区域等进行不间断“拉网式”排查。并针对上述排查出来的问题进行了整改。大力开展对辖区的小水域进行清掏，共整治沟渠河道长约12000米，淤泥近25000立方米，前后共投入经费近85余万元。同时积极协助区经发局对辖区雨污管网进行普查，并对各社区的雨污问题进行整改。

【防洪抢险预案】 2012年，桂溪街道办事处继续执行已制定的《桂溪街道2010年防汛抢险工作预案》，积极贯彻“安全第一、预防第一、以人为本、科学防治”的方针，按照“属地管理、专群结合、条块结合、分级负责、分级响应、分级开展、统一指挥”的原则，层层建立防汛工作目标责任制，形成“快速、机动、专业、有序、高效、统一”的防汛抢险工作运行机制，确保辖区平安度汛目标。按照“统一指挥、分级负责”的原则，成立以办事处主任为总指挥，分管防汛工作的办事处副主任为指挥长，武装部部长为副指挥长，机关各部门负责人和各村、社区主任（负责人）为成员的桂溪街道防汛指挥部。防汛指挥部设在办事处一楼社会事务服务中心，下设防汛指挥部办公室（以下简称街道防汛办），由经发科科长兼任办公室主任，负责指挥部交办的日常工作。

2012年5月24日，桂溪街道办事处举行防洪演练现场

城市管理

URBAN MANAGEMENT

常住和流动人口管理

【概况】 2012年，桂溪街道办事处全面推进实施了《成都市流动人口服务管理工作规范汇编》工作举措，全面深化常态化服务管理，推进基础信息的分析应用，打造了街道、社区无缝对接的两级服务管理平台，实现了辖区流动人口“底数清、情况明、信息灵”的服务管理工作目标。

【流动人口管理】 2012年，桂溪街道办事处加大对流动人口协管员、信息员队伍在业务知识的学习，进一步提高他们在工作效能，实现广渠道，多层次的采集流动人口基础信息，截至年底，采集、维护流动人口信息23655条；房屋信息15153条，用工单位信息211条，基础信息采集效率较去年有了进一步提升；流口办按照成府流办〔2010〕62号文件要求，定期对辖区内“人、房、业”基础信息进行研判，全年共编写基础信息分析报告10份，召开联席会议5次，流转基础信息13大类共计122条，较去年同比增加23%；流口办按照“分级负责、每周督导、逐月考核、奖惩兑现”的原则，对辖区内8个社区流管站、45个责任网格坚持开展每周工作督导，每月实地开展三级巡查，积极与辖区派出所，办事处信访办联系，根据辖区案、事件信息随时开展责任倒查工作。社区流管站与责任区域内的用工单位、中介机构签订责任书，落实协管责任。全年共巡查1000户房屋、3600名流动人口，开展涉案(事)件倒查4次，并将考核情况建立了详细档案，作为各社区年终目标考核的主要依据。

流口办结合辖区实际情况，进一步加强商品楼盘里的出租房屋的日常管理工作，进一步贯彻落实“谁出租，谁负责”的流管工作方针。通过健全完善体制和工作模式，实现体制更健全、模式更务实、作用更明显、队伍更精干、保障更有力；通过强化基础信息的采集、更新与维护，确保实现“底数清、情况明、信息鲜活”的目标；通过全面深化常态化服务管理，努力构建全域性的良性互动工作氛围；通过深入推进基础信息的分析应用，全力打造街道、社区无缝对接的两级服务管理平台。

城乡环境综合治理

【概况】 2012年，是贯彻落实新颁布实施的《四川省城乡环境综合治理条例》开局之年，桂溪街道办事处以城乡环境综合治理为契机，把扎实抓好“门前三包”责任制的工作作为当前的一项重要工作来抓，分别与家企事业单位签订了“城乡环境综合治理责任书”100余份、“门前三包责任书”1100余份，安排“门前三包”工作人员、桂溪环卫公司监督员及城管执法队员对主要道路、城区出入通道及周边商家店铺经营秩序进行整治，累计教育、制止、查处各类市容违法行为1500余起，查处清理无证摊贩3000多个，联合交警整治乱停乱放车辆300余次。市容环境秩序“明显改善”和“明显提升”的阶段性目标。以天府大道、红星路沿线、益州大道等道路为重点，同时对农贸市场及学校周边区域突出占道经营、违章乱建、违法户外广告等综合整治，共清理各类违法占道200多个，查处各类无证摊贩、夜市排档等违法占道行为300余起，明显改善了主要道路的市容环境秩序。目前，共受理相关投诉6000起，结案率100%，在成都市数字化城管期刊中名列全市前茅，在高新区多次排名第一。成立双源社区文明劝导员队伍（城管妈妈），劝导乱丢垃圾、乱吐痰、乱丢烟蒂（三乱）的不文明现象，促进了市容市貌的改善。

【市容市貌综合治理】 2012年，桂溪街道办事处按照“顺畅交通、规范有序、保障功能、安全便民”的原则，针对辖区大源南二街、双源步行街、天久北巷、广和一街等执法难点和广大群众关心的问题，，召开了各社区（村）及环卫公司负责人参加的“门前三包”工作推进会，共印发、签订了“门前三包责任书”1350余份，并在8月份 “门前三包”考核中，获得“全市前十名街道”；开展执法综合整治活动，有效查处占道经营、无证设摊、擅自占道等违法行为。特别是10月10日起，街道城管执法中队会同治安巡逻大队、社区工作人员联合对双源进行了集中整治。全年共整治占道经营36000余件/次，劝商家各类占道行为19000余件/次，清理各类流动摊贩17000余件/次。通过集中整治，恢复了辖区街面的整洁，规范了商家经营秩序，保证了整治效果最大化。

【户外广告管理】 2012年，随着市委、市政府的南迁和打造天府新区的进行，上级领导对桂溪街辖区城市管理标准的要求非常高。为不断提高城市管理、市容市貌、环境卫生质量，街道办事处城管执法部门采取常态管理与突击整治相结合的多种有效措施，确保城市管理工作有秩推进。办事处对在建工地景观化围墙进行逐一排查，并对闲置代建土地、大源餐饮集中点、天府软件园河提、民乐中心村、大源村老街等项目的景观化围墙进行打造规范；对违规楼宇广告、街面站到航架广告共计450块进行了拆除，面积约10000平方米。对商招店招进行升级改造，已完成大源南一街约40家商铺的店招改造。

【市容市貌整治】 2012年，桂溪街道办事处按照“顺畅交通、规范有序、保障功能、安全便民”的原则，针对辖区大源南二街、双源步行街、天久北巷、广和一街等执法难点和广大群众关心的问题，召开了各社区（村）及环卫公司负责人参加的“门前三包”工作推进会，共印发、签订了“门前三包责任书”1350余份，并在8月份“门前三包”考核中，获得“全市前十名街道”；开展执法综合整治活动，有效查处占道经营、无证设摊、擅自占道等违法行为。特别是10月10日起，街道城管执法中队会同治安巡逻大队、社区工作人员联合对双源进行了集中整治。全年共整治占道经营36000余件/次，劝商家各类占道行为19000余件/次，清理各类流动摊贩17000余件/次。通过集中整治，恢复了辖区街面的整洁，规范了商家经营秩序，保证了整治效果最大化。

【违法建设治理】 2012年，桂溪街道办事处积极加大宣传力度，从重从严查处违章建设，城管执法中队对全辖区乱搭建窝棚、擅自改变房屋承重结构等违章搭建行为发出限期整改通知书208份，强制拆除融城理想小区、天府长城、半岛城邦、城丽日清风、丽日清风、图南多、嘉蓝地、柏兰郡、泰和家园、天鹅湖花园、建发天府鹭洲、原勤俭村、民乐村、铜牌村、大源村、和平社区及三瓦窑社区铁路沿线违法建筑及各类检种地、窝棚共520余处，合计拆除违法建筑3200余平方米，极大的遏制了辖区违法违章行为。

环境卫生

【概况】 2012年，桂溪街道办事处根据成都市城管局争创“全国一流、西部第一”工作目标，不断提升城市环境卫生管理水平，提供高标准高质量的城市环境卫生公共服务，圆满完成日常保洁及各项重大检查保障任务。同时，办事处按市城管局提高环卫工人工资、福利待遇的文件要求，开展“送温暖”“慰问工人”等关怀活动，促进了一线队伍的稳定，确保了环卫工作的顺利开展。

为了迎接我市“全国文明城市”复查迎检达标，提升桂溪辖区的整体形象，办事处共投入资金1600余万元用于对道路的清扫保洁和垃圾清运，道路清扫面积（含道路绿化）160余万平方米，社区保洁面积（含绿化保洁面积）30多万平方米，截止到12月，清运垃圾42062吨。投入84万元对辖区公厕进行日常清扫、维修管理。通过街道、社区和环卫公司的共同努力，较好地完成了我市“全国文明城市”复查迎检工作。

【环卫作业市场化】 2012年，桂溪街道办事处围绕全国文明城市复查迎检工作中心，着眼于新时期环卫工作发展趋势，努力开展环卫作业市场化运作，通过比选、招标形式确定桂溪环卫公司承担桂溪辖区环境卫生工作。桂溪环卫公司负责桂溪辖区160余万平方米的道路清扫保洁作业，及桂溪辖区垃圾清运作业，年清运垃圾达42000余吨。为提高清运质量，减少垃圾清运过程中的二次污染，桂溪辖区实行“垃圾不落地”清运作业，每天桂溪环卫公司安排0.6吨或3吨的垃圾车从小区收集垃圾后直接送往压缩站，垃圾得到及时清运，从而减少二次污染。

【垃圾处置费征收】 2012年，桂溪街道办事处征收城市生活垃圾处理费收费工作目标任务384万元。桂溪街道办事处高度重视，积极与各相关单位密切配合，征收工作呈现出启动快、数据准、质量高等特点，全年共收取城市生活垃圾处理费566万余元，超额完成目标任务182万。

园林绿化

【概况】 自2009年接受成都高新区移交的绿化及行道树管护以来4年时间里，桂溪街道办事处按照成都高新区环境方针精神，不断加大绿化行业管理力度，大力提高绿化工程建设和养护管理水平，为成都市创建“全国文明城市”和“全国文明度指数测评”做出了不懈努力，为改善辖区生态环境，提升辖区城市品位，促进当地经济、社会和环境的可持续发展做出了贡献。

【道路绿化】 按照成都高新区绿委的工作安排，桂溪街道办事处自2009年来完成的具体工作：

管护时间数量及区域

年份	行道树（棵）	绿化（平方米）	区域
2009年	3577	25258.56	和平社区、三瓦窑社区、双源社区
2010年	3577	25258.56	和平社区、三瓦窑社区、双源社区
2011年	6447	64441.27	和平社区、三瓦窑社区、双源社区、
2012年	5383	150786.1	和平社区、三瓦窑社区、双源社区、益州社区、东苑部分
合计	18984	265744.49	

义务植树活动和创建园林式单位

年份	投资（万元）	植绿（棵）	护绿（平方米）	除草（平方米）	清除垃圾（吨）	获得市园林式称号（家）
2009年	5	5000	24000	40000	1.5	0
2010年	10	6000	40000	30000	3	名都公园
2011年	2	3000	35000	22000	2.5	成都市排水公司
2012年	6	6300	30000	15000	4	0
合计	23	20300	129000	107000	11	2

【小区绿化】 2012年，街道办事处继续采用外包方式，将农转非社区绿化管养工作外包给四川桂溪环卫公司全面负责，针对农迁社区道路、楼道、走廊、垃圾处理、保洁等，共投资金5469963.3924元。其中：社区院内道路总面积138465.17平方米。社区楼道、走廊清扫总面积124380.48平方米。社区绿化保洁、管养总面积103137.76平方米。社区袋装垃圾收运共15549户。确保了农迁社区日常的卫生清洁，使小区的环境更加优美。2012年，街道办事处投资100余万元对所辖的和平社区5个农迁院内绿化进行改造。

桂溪街道农迁社区绿化一角

经济建设

ECONOMIC CONSTRUCTION

财　政

【财政收入】　截至2012年12月31日，桂溪街道办事处完成全口径财政收入15.64亿元，完成年初预算的113.2%，其中：税收收入15.27亿元，非税收入3746万元；完成一般预算收入2.88亿元，完成年初预算的115.2%。从2012年1–12月份50万元以上的重点企业的税收收入情况来看，房地产及相关企业税收总额达到52058万元，占重点企业税收总额的42 %。近年来，随着天府新城建设的启动，桂溪街道辖区范围内的建设项目如火如荼，使得辖区的房地产行业税收飞速增长。保利房产、鸿业置业、天合置业、谊兴房屋等多个商务写字楼及房产住宅小区开工或销售，这些公司缴纳的税收成为了2012年街道全口径财政收入主要的增长点，尤为突出的是，保利地产、谊兴房屋截至9月的税收总额分别纳税1.29亿元、3628万元，较2011年全年的纳税额增加了5500万元、3250万元。房地产企业成为了桂溪街道全口径财政收入的主导产业。其次，随着桂溪各种商业综合地产的正式运营，辖区楼宇经济逐步进入发展轨道，如苏宁广场、富森美等商业地产的税收稳步增加，逐步成为支撑桂溪税收增长的又一极。

【预算与决算】　2012年，桂溪街道办事处财政所重点加强了对社区项目支出的预算管理，初显现成效。办事处以切块方式，只对各社区下达项目经费额度，社区在经费额度内自行进行项目的细化和预算金额的分配。既给予了社区更大的预算自主性，也进一步提高了社区预算的精细化、准确性和可操作性。从各社区编制的预算来看，都充分地体现出了各自的重点工作和创新、特色工作，为开展对社区预算支出绩效考评工作奠定了基础，提高了财政资金的预算执行率和利用率。

按照办事处社区自治建设的要求，规范社区“三驾马车”的经费管理，建立和完善了经费报销制度，社区按院落进行分户核算。

【预算方案编制】　根据高新区财政局的统一部署，集中精力，认真完成了2011年财政决算工作。准确、及时、完整地报送了《地方财政总决算报表》《乡财政总决算报表》《行政事业单位决算报表》等各类决算报表及相关财务分析资料，受到主管部门的好评。认真编制办事处2012年财政收支预算方案。按照“二上二下”的工作程序，在充分征求部门意见的基础上，对预算项目进行科学化、精细化地测算。在资金安排上，严格压缩基本支出，最大限度的保障了办事处的重点工作项目资金。坚持“突出重点，统筹兼顾”的原则，尤其突出了民生工程、社区建设、社会治安综合治理和社会事务等几个方面，充分体现出政府服务群众、关心群众的工作职能。

【社区和卫生服务中心财务管理】 2012年，为进一步加强对办事处辖区内财政拨款单位财务收支、经济活动的真实性和合法性的有效监督，按照市、区审计部门的要求，桂溪街道办事处坚持抓整改、求规范；抓重点、求实效；抓指导、强服务的工作要求，认真履行内审工作职责。2012年5–7月，我所对双源、和平、三瓦窑三个涉农社区及物业公司和卫生服务中心财政拨款单位2008年至2011年12月底的财务进行了收支审计，委派四川志和会计事务所和四川德维会计师事务所成立审计小组进行审计工作。根据审计事务所提供审计报告中体现的问题，被审单位高度重视，经过会议沟通总结后，提交了整改情况报告。

【财政支出绩效目标考评】 2012年，桂溪街道办事处围绕着“深化改革、完善制度、深入拓展、提升质量”的工作目标，财政所牵头开展了2012年的财政支出绩效目标考评工作。按照区财政局的要求，我们共对5个项目进行了财政支出绩效的考评，涉及金额7725万元。其中：受区财政考评的目标一项，即2011年高新区失地农民就业奖励金，金额6440万元。街道自评项目四项，即文明和谐家庭评选，金额219万元；文体协会引导，金额9万元；辖区道路清扫保洁，金额803万元；社区卫生中心药品支出，金额254万元。在各经办科室的配合下，我们认真开展了自评，对将四个项目的支出预算管理过程和实施后产生的社会效益对标进行了梳理和自查，并将自评情况形成自评报告上报区财政局。2012年10月，在接受上级部门的现场考评后，受到所有考评部门的一致认可。认为上述支出项目预算合理，效益明显，管理有序。通过财政支出绩效考评工作，强化了各部门的支出责任，加强了对财政支出的管理，为进一步提高财政资金的使用效益奠定了基础。

【小型基建工程的结算审计】 从2011年开始，成都高新区审计局将小型基建工程审计职能下放到街道办事处。街道办事处对此项工作高度重视，初步拟定了《桂溪街道办事处工程项目竣工结算审计工作流程》，建起了项目建设单位、施工单位、审计事务所的良好沟通机制，及时协调落实审计过程中的各项问题，认真组织实施，确保审计任务地顺利完成。按照成都高新区审计局的要求，2012年1月，财政所首先从指定的“审计事务所库”中抽取了四川亚通会计师事务所有限责任公司（后改名为华寅工程造价咨询有限公司成都分公司）、四川华信工程造价咨询事务所有限责任公司、四川岳华造价咨询事务所有限公司三家审计事务所作为上半年24个小型工程项目竣工结算审计的委托机构,现24个项目的审计工作已全部完成。2012年6月，财政所抽取了成都智力建设工程造价咨询有限责任公司、四川中恒工程造价审计事务所有限公司、四川志和工程咨询管理有限公司作为下半年44个小型工程项目竣工结算审计的委托机构，此44个项目正在进行审计中，预计今年内完成审计工作。同时，审计实施部门还注意收集整理审计过程中发现的项目管理中的问题和不足，以便为今后的工程建设项目管理的规范化提供更好的参考。

工商行政管理

【工商登记】 2012年1月1日~12月31日，桂溪街道办事处辖区内新设立登记个体工商户923户，变更登记131户，注销登记128户，年检个体工商户1595户。

按照企业年检工作的统一安排，3月1日起石羊工商所开始接受石羊和桂溪辖区内内资企业年检，工商所利用街办、社区以及工商所的公示栏发布年检验照公告，以及有关年检工作程序、要求，并结合日常巡查工作向辖区企业宣传年检工作，同时，为方便企业年检，工商所建立了3个QQ企业年检群，在线解决企业年检中遇到的各种问题。截至7月31日完成内资企业年检5797户。

【市场监管】 2012年4月19日，成都高新工商局石羊工商所召开了辖区大型超市食品安全监管会议。欧尚、伊藤洋华堂、红旗连锁等大型超市的相关负责人及食品安全管理人员参加了会议。7月5日在高新工商局监督处的指导下组织了辖区熟食品经营人员的集中培训，进一步营造安全放心的消费环境，加强流通环节食品监管，规范食品经营行为。

以食品安全为重点强化市场监管工作，积极开展各项专项整治活动，切实维护广大人民群众消费安全。在全面完成生猪产品质量安全可追溯体系建设基础上，积极督促和平、双源菜市场试点蔬菜溯源工作。按照上级部署开展食用油、食品添加剂、月饼、桶装水、犬只、黑网吧、打击侵犯知识产权和制售假冒伪劣商品以及元旦春节、六一、中秋国庆、校园周边环境等63项专项整治工作，共检查各类经营户3199户，下达责令改正通知书4份。

积极落实全国文明城市复查迎检工作。按照成都市迎接全国文明城市复查工作的要求，7月26日下午，由高新工商局牵头，区公安分局、社会事业局和桂溪街道办事处共同组成了40余名联合执法人员，分两个检查组同时对桂溪街道办事处和平社区无证无照“黑网吧”进行了查处取缔，取得了良好效果。同时以菜市场整治为中心，结合“规无”、熟食店整治、户外广告清理整治等目标任务，及时规范商家经营行为，发放灵活就业辅导证861户。

【消保维权】 2012年，“12315”申诉举报平台受理消费投诉共受理并处理消费者的投诉、举报544件（其中：消费者的投诉443件；举报101件），并全部办结；建立了一套处理“96110”等各类信访举报的工作机制，在规定的时间内按程序和要求办结全部79件，对每一件投诉都一一进行核实，并跟进查处，基本满足了老百姓的合理诉求。三是定期开展专项检查，对不合格商品要求商家及时作拆柜处理。

【特色工作】 2012年，针对查处取缔无照经营陷入制度失效的实际情况，从支持创业促就业角度创新社会管理机制，石羊工商所配合高新工商局研究制定了《高新区个体小额经营备案管理试点办法》，高新管委会以成高管办〔2012〕17号文向各街道办事处、各有关部门印发。第一批试点社区石羊街办新南社区、桂溪街办永安社区、中和街办新民社区，共登记备案个体小额经营户186户，其中A类81户，B类105户，发放《小额经营辅导证》59份。三个社区原统计无证经营户共为238户，现已备案186户，备案率达到78%，社区无证经营转为登记备案，规范经营效果明显，试点取得初步成效。

【领导视察】 2012年2月17日，资阳市委常委、市政府副市长蒋林一行，在高新区党工委委员、管委会副主任杨东的陪同下，到高新区和平综合市场考察菜市场建设工作。考察组一行详细了解了市场肉（菜）溯源工作的细节并查看了机打的溯源小票，同时还详细了解了市场12315投诉服务站建设以及消费纠纷调解处理情况。考察团表示成都市政府和市场开办方严把食品市场准入，采取的有效措施非常值得借鉴。

2月27日下午，成都市政协副主席李铀一行，在高新工商局李永才局长等的陪同下，对高新区和平综合市场的肉类、蔬菜追溯体系建设工作开展情况进行调研。李铀一行听取了市场开办方和相关部门关于开展肉类、蔬菜追溯体系建设工作的情况汇报，现场查看了生猪可追溯手持机芯片扫描情况。李铀对高新区肉菜溯源体系建设给予了充分肯定，他要求相关部门继续加大工作力度，将溯源工作推向深入。

6月20日下午，商务部党组副书记、副部长姜增伟率全国肉菜溯源工作现场会代表一行三百余人，在市委常委、副市长赵小维，以及市级和高新区相关部门的陪同下参观了高新区和平农贸市场。参观过程中，代表们详细了解了和平农贸市场贯彻落实《食品安全法》和食品流通环节生猪产品及蔬菜溯源工作情况。

11月19日上午，遂宁市政府考察团到高新区和平综合农贸市场进行了参观考察。高新工商局李永才局长陪同考察。考察团参观了和平综合农贸市场，重点查看了市场内肉菜销售区，详细了解了肉菜追溯体系及工作流程，就市场准入、内部管理、制度建设等相关问题与市场开办方负责人进行了深入交流。

地方税务

【概况】 截至2012年12月31日，成都市高新区地方税务局直属一分局管理四科所属桂溪辖区共计4532户正常纳税户，其中：企业3227户，个体1305户。2012年共计实现税收收入373709800元，其中企业358466143.84元，个体15243656.40元。

【税源管理】 2012年，管理四科对重点税源（A类）实施精细化管理，坚持重点税源重点管理，科室宏观把握，管理员微观监控，深入企业切实了解企业的生产经营状况，为企业提供切实有效的税收政策支持；一般税源（B类）实施规范化管理，鉴于实际情况，对于绝大多数中小企业，逐渐完善征管手段，做好企业宏观税负的比较，采取质疑、约谈、现场走访等多种形式了解企业的实际税负，通过发票的比对工作加强企业税务征管工作。紧紧围绕个人所得税专项检查和企业所得税汇算清缴工作，确保税款及时足额入库；对零散税源（C类）实施简易化管理，随着桂溪石羊街道基础设施改建扩建的完成，周边的商铺陆续投入使用，相关餐饮娱乐行业的陆续兴起，2012年四科登记、注册个体户为1647户同比增长768户，增幅为87%。2012年个体工商户入库税费共计1807万元，同比增长799万元，增幅79%。个体工商户税收增幅较大原因，主要是户数增加；其次管理力度加大，四科协同办事处、工商所等相关单位对周边无证无照户进行清理，并发放税务事项通知书200余份，进一步规范了个体工商户的纳税意识，另外四科在核定定额税收过程中严格把关，做到税额公开、公正，税负公平。

2012年，四科共计完成委托代征税款900万元，同比增长386万元，增幅75%。委托代征工作完成出色原因是四科与辖区内写字楼物管紧密联系，通过物管取得第一手出租信息资料，为征收工作做好基础。另外加大宣传力度在日常管理中下功夫，在所得税汇算和企业成立时要求企业在租赁办公场所支付租金时取得合法票据。

经济工作

【招商引资】 2012年,桂溪街道办事处招商引资形势较好，全年新引进企业1449家，其中注册资金在1亿及以上的4家，1000万~5000万的21家，100万元以上的162家，引进省外资金11.83亿元。

【统计工作】 2012年，桂溪街道办事处推进街道统计“网络化”建设，定期召开社区相关统计工作人员和企业财统人员工作会，构建了从街道到社区再到企业的一体化数据统计网络，既加强了街道与企业的沟通联系，又利于向企业普及税务及统计知识，实现企业统计与服务企业并举。截至12月，辖区规上企业网报率达95%以上；推进辖区统计队伍建设，注重提高基层统计人员的业务素质和工作能力，截至12月，共组织专业培训9场，参培人员达400余人次；为方便统计人员在职教育和培训，组织了统计从业资格证20余人及统计继续教育40余人的报名、培训、考试等相关事宜；落实辖区单位清查和新增“三上”企业、限上个体工商户工作：分阶段完成了辖区单位清查工作，清查单位近2000家（不包括软件园、孵化园、医院及学校），其中法人单位1200余家，新增法人单位500余家。完成100家新增“三上”企业、限上个体工商户的清理和入库资料收集工作，为明年的经普工作打下了坚实基础；落实居民记账户收入调查工作：注重加强与记账户的沟通，对记账户的收入逐一核对，尤其对社会保险部分进行一一核对和再确认，做到不重不漏，如实填报；落实记账户口粮、口油记账工作：认真落实成都市委主要领导关于彻底摸清成都市口粮、口有消费的指示精神，8月，在辖区和平社区选择10户粮油记账户；9月，两次邀请武侯区粮食局相关负责人对记账户进行培训指导；10月，完成的第一次记账户粮油供需平衡表的填报工作，得到相关部门的肯定。

【扶贫工作】 2012年，桂溪街道办事处拓宽扶贫途径，为推动永兴村产业发展，增加困难群众收入，办事处向辖区企事业单位大力宣传永兴村生态黑毛猪项目，经辖区企事业单位和永兴村双方协商，就双方“生猪认养活动”达成协议，目前辖区企业单位已购买20只，每只金额为3200元整，共计约64000元整。辖区企事业单位认养的黑毛猪全部由永兴村贫困户养殖，此举有力改善了对口扶贫村贫困户的生活状况；办事处完善基础设施，完成永兴村一组道路建设，道路全长1155.7米，平均宽度3.5米，混凝土厚度0.2米，总投资约49万元，办事处投入资金20万元，该道路的建成，进一步完善村道体系，实现农民卖菜“肩挑背扛”不超过300米的目标；办事处关注贫困家庭，2012年1月19日，桂溪街道办事处党工委委员、办事处副主任王子琦和经发科相关同志对永兴村的贫困户开展春节慰问走访活动，把党和政府的温暖送到困难党员和贫困群众家中，此次慰问活动共计发放慰问品30份（价值 20564元），慰问金26500元。2013年1月，办事处对永兴村的贫困户开展春节走访慰问活动，发放慰问品80份（价值约40000元），发放慰问金15000元，通过走访慰问活动，使贫困群众真正享受到了改革发展的成果，充分感受到了全社会对他们的关怀；办事处针对德格县电子政务系统网络设备超过设计负荷，网络运行的稳定性较差等情况，投入资金10万元，支持对口扶贫县德格县对其电子政务暨农村信息化系统进行改造升级，目前资金已拨付至德格县政府办公室。

【禁烧工作】 2012年，桂溪街道办事处按照露天“不见火光、不见烟雾”的要求，坚持秸秆禁烧与综合利用相结合、全面防控与重点督查相结合、行政推动与技术服务相结合，使禁烧工作圆满完成。组织召开禁烧专题工作会，进行具体安排部署，与桂溪环卫公司联动，与社区签订了禁烧工作目标责任书，落实禁烧工作经费12万元，印发禁烧宣传资料5000余份；组织双源社区腰鼓队在辖区内宣传禁烧秸秆的危害，派出工作人员轮换巡查值班，派出巡逻队员不分白天夜晚巡查宣传；组织桂溪环卫公司、民乐、铜牌、大源、勤俭、临江村将村民堆放在道路两旁的秸秆及时进行了清运和集中处理，确保了辖区无焚烧秸秆现象的发生。

【安全生产】 2012年桂溪街道办事处适时调整了办事处的安全生产工作领导小组，进一步完善了安全生产责任制，全面落实“一把手负责制”和“一岗双责”，建立安全工作长效监管机制。2012年初办事处与各村、社区签订了安全生产责任书，各村、社区又分别与各单位签订了消防责任书与安全生产责任书，把安全、消防工作的职责真正落到人、落实到实处，安全工作真正做到了层层抓、层层管、层层负责；2012年办事处举办两次安全生产培训会，先后对临江村内56名企业安全管理人员和辖区145名重点企业安全管理人员进行集中培训；各社区充分利用广播、标语、横幅、挂图、板报等形式，结合每年“六月安全生产宣传月”和“百日安全”活动，大力加强安全常识宣传教育，辖区居民、企业主和员工形成“人人重安全、处处想安全、事事抓安全”的良好氛围。严抓安全监督管理：在治理道路交通安全隐患上，要求各村、社区进行道路交通的宣传教育，对道路的隐患进行巡查，在道路交通整治中，全年共发现隐患18起，完成整治18起；在危化企业和危化品使用企业监管上，注重强化企业主的责任意识，将安全工作放在任何工作的第一位抓紧抓好，加大对危化企业的检查、监管力度，发现问题，立即改正，绝不允许出任何安全事故。在整治学校周边环境上，对学校周边及学校内部存在的安全隐患进行了逐一排查和整治，通过集会、开家长会、发告知书等形式，教育学生及家长，有效控制和整治了无营运资格的机动三轮车接送学生、学生私自下河洗澡、学校食品卫生等问题，使辖区学校的安全得到了有效的保障。在对烟花爆竹销售点管控上，要求烟花爆竹经营点必须证照齐全、必须在正规单位进货、必须按正规防范措施销售，必须将消防桶、灭火器配备到位、储存室远离火源、人群等。销售期间，办事处派专人20余进行安全检查，辖区共设临时烟花爆竹销售点17个，安全上基本符合要求，没有发生安全问题；在建筑施工企业安全防范上，以属地管理为原则，将安全责任与监管下达到各社区、村，积极做好建筑施工企业的安全监管，要求施工企业做到施工制度、公告等规定上墙，安全标识标志明显，作业现场管理必须规范，安全措施等配备落实到位。目前辖区内的施工企业，都能较好的遵守规章制度，没有发生重大责任事故。

【动物防疫】 2012年，为切实做好“春防”工作，桂溪街道办事处经发科于3月上旬召开了社区动物防疫工作会议，培训讲解防疫知识，部署相关防疫任务，落实专项资金10万元。印制“狂犬病防治手册”12000余本，发放到居民手中，各社区还通过广播、会议、走访等多种形式进行宣传，使广大居民牢固树立防疫意识。深入各社区集中进行狂犬病防疫，现场填发免疫证书并予以登记备案。对465只犬进行狂犬病药苗的注射，发放了免疫证明，并对部分犬只进行测毒。辖区各社区犬只摸底登记达100%，实行强制免疫达100%，拴养率达100%。三是落实防控措施。卫生服务中心常年备有2人用量的接种疫苗，辖区居民如有被犬只或其他宠物伤害，都能及时得到救治，做到伤口处置及接种率达100%。

【食品安全】 2012年，桂溪街道办事处开展了对学校及学校周边、辖区工地食堂的食品安全专项整治工作，组织各社区安全监督员对辖区内8家学校食堂、学校周边30余家小餐饮进行了情况摸底，对相关生产经营证件，食品原料进货凭证、人员健康证件、消毒制度、质量验收制度、餐厨垃圾回收追踪制度等情况进行了解。卫生中心对辖区内餐饮单位检查952次，从业人员2430人次，其中2342人次有体检健康证明，并督促未办理健康证员工尽快办理；对单位工地食堂检查76次，检查从业人员263人次，其中有健康证250人次；对学校食堂检查70次，从业人员646人次，100%有健康证。卫生中心每月还对餐饮等单位的亮证情况、六类食品索证、卫生制度标识、卫生管理档案、公用器具消毒记录等做检查。市场管理方每天对市场内食品进行抽样检查，确保食品流通环节的安全性，卫生服务中心也会不定期对辖区内餐饮食品进行检查，对群宴酒席进行工作指导，目前群宴抽检合格率100%。2012年，除了对肉类及肉制品、牛奶、豆制品这些重点食品进行常规性检查外，卫生中心还加大非法添加、滥用食品添加剂、“瘦肉精”“地沟油”的监管及查处力度。

办事处加大食品安全宣传力度。2012年1月，在欧尚超市广场开展了“人人关心食品安全·家家享受健康生活”的宣传活动；2月，开展食品安全检查，社区食品安全工作组对社区超市进行了检查；3月，向学校周边小餐饮做食品安全健康及法律法规知识宣传；5月，学校食堂、大型超市、副食店、餐饮行业等进行了一系列的检查；6月，对辖区建筑工地食堂进行了拉网式的突击检查及专项整治；9月，开展了《食品安全法》知识竞赛活动，进行了食品安全知识培训，发放食品安全法律法规、食品安全小册子等宣传资料，使食品安全广泛深入人心。打造食品安全示范街和示范社区：将大源老广场外、现双源与双和大型餐餐饮街作为今年食品安全示范街来重点打造，并坚持对辖区内火锅、中餐、西餐、小餐饮等进行检查评比，打造出4个类型餐饮的示范单位；在双祥社区创建食品安全示范社区，成立了社区食品安全工作小组，每月对辖区餐饮企业各类证件进行认真检查，并且督促齐自主申报卫生量化分级，对从业人员健康证不定期进行抽查，安装了食品安全信息公示栏，每月对社区食品安全情况进行通报，目前未发生食品安全事故。

【农经管理和村集体资产处置】 2012年，桂溪街道办事处重点对临江村2011年的财务进行审计，目前审计正在进行中；2012年6月，相继启动了大源、民乐、铜牌、勤俭等4个村的集体资产处置工作；按照“民有、民管、民受益”的原则，开展以村干部与村骨干为主体的村集体资产处置培训会，指导大源等4个村按程序选举村集体资产处置代表，成立村集体资产处置工作组，有序开展资产界定等各项工作；按照“公开、公平、公正、依法运作”的原则，办事处实行领导分片包干工作责任制，每个村由包村领导、指导员、联络员负责处置业务工作指导，集体资产处置工作严格按程序进行，对村集体资产处置过程中的重大事项必须经集体资产处置代表大会依法表决通过。目前，整个农经管理和村集体资产处置工作稳妥推进，没有大的群众性上访事件出现。

产业及企业

【产业发展】 中国中西部最大的国家级软件产业园——天府软件园（一、二、三期）在成都高新区桂溪街道的南部落户。成都天府软件园是一座立足成都，服务全球软件及服务外包企业的国际化生态产业园区。它由成都高新投资集团有限公司开发建设，总建筑面积100万平方米，拥有世界一流的市政基础设施、商务配套设施及咨询网络。作为成都发展软件与服务外包产业的重要载体，天府软件园已成为成都软件与服务外包产业的核心聚集区。园区自建成以来，已经吸引了包括IBM、SAP、NOKIA、NEC、DHL、新电、海辉、马士基、埃森哲、华为、腾讯、阿里巴巴等众多国内外知名企业入驻，园区工作人员12000多人。目前，成都天府软件园已成为国内外知名软件和服务外包企业在中国战略布局的首选地以及国内外软件产业资源汇聚的焦点。

位于成都高新区桂溪街道辖区的成都高新孵化园是由成都高新区管委会统一规划设计，于2002年2月动工兴建，2003年10月投入使用的一个综合性集中式科技成果孵化基地，由成都高新区技术创新服务中心统一管理。园区占地22.644万平方米，总建筑面积22万平方米。成都高新孵化园建有9个孵化单元和综合服务楼、运动健身场所、专家公寓、会议中心等配套实施，其中孵化楼建设由高新区管委会投资为引导，吸引社会资本投资兴建。园区构建软件、IC设计、中医药、新材料等专业孵化器。2003年10月，成都高新孵化园启用。2003年成都高新孵化园软件孵化器一期27000平方米实现100%的入驻，引进有任我行公司、华为成都公司等软件企业和研发机构。软件孵化器二、三期引进有联想集团、中兴通信等龙头企业，引进范围有：软件开发、集成电路设计、信息安全技术、数字娱乐等。2005年孵化园在孵企业达210家。被工业和信息化部软件与集成电路促进中心以及中国软件与信息服务外包产业联盟共同授予“2009年软件与信息服务外包公共支撑平台最佳园区组织奖”称号；荣获由四川省科技厅等6个部门授予的“四川省集成电路设计产业技术创新联盟”称号，成为四川省首批产业技术创新联盟试点单位。与成都市团市委共建首批成都高新青年（大学生）创业示范园，建成成都·全球多语信息转换中心，并成功承办“第四届中国—欧盟投资贸易合作洽谈会”。成都高新孵化园拥有国家软件产业基地（成都）和技术平台、国家信息安全成果产业化基地（四川）、国家网络游戏动漫产业发展基地、国家数字媒体技术产业化基地、国家863软件专业孵化器四川基地、国家集成电路设计成都产业化基地共6个国家级专业化孵化基地。

【企业选介】 *四川省电力公司* 四川省电力公司是国家电网公司全资子公司，拥有下属单位46个，直供直管县级供电公司70个，控股、代管县级供电公司108个，用工总量为92879人。截至2012年底，公司拥有500千伏变电站（含换流站）31座，总变电容量4882万千伏安；输电线路103条，线路长度9286.97公里；220千伏变电站146座，变电容量4293万千伏安；输电线路427条，线路长度12610公里；110千伏变电站473座，变电容量3594万千伏安；输电线路1139条，线路长度14581公里。

2011年，公司统调电网日最大用电量4.81亿千瓦时，最大用电负荷2359.8万千瓦，与华中、西北、华东电网交换能力达到1340万千瓦。公司全年完成售电量1526.28亿千瓦时，同比增长

16.37%，售电量位居国家电网公司系统第5位。全年完成电网投资（含特高压）290.79亿元，同比增长36.89%。资产总额达到1027亿元，实现营业收入826.2亿元，同比分别增长15.21%和13.03%，保持了平稳健康发展的良好态势。

目前，四川省500千伏电网基本覆盖各市州，西部水电送出五大通道基本形成，成都经济圈500千伏环网全面建成。“十二五”期间，四川省电力公司将坚持“以特高压电网为骨干网架，各级电网协调发展”的思路，以实现“大电网、大枢纽、大平台”为发展目标，全力打造安全可靠、经济高效、清洁环保的坚强智能大电网，建设“东融三华、西纳新藏、北联西北”的西部电力交换大枢纽；构筑跨省区、跨流域的“水火互济、购送灵活、交换方便、新能源上网高效便捷”的电力资源配置大平台；力争将四川电网打造成为我国能源综合运输体系的重要组成部分和西部电力高地的坚强支撑，实现由局部电网、传统电网向枢纽电网、现代电网的升级和跨越，为推动四川经济社会又好又快发展，谱写更加辉煌的新篇章。

中国建筑第四工程局有限公司　中国建筑第四工程局有限公司（以下简称中建四局），世界500强企业“中国建筑工程总公司”大型直属主力公司，A股上市企业中国建筑股份有限公司全资子公司。中建四局前身为1962年8月成立的建设工程部贵州工程公司，至今已有49年历史，2007年正式更名为中国建筑第四工程局有限公司。

中建四局现拥有建筑科研开发、勘察、设计、施工、检测为一体的国家房屋建筑工程总承包特级资质，已获国家建筑最高荣誉“鲁班奖”、省部级以上优质工程奖、国家优质工程奖、全国装饰金奖等各类荣誉260多项，并连续20年被评为“全国守合同重信用企业”、“全国建筑施工企业先进管理单位”,被中国建筑业协会评为“首批全国建筑业AAA级信用企业”。中建四局目前自有员工总数近万人，旗下有5个号码公司，1个地产公司，1个科研设计院，并在上海、北京、贵州、四川、厦门、深圳、珠海等地区都设立了直营公司，主要经营范围集中在华南、西南、华东、京津、冀、闽等几个重点经营区域。由于对广东地区的强力拓展经营，在广东建筑施工企业中名列前茅，并成为“中国建筑”在广东地区排头兵。

近年来，中建四局在企业改革发展中，逐步形成了“房建主业、基础设施建设、房地产开发”三大支撑的经营格局，进入了优质高速发展通道；尤其在房建领域连续承建了大量“高、大、精、尖”项目以及多个城市第一高楼，在国内超高层建筑领域成为业界领先。在广州、深圳两地，中建四局就牵头建设了广州双地标441.75米的珠江新城西塔以及539.2米的珠江新城东塔；441.8米的深圳新地标京基100国际金融大厦、广州太古汇广场；亚洲未来最大轻纺中心广州纺织博览城（85万平方米）、广州亚运村媒体村等重、特大项目。在贵州贵阳、遵义等地，中建四局正在积极实施旧城改造及城市综合体建设项目。在基础设施领域，2009年5月，中建四局正式签约云南省石林至锁龙寺高速公路37.33亿元的施工承建合同，创造了“独家施工总承包全长107公里的高速公路”的云南第一、中国第一。在广东惠州淡水，由中建四局首个自主开发的46万平方米房地产项目“中建　彩虹城”创下当地销售第一的奇迹。

成都苏宁生活广场　成都苏宁生活广场是苏宁置业在成都的首发之作，位于天府新城新南天地商圈地带（天府大道北段8号），扼守新南天地商圈门户，紧邻成都地铁1号线和火车南站，占尽地理交通的优势。苏宁生活广场矗立于高端住宅、办公区之中，以12万平方米大型购物中心为核心，地上6层，地下2层，另有超500个免费停车位，涵盖五大时尚业态，汇集时尚购物、电器旗舰、美食影音、儿童娱乐等，采用主力百货、生活超市、精品零售、高档餐饮、娱乐等业态的品牌进行组合搭配，舒适的购物环境给顾客高享受体验。由此打造一种新的生活方式和环境，给大家带来多功能、多特点、全方位的一站式购物、生活、休闲、娱乐的立体空间。

而苏宁置业是苏宁电器集团旗下专业从事高端综合地产开发建设的大型地产开发商，开发领域涉及商业地产、住宅地产、旅游地产、科技地产、物流工业地产五大领域，足迹遍布全国。目前已在全国形成了苏宁广场、苏宁电器广场两类成熟产品线，在全球范围内携手Norman Foster、RTKL、墨菲/扬、NBBJ等众多国际顶尖建筑设计单位规划设计，并在全国进行连锁布局，先后落子南京、无锡、徐州、成都、北京、青岛等全国数十个城市核心商圈，业态涵盖大型购物中心、电器旗舰店、五星级酒店、甲级写字楼、高档酒店式公寓等多种业态。

成都苏宁生活广场由上海船场建筑装饰有限公司倾力进行内装设计，融合水、光、闪电等自然元素为设计理念，打造出自然、简约、惬意的环境氛围，实现功能性与美观性的和谐统一；由全球知名商业房地产服务公司的世邦魏理仕物业管理服务有限公司进行物业管理，确保每一个商户及顾客得到全面优质的服务；苏宁集团倾力打造的精英商业管理团队进行全方位的管理招商运营，让每一个苏宁的客户体验到服务是苏宁唯一的产品。按照行业惯例及市场需求，目前我司组织架构设置为：总经办、招商管理部、运营管理部、市场管理部、人事行政部、财务管理部等部门，共计员工300多人，另外我们的背后还有强大的苏宁电器集团全体同事作为强大的后盾，苏宁电器集团全体员工全心全意为您服务！

目前入驻苏宁生活广场并开业的商家有：苏宁电器西南地区最大体量电器店：天府立交EXPO超级旗舰店；横店集团西南第一家五星级影院：横店影城；西南首家复合式健身会馆：清会舍；国际知名百年箱包：新秀丽；市场潮流ICON：UR；全球最大咖啡连锁店：星巴克；全球餐厅网络最大的餐饮集团：百胜餐饮集团；亚洲区最具规模的保健及美容产品零售连锁店：屈臣氏；全球领先幼儿早教品牌：金宝贝等国内外知名品牌。最值得向成都的朋友们推荐的是2012年盛大开业首次进驻西南地区全台湾最大的餐饮娱乐集团金钱豹国际美食：她拥有 400多种风味各异的国际美食及全开放式的厨房，深受各地食客的欢迎，同时还承接各种类型会议及宴会等，该公司表示正是看中了苏宁远大的发展景及正确的市场规划。同时我们也引进大型电玩，KTV等其他大型娱乐休闲的商家，招商在持续进行中，力争为大家创造一个每天都不一样的苏宁生活广场。2011年1月22日苏宁电器EXPO超级旗舰店开业，开业当天人流量空前，销售额突破4000万，刷新了苏宁电器集团首日开业销售记录，2011年的销售额达到5亿元之多。2011年9月30日苏宁生活广场盛大试营业，在业界及高新区新南天地商圈引起了不小的轰动。

成都苏宁生活广场进驻成都城南已近半年，随着各“大牌”的进驻，将会努力促进该区定位城市时尚中心的目的快速达成，并丰富现有商业标准和业态，以不可多得的商业展示面，为居于此地的百万人群提供消费支持，更为周边地区配套综合性商业休闲的新城市时尚中心。

成都富森美家居股份有限公司（简称“富森·美家居”） 公司系国内专业致力于大型商业卖场开发、运营、管理、营销策划的现代家居商贸企业，自进驻成都高新区以来，企业在发展现代商贸和现代服务业上取得了显著成效。

成都富森美家居投资有限公司（简称“富森投资”）创建于2006年3月，法定代表人刘兵，富森投资注册资本1.2亿元人民币，在职员工108人，位于成都高新区都会路99号，系富森·美家居旗下的全资子公司。富森投资投资运营的富森·美家居建材MALL，建筑面积约10万平方米。自2008年6月7日运营以来，卖场入驻经营商家359家，入驻率达100%，经营产品涵盖国际国内知名的精品装饰建材、家用电器设备和家饰等。2012年实现属地化税收（入库税收）4087万元，现为国内档次最高、运营最好和最知名的高端装饰建材家居卖场之一。

富森·美家居建材MALL内部实景

成都富森美家居实业有限公司（简称“富森实业”）创建于2009年5月，法定代表人刘兵，富森实业注册资本1亿元人民币，在职员工100人，位于成都高新区盛和二路18号，系富森·美家居旗下的全资子公司。富森实业投资运营的富森·美家居家具MALL，建筑面积约17.3万平方米。2011年7月30日开业运营，入驻经营商家315家，入驻率达100%。经营产品涵盖国际国内知名的精品沙发及软体家具、进口家具、后现代家具、新古典家具、儿童家具、客厅家具、欧美古典家具和红木家具等高端家具产品。2012年实现属地化税收（入库税收）3882万元，是国内专业化经营中高端家具中单体规模最大的卖场。

成都富美实业有限公司（简称“富美实业”）创建于2010年9月21日，法定代表人刘兵，富美实业注册资本1亿元，位于成都高新区都会路，系富森·美家居旗下的全资子公司。富美实业投资建设的富森·美家居设计创意中心建筑面积18万平方米，紧邻地铁1号线、7号线出站口，距富森·美家居建材MALL200米，距富森·美家居家具MALL400米。拟招商范围包括国际国内家装设计公司/独立工作室、国际国内工装设计公司/独立工作室、国际国内装饰公司、国际国内设计创意机构（包括产品设计企划、产品外观设计、机构设计、原型与模型的制作、流行设计、专利商标设计、品牌视觉设计、平面视觉设计、包装设计、网页多媒体设计、设计咨询顾问）、国际国内建筑设计机构（包括建筑设计、室内空间设计、展场设计、商场设计、指标设计、园林设计、景观设计、地景设计）、国际国内创意机构（以创意整合生活产业之核心知识，提供具有深度体验及高质美感的机构）、国内外广告公司（包括设计、绘制、摄影、模型、制作及装置等广告行业）和其他设计创意机构。现代的商业竞争已非单个企业的比拼，而是产业链的竞争。富森·美家居设计创意中心整合家居行业上下游各个产业和环节，以完整的产业链助力企业取得压倒性的优势。唯有在这样的项目中，企业才能获得行业内国际化的信息、管理上的提升和资源上的共享，推动家居企业公司化的运作，不断提升企业价值。

富森·美家居设计创意中心效果图

随着富森·美家居建材MALL、富森·美家居家具MALL以及富森·美家居设计创意中心的投运，高新区新南天地商业中心将成为独一无二的家居商业核心商务区。而富森·美家居三大项目的抱团确立，必将在家居行业形成“洼地效应”，行业资金、信息、品牌、产品、技术将汇聚到这里，地产商兴建精装房将集中在这里，了解时尚趋势，寻找设计精英，采购各种新型、节能、环保、时尚的家具建材，从而形成“房地产家居采购中心”。

成都九方购物中心　九方购物中心是中航地产在西南地区开发建设的首家商业综合体项目，也是高新区首家购物中心，位于高新区府城大道中段88号，面积达10万平方米，从负一楼到六楼，汇集时尚购物、特色餐饮、休闲娱乐等功能。在九方购物中心有最大面积的各业态“西南地区旗舰店”，包括4600平方米华润BLT精品超市、6000余平方米中影国际影城、2000平方米星际传奇电玩城、1600平方米百丽MAP旗舰店。

九方购物中心内部实景

【2012年度企业经营班子奖励名单】

成都鸿业置业有限公司
中建三局建设工程股份有限公司
四川广博汽车有限公司
成都芮捷科技发展有限责任公司
四川广电星空电视购物有限公司
四川同盛科技有限责任公司
成都瑞拓科技实业有限责任公司
四川省通信产业服务有限公司科技分公司
成都海得控制系统有限公司
成都川大科鸿新技术研究所
四川擎烽通信有限责任公司
四川华南信息产业有限公司
四川美嘉森名品百货有限公司
四川省佳诺商贸有限责任公司
成都桂溪环卫服务有限公司
四川士达贸易有限公司
四川福光锦官建设工程有限责任公司
成都市第三建筑工程公司
成都金自天正智能控制有限公司
成都润兴消毒药业有限公司
成都世纪源通燃气有限责任公司
四川新天杰传媒科技发展有限责任公司
成都重谊工贸发展有限公司
成都八达接插件有限公司
成都三零普瑞科技有限公司
成都市第六建筑工程公司永丰加油站
成都安可信电子股份有限公司
成都三航机电有限责任公司
成都西南民航通信网络有限公司
四川华新改性沥青有限公司
成都航利阀门成套设备有限公司
四川权兴物流有限公司
成都德格隆贸易有限公司
成都超音电器有限公司
四川君逸数码科技发展有限公司
中国对外建设海南有限公司一分公司
四川桑瑞思环境技术工程有限公司
成都新三可仪器有限公司
环达通（成都）资产管理有限公司
成都工投资产经营有限公司

教　育

EDUCATION

基础教育

【幼儿园】　2012年，桂溪街道辖区有6所幼儿园。桂溪街道办事处顺利完成双祥幼儿园举办单位招投标工作。严格按照教育处、卫生处、高新防控中心要求结合幼儿园实际情况，在托儿机构传染病防控方面，做到严格管理，创新引导，组织召开园长、生活老师，后勤人员培训会，交流经验等形式，未发生安全事故，有效控制了疫情，得到教育处的高度评价。

【义务教育退费】　2012年，桂溪街道办事处认真做好辖区农村居民和失地农民子女高中阶段教育学费补贴工作，办理高中学生学费退费统计568人，金额681600元；办理中等职业教育卷315人。

【政府奖学金】　2012年，桂溪街道办事处根据《桂溪街道关于加强民生保障工作的实施意见》，对农村居民和失地农民子女考人大学的学生实施一次性“政府奖学金”：其中一本3000元/人、二本2000元/人、三本1600元/人、一专1200元/人、二专800元/人。2012年共审核、办理、发放“政府奖学金”204人，金额320600元。

【失地农民幼儿补助】　2012年，桂溪街道办事处根据成高桂街发〔2011〕17号《关于在2011年进一步加强民生和社会救助工作的补充意见》第二款，进一步扩大教育助学范围，提高教育助学标准，对农村居民和失地农民子女就读街道举办的幼儿园，给予2元/人.天的生活补贴（每月44元）。（1–6月）绿舟双源幼儿园失地农民在读子女有379人/月×6月=2274人，共计100056元（2274人×44元/人）；（7–12月）绿舟双源幼儿园失地农民在读子女有379人/月×2月+280人/月×4月=1878人，共计82632元。全年共计182688元；按照桂溪街道第173次党工委会会议议决事项通知，给予绿舟双源幼儿园在园就读的失地农民子女保教费补贴100元/月、伙食补贴40元/月。次会议议决事项从2012年9月1日开始执行，此项费补贴到家长手中，9–12月绿舟双源失地农民在读子女有280人/月×4月

=1120人，共计156800元（1120人×140元/人）；按照成高桂街发〔2011〕47号文件精神要求，给予就读绿舟和平幼儿园的农转居居民子女“学费补贴”，在园期间按100元/月；按照桂溪街道第162次党工委会议议决事项通知要求，给予绿舟和平公益性幼儿园就读的辖区失地农民子女（3~5岁）40元/人*月的生活补贴，截止目前绿舟和平幼儿园对在园就读失地农民子女有56人/月×4月+54人/月×8月=656人，共计91840元（656人×140元/人）。

【学前教育管理】 2012年，桂溪街道办事处对辖区10所幼儿园进行安全检查30余次，并在年初与幼儿园签订了安全责任书，按要求与托儿机构签订了专项防控责任书，确保幼儿园无安全事故发生。办事处严格按照教育处、卫生处、高新防控中心要求结合幼儿园实际情况，在托儿机构传染病防控方面，做到严格管理，创新引导，组织召开园长、生活老师，后勤人员培训会，交流经验等形式，未发生安全事故，有效控制了疫情，得到教育处的高度评价。

【进城务工子女接受义务教育】 2012年，桂溪街道办事处根据《关于做好2012年外来务工就业农业劳动者子女接受义务教育具体工作的意见》的通知要求共办理进城务工农业劳动者子女接受义务教育的通知书434份。

义务教育

【成都高新区和平学校教学】 2012年2月28日国家教育部教育发展研究中心副主任杨银付一行到学校考察调研。3月2日，由成都市教育科学院主办，学校承办的成都市小学数学“问题解决”专项能力调研质量分析报告会圆满结束，全市二十多个区县340多名小学数学教师参加了此次会议，市教科院小学数学教研员张碧荣老师主持了会议，于建校长开会致辞并发言。3月14日，全国教育发展研究会理事、原山西教科院温彭年院长莅临学校指导工作，温院长肯定了我校的集教案、学案、练案为一体的学习策略在学校教学质量的提升上起到的不可磨灭的作用。2月–3月，学校开展了学习竞赛活动，在3–9年级中评选出了学习成绩在本年级特别拔尖，且较为稳定、有自己的学习方法或经验，并且对其他学生具有引领和示范作用的35名学习标兵；学习成绩优秀、有科学的学习方法的70名学习优秀学生；学习态度端正、在自己原有的学习基础上有较大幅度的提高的105名学习进步学生。3月16日，全校师生在操场上举行了首届学习竞赛颁奖典礼，于建校长、14名家长代表参加了隆重的颁奖仪式，首届学习竞赛活动为落实学校教学质量评价激励机制，形成“比、学、赶、帮、超”的良好学习氛围起到了积极的推动作用。3月27日，学校师生来到“欢乐谷”开始了一天的春游，这次春游实践活动让孩子们更亲密地接触社会，接触大自然，是一次有意义而且愉悦的活动。3月29日，学校联合桂溪街道办事处举行了2012年科普知识竞赛。4月5日，学校参加高新区艺术节课本剧大赛，荣获高新区艺术节“课本剧、校园剧”大赛一等奖，并于6月代表高新区参加成都市艺术节“课本剧、校园剧”大赛获二等奖。4月5日，“树立信心，决胜中考”初2012级中考誓师大会暨体考动员大会胜利召开。4月13日，为贯彻落实中共成都高新技术产业开发区桂溪街道工作委员会关于实施“三分类三升级”活动的通知和会议精神，学校支部认真开展了“三分类三升级”的党组织分类定级、党组织公开承诺、党员公开承诺等活动。4月16日，为展示中学生写作才华、放飞文学梦想，高新区教研室组织了第四届中学生现场作文大赛，学校十名同学参加了比赛，分别荣获了一、二、三等奖，七位老师分别荣获“优秀指导教师奖”称号。4月18日，学校刘萍同学以感人的演讲获得了成都高新区“十佳少年”荣誉称号；学校杨石老师带领的九七班“破晓”团支部荣获了高新区“十佳团队”荣誉称号。4月，在第八届成都高新区中小学艺术节中学校器乐合奏比赛获二等奖；绘画、卡通、篆刻比赛获二等奖；群舞比赛获二等奖。5月4日，和平学校、桂溪街道办、和平社区携手在成都华通博物馆举办了纪念建团90周年，“五·四”入团宣誓仪式，同学们和高新和平社区的年轻人在庄严的团旗下进行了宣誓，成为了一名光荣的共青团员，随后，新团员和进步的年轻人参观了华通历史博物馆，增长了自己的阅历，丰富了历史知识，这次活动使青年人在历史的尘埃中找寻着民族光辉的足迹，进一步丰富了民族精神，是一次意义深远的活动；在成都市“百姓故事会”系列活动中学校胡玥同学荣获20佳“感动高新故事”奖。5月16日至5月20日，2012级指标到校生推荐工作组按照市区政策公平、公开、公正开展。5月20日，学校在成都市第二届初中生运动会拔河比赛获得一等奖。6月1日，学校进行了庆祝“六一”暨第九届校艺术节文艺汇演。6月5日，省教科所吴能修督导到学校作小学语文复习专题指导，吴能修督导充分肯定了老师的教学艺术及教学效果，并作了主题为“有效复习，做到五有”的精彩讲座。6月7日18：00成都电视台乐乐吧节目播出了“和平学校庆六一校园艺术节文艺汇演”，并对于建校长进行采访。6月8日在成都日报上对学校进行了题为《“百姓学校”催得芬芳桃李满园》的报道。6月16日，学校六年级部分学生乘车到成都市雏鹰校外素质教育实验基地开展了为期六天的军事夏令营活动，小小“军人们”在此活动中深刻体会了作为一个军人的生活和纪律，他们严肃认真，一丝不苟，展现了我们和平学子积极向上的精神面貌。6月18日下午，市教科院张碧荣老师到我校指导小学数学老师的期末复习，张老师就“教师务本”“课改感悟”“复习策略”等方面展开了精彩的讲座，使我校小学数学老师受益匪浅。6月25日下午，学校初2012级全体学生、老师、领导和部分家长齐聚一堂，举行了初2012级学生毕业典礼。6月30日，学校支部召开党员大会，隆重庆祝建党91周年，于建书记做了题为“加强组织建设，推动学校发展，创建优质学校”的发言，会上对学校首届十佳优秀共产党员进行了表彰，会后支部组织全体党员到北川开展了社会实践活动，全体党员同志在灾后重建胡锦涛题词纪念碑前，面向党旗重温了党的誓词，决心学习抗震精神，做一名无愧于这个伟大时代的人民教师。9月15日，由中国国际跳棋协会主办的2012年度全国“国际跳棋西部行”活动在学校隆重举行，成都市体育局副巡视员杨敏，国家体育总局棋牌运动管理中心国际跳棋部主任、中国国际跳棋协会秘书长夏金娟，成都市体育局竞技体育处调研员周丽光，成都市教育局体卫艺处副处长梅青，成都棋院副院长、成都市棋牌运动管理中心副主任蒋全胜，成都棋院副院长、成都市棋牌运动管理中心副主任宋雪林到场参加此次活动，活动中，学校被授予成都国际跳棋后备人才培训基地的称号。9月22日，和平学校举办了新教师帮带活动的结对仪式，新教师、指导教师和于建校长分别签订了《和平学校教师师徒结对责任书》。10月8日–9日，学校举行了以“快乐运动 展现自我”为主题的第九届运动会，同学们发挥奥运精神，在赛场上留下了许多让人难忘的精彩瞬间。为丰富教职工课余生活，促进教师的身心健康发展，10月9日，学校开展了全体教师趣味运动会。10月10日，学校组队参加了高新区2012经典诵读大赛，两支参赛队双双荣获一等奖，中学组于10月25日代表高新区参加了“文轩杯”全市青少年中华诵·成都2012经典诵读大赛决赛荣获中学团体特等奖，诵读节目《春江花月夜》还参加了成都电视台少儿频道的颁奖晚会录制，并于12月21日晚19：30分在成都第六频道播出， 向全成都市的师生们展现了学校同学的艺术风采，实现了学校艺术工作的跨越式发展。10月10日-15日，全民健身操大赛总决赛在山东青岛举行，学校街舞队取得全民健身操健酷街舞小学组自编动作一等奖，赛后，学校代表队接受当地媒体的采访。10月16日举行了“红领巾心向党”新队员入队活动。10月17日，高新和平学校“零度”工作室正式召开2012-2013年度上学期第一次全体会议，会上提出“零度”工作室的基本理念：快乐教研，快乐文学，快乐做人，快乐生活。11月17日-18日举办的成都市中小学生棋类比赛中，学校跳棋队获得小学A组团体第一名，初中组团体第二名。10月18日在高新区第八届中小学生运动会开幕式上，学校的入场式方队、太极拳表演、大课间展示活动获得好评，19日-20日，学校荣获初中组团体总分一等奖，小学甲组团体总分二等奖，小学乙组团体总分三等奖的优异成绩。10月30日，学校与都江堰市胥家学校签订了“城乡学校互动发展联盟协议书”。11月2日学校与澳大利亚希尔斯学院缔结友好学校。11月举行的“成都市中小学生定向越野比赛”中，学校代表队获得初中男子中距离个人第一名、初中男子短距离个人第三名、初中女子近距离团体第一名、初中女子百米赛团体第二名、初中男子短距离团体第二名。在三亚举行的2012年“浩沙杯”第十一届全国万人健美操大众锻炼标准大赛中，我校荣获一等奖。11月26-27日由中国教师报、市教育局主办，学校承办的全国“九年一贯制学校”创新教育研讨会顺利召开。 11月29日，成都高新区国学“讲经典”初中演讲比赛活动中我校荣获一等奖。12月15日，成都市青少年电脑机器人实践活动在学校举行。12月17日学校召开第四届教代会第二次会议，表决通过了《成都高新和平学校岗位设置方案》《成都高新和平学校岗位设置实施办法》《成都高新和平学校专业技术岗位设置量化表》等文件和学校校歌。12月18日，国培2012四川省农村中小学学科带头人成都师范学院初中数学班到校培训。12月18日，学校与成都华兴外国语实验学校“手拉手”活动正式启动。12月21日，于建校长在成都市2012年初中教育教学工作会上作交流——《抓好九年一贯校本管理，提升教育教学质量》。12月，学校被评为“成都市艺术教育特色学校”。2012年，学校被评为“成都市义务教育段学籍管理先进单位”。

【成都高新世纪城南路学校教学】 2012年，学校积极组织学生参加了成都市科技协会组织的各项科创活动，并获得优异成绩，其中张邱荔同学，获得科普知识竞赛一等奖，李文杰陈科含等同学获得二等奖；杨璐语、乔越、王子轩等九位同学获得航模制作比赛一等奖，张思佩、胡庆、吴潇然等同学获得二等奖；学校重视师资力量的提升，加强教师队伍建设，学校老师魏艳萍参加2012-2013学年度中学美术课例研究“同课异构”现场赛课活动获得一等奖；老师王娟参加2012-2013学年下期地理教师技能比赛，获得一等奖；老师寇洋参加2012-2013学年下期高新区体育教师教学技能比赛获得一等奖；学校以软式垒球为载体促进校园体育文化建设，突出“一校一特色”。为了促进软式垒球在学校的全面普及与可持续发展，学校将软式垒球作为校本课程，引入体育课堂，开展软式垒球进课堂教学技能比赛。成立软式垒球社团、软式垒球队，通过课余训练提高学生软式垒球竞技水平，组织学生参加各级各类软式垒球比赛。

【成都高新大源学校教学】 2012年，学校初

2012级共170名学生参加中考，上省级及以上示范性高中分数线（588分）达78人，上线率达46%。

学校持以“进一步明确学校定位，积极实施精细化管理”为指导思想，以“和谐教育”为学校办学特色，以建设良好校风为目的，牢固树立全面质量管理思想，促使学校各项工作再上新台阶，形成可持续发展的办学特色，党建工作、德育工作、教学科研工作、队伍建设有新的突破，青少年科技创新工作再上台阶，各项工作受到社会各界好评。 在省科协、省教育厅、中国少年先锋队举办的“争当小实验家”科学实践活动中，获得团体一等奖，李青峰、张璐、刘琛被评为优秀辅导员，获得11个一等奖、31个二等奖、11个三等奖。在成都市青少年电子制作比赛中，全校有400人次参加的模型比赛，获得了6个一等奖、12个二等奖、22个三等奖。学校获得团体一等奖，王刚、郇剑波、杨娟娟、谢小勃被评为优秀辅导员，邓侯兴获得优秀组织者称号。在成都市高新区第八届中小学生运动会上。取得了初中组一等奖、小学甲组二等奖和小学乙组二等奖的优异成绩。4月是成都高新区的艺术集锦月，学校的器乐演奏、合唱以及美术都取得了团体二等奖的好成绩。其中，美术组的参赛作品中，有七幅被评为高新区一等奖，一幅推选至成都市艺术节参展；为我校赢得了荣誉。 9月6日下午，在学校揽月楼阶梯教室举办了成都高新大源学校铁路安全知识讲座，此次讲座学校邀请成都铁路系统的彭主任和派出所的宋警官为学校四年级的全体同学做有关铁路安全知识的讲座，增加了学生的铁路安全的知识，而且提高了自我保护的意识。10月18日，学校在成都市高新区第八届中小学生运动会上。取得了初中组一等奖、小学甲组二等奖和小学乙组二等奖的优异成绩。此外，在开幕式上我校的入场式、太极展示以及大课间空竹展示都赢得了区领导的肯定和其他与会人员的一致好评。11月8日，“谭谈交通”节目主持人谭乔警官来到了学校，与学生一起开展了“谭乔叔叔和我们话交通”活动。

【成都七中初中教学】 2012年，学校被成都市教育局确定为“未来学校建设试点学校”和“办学体制改革试点学校”，进行“教师绩效考核和退出机制建设”试点工作。成都市教育学会高中、初中、小学专委会在学校隆重成立，成都市和高新区的各级各类教研活动在学校举行，提升了学校的文化影响力；2013级中考再创佳绩，连续三年中考重点率在成都市公办学校排名第二，为学校可持续发展奠定了坚实的基础。2013级中考裸分上省重线率82.92% ，含加分上省重线率83.74%。2014级、2015级期末调研考试捷报频传，各项指标均领先于成都高新区其他学校；通过建设优势学科队伍，提升学校教师在区内、市内学术影响力，年度内新增区学科带头人8名，涌现了张新民、雷国亮、周密、曾畅畅、周文碧、高山、罗利容、肖利平等名优教师；3个名师工作室李笑非工作室、左强工作室、王岚工作室在学校挂牌，青年教师王婷获成都市“教坛新星”称号。2014级各学科平均分均领先于成都高新区其他学校，总分领先第二名8.57；2015级各学科平均分均领先于第二名，总分领先第二名5.82分。全校教师与课题相关文章（合计一百篇左右）在省级以上刊物发表和得奖，为课题解题奠定深厚基础。一大批教师的教学与教研能力、师德水平受到家长与社会的广泛赞誉；学校引进境外教育培训机构牛津国际公学VCOP课程项目，随班就读3人；继续与美国金克斯高中保持访问关系，与法国勒阿弗尔地区教科文组织中国—欧洲业务保持接触，发展中心主任Yvette女士率团访问我校。校长杨斌出席“韩国教育考察”，英语教师陈悦到印度尼西亚出席“苹果全球杰出教育者大会”；李笑非、曾畅畅参加“人大附中、西山学校—对一数字化学习国际峰会”；连晋、袁绥红参加“利用探究式教学促进学生做研究的通往英特尔ISEF之路”研讨会；学生组团到美国、英国游学。这些活动极大地开阔了师生国际视野，提升了国际交流与理解能力；基于云教育的创生型课题，把学校课题研究推向了未来课堂建设新的高度。6月4日，在苹果公司的倡导下，学校成功组织了“未来课堂建设研讨会”，来自七中教育集团、成都市各名校、高新区内各兄弟学校共计160多人参与此次盛会，苹果大中华区总经理吴碧瑄女士参加了此次会议并发表了演讲，并盛赞学校提供的两堂研究课人机结合水平比北京、上海同类学校好。6月18日，教育部发展规划司陈锋副司长一行来学校考察未来学校建设试点情况，称赞苹果技术与课堂教学结合非常好。目前，学校云教育实验居全国领先水平。

职业教育

【国家骨干高职院校建设】 2012年，成都职业技术学院严格按照国家骨干高职院校建设的相关政策要求，积极主动开展工作，稳步扎实推进骨干院校建设。3月15日–16日，由四川省教育厅主办的四川省示范（骨干）高等职业院校联席会在宜宾职业技术学院隆重召开。学院凌红副院长率建设办、科研处及教务处相关人员参会并做主题发言。3月26日下午，四川省教育厅王康副厅长考察我院高新区成职软件教育园，详细了解园区入驻企业情况，开展校企合作的形式、内容和取得的成果，对学院在体制机制创新、深化校企合作、工学结合所做的积极探索和取得的成绩给予充分肯定。4月11日，学院党委书记周鉴率队前往四川交通职业技术学院考察交流首批国家示范高职院校建设中的工作思路及成效。5月24–25日，学院党委中心组成员赴西南交大峨眉校区学习交流，全国高等教育学会常务理事、教育部实验室建设指导委员会委员、四川省高等职业技术学院人才培养工作水平评估专家组组长、西南交大常务副校长蒋葛夫教授进行《人才培养质量的提升》专题讲座。7月2日，学院的建设方案和任务书通过省教育厅、财政厅组织的专家论证；7月15日，建设方案和任务书正式文稿报送教育部；8月15日、8月31日、9月19日根据教育部专家意见对建设方案及任务书进行了全面、认真、细致的修订和完善，教育部的反馈意见条数由最初的18条缩减到最后的8条。11月2日–3日，学院组团参加高等职业教育服务青年成长发展暨第五届国家示范性高职院校建设成果展示会。会后，全院上下积极学习、贯彻落实会议精神，着力推进学院骨干项目建设任务的深入实施。12月25日，学院国家骨干高职院校项目建设方案与任务书获得教育部、财政部正式批复，这标志着学院项目建设方案与任务书的可行性、科学性以及资金配置的合理性等获得了两部的充分肯定，学院国家骨干高职院校项目建设工作步入全面建设阶段。

【中高职衔接】 2012年，成都职业技术学院继续深入推进中高职衔接工作。3月30日，成都高职中专教育学会在学院花源校区举行专题会议，研讨中高职衔接工作理事长、我院党委书记周鉴在会上通报了2012年学会工作安排，工作重点是开展推进中高职衔接、构建现代职教体系和开展企业文化进校园的研讨和实践，加强交流考察学习的组织力度，加强论文评选和会刊编辑工作。4月26日下午，成都市中高职深度衔接、协调发展合作意向书签字仪式在学院举行，学院与成都区域的15所中职院校签订中高职衔接合作协议，组建课题组，以“专业衔接”为载体，推动中高职衔接工作深入开展，已经形成了9个专业人才培养方案和学生职业素质评价方案、招生改革录取方案。在招生、课程开发、考核标准制定等方面的工作都取得新的成绩。着力抓好对口高职招生工作，计划671名，录取报到616人，完成计划率91.8%。12月28日，学院举行中高职衔接阶段总结汇报会，傅勇林副市长到会并讲话，肯定学院中高职衔接工作认识水平高、工作机制健全、措施有力得当、路径模式合理。要求认真总结经验，推向一、二产业的院校，推动和利用在蓉高校的资源整合利用，促进职业教育向上延伸。

【党的十八大精神学习贯彻】 2012年11月9-10日中国教育报连续两天在庆祝党的十八大特刊——“旗帜·心声”、“旗帜·放歌”两版报道学院师生观看十八大开幕式，特别是11月10号以“加快培养高端技能型人才”为题，引用了学院党委书记周鉴同志观看十八大开幕式后的感言。学院成为《中国教育报》庆祝十八大特刊连续报道的全国唯一职业院校。此外，《成都日报》《教育导报》《成都市教育网》等三家媒体也相继对我院师生观看十八大情况进行了报道。12月13日，市委党的十八大宣讲团教育分团在成都职业技术学院举办首场报告会。

【国际化办学步伐加快】 2012年，成都职业技术学院稳步推进国际交流合作,充分发挥国外合作院校资源与优势，开创合作交流新局面。2月27日下午，学院召开中心组学习扩大会，开展“加快国际化进程思想再解放大讨论”专题学习。9月，成功建立新加坡南洋理工学院学生海外研习中心落户学院，迎来首批44名新加坡南洋理工学院师生，学院正式成为新加坡南洋理工学院在中国西部地区第一个研习基地。学院与美国西北理工大学搭建网络课堂，开展了美国英语、美国文化、商务沟通等即时网络课程。开展境外师资交流培训，邀请合作院校加拿大温哥华社区学院2位资深教师，为成都旅游职教集团和学院教师进行了教师教学研究与发展专题培训，参培教师99人次；新签订友好合作院校三个，组织两个批次34名交换生赴台湾环球科技大学；接待8个国家和地区179余人来访。出色承办了第七届穗港澳蓉四城市青年技能竞赛，组织参与网页设计、智能家居电器安装、橱窗设计与展示、餐饮服务四个项目比赛，获得2枚金奖、5枚银奖和4枚铜奖的好成绩。

【创业工作推进】 2012年1月12日，YBC进校区（YBC创业学院）工作交流会在学院召开。3月15日，成都职业技术学院被推选为中国职业技术教育学会创业教育专业委员会的常务理事单位，是四川省唯一一所当选为常务理事单位的高职院校。5月23日，学院软件分院应用电子专业093级学生王锐作为中国唯一的创业青年代表，受联合国国际劳工组织邀请，赴瑞士日内瓦参加由该机构主办的“全球青年就业创业论坛”。此次论坛有来自全球60个国家80余名相关政府部门、国际组织、商业组织专家和青年创业代表与会。论坛上，王锐同学将自己最新自主研发的项目——“太阳能面板缺陷检测技术”做了三次公开演讲，突出的表现受到了国际劳工组织及国际友人的一致好评与认可。王锐同学是参加此次论坛全球年龄最小的创业者，更是为数不多的开发环保项目的创业者之一。其间，英国BBC等国际知名媒体对他进行了专访。10月18日-21日，YBC成都创业学院筹备组成员、院团委副书记张帆参加全国高职院校创业教育课程建设研讨会。12月3日成都电视台《今晚800》对我院办学特色、人才培养模式及学生创业就业教育等进行了全方位报道。12月4日，中国教育报一篇《创新人才培养模式 增强服务社会能力——成都职业技术学院园区化人才培养发展纪实》，以半个版的篇幅全面报道了我院探索实践新的人才培养模式取得的成绩。

【中央媒体关注学院办学成果】 2012年，成都职业技术学院办学成果多次被中央级媒体报道。2月10日，由中共中央宣传部委托新华通讯社主办的《半月谈》刊登了题为《成都试水高职办学新机制 破解“高级技工荒”》的文章，报道了学院通过建立成职软件教育园园和旅游职教集团，探索出了一条“政、行、企、校”办学新模式，从而实现教育、科研和产业的良性互动。2月11日，党委书记周鉴的《体制创新 服务地方》刊登在中宣部主办的《光明日报》“职业教育”专版。周书记在访谈中就学校几年来探索“政、行、企、校”共建体制，行业、企业、院校共组职教集团和实践“企业+教育”创业孵化台三个方面的创新进行了详细阐述。2月15日–19日，《光明日报》教育部主任、高级记者汪大勇，高教版主编练玉春莅临我院深入调研，对学院近年来教育工作所取得的成绩给予了高度评价。中央电视台新闻频道摄制组5月11日对学院职业教育工作进行了全天专访拍摄，学院是央视此次在四川省专题采访的唯一高职院校。摄制组以“为工作和生活培养技能”为主题，对学院高新校区、花源校区进行了实地拍摄，就学院职业教育的国际化工作采访了学院党委副书记、副院长凌红；就中高职衔接、职教集团等工作采访了相关分管领导、中职学校校长、合作企业负责人、专业老师，并与五年制学生代表进行了沟通交流。中国教育报于11月9日、10日连续两天在庆祝党的十八大特刊——“旗帜·心声”“旗帜·放歌”两版中，对我院师生观看十八大开幕式进行报道。12月4日，中国教育报一篇《创新人才培养模式增强服务社会能力——成都职业技术学院园区化人才培养发展纪实》，以半个版的篇幅全面报道了我院探索实践新的人才培养模式取得的成绩。

【校企合作】 3月12日，成都职业技术学院与四川省宝岛光学有限公司签署订单培养协议，整合校企优质资源，联合培养大专层次的眼视光技术专业人才，这也是四川省第一所省内高校与台资企业合作创办的眼视光技术专业。3月12至14日，学院党委副书记、副院长凌红赴上海渣打银行展思咨询有限公司进行实地考察访问，双方双方确定：“试点培训、进阶培训、体系融合”三板同步，层次推进。9月24日，学院与四川汉能光伏有限公司签订校企合作协议书，此次签约标志着双方在相关人才培养、实训与就业、分光互补及光伏建筑一体化（BIPV）等方面将开展实质性合作，并将在教学、科研、实训及就业方面切实落实相关工作，包括企业专家进讲堂，教师学生进企业，互惠互利，深入合作。

【其他工作成果】 2012年1月7日，成都职业技术学院博士后创新实践基地召开博士后科研项目专家评审会，对首批拟进站的两名研究人员的科研项目进行了评审，该项目于11月通过专家评审。3月1日，在四川省教育厅在西昌市举行全省教育系统“六五”普法工作会，学院被命名为四川省依法治校示范学校。5月18日，《成都市职业技能鉴定指导中心关于2011年度全市职业技能鉴定机构质量管理考核评估情况的通报》，我院国家职业技能鉴定所被评为“2011年度市级示范职业技能鉴定机构”，是全市160余家职业技能鉴定所中4所示范职业技能鉴定所之一。11月24日，在贵州举行的“中国高等教育学会后勤分会2012年年会”上，我院被评为“全国高校学生公寓管理服务工作先进单位”，这是我院首次获此荣誉，成为全国277所获奖学校中的22所高职专科学校之一，也是我省获此殊荣的两所高职专科院校之一。12月，学、院正式获教育部批准，成为第一批教育部教育信息化试点单位，也是省内唯一的两所试点高职学院之一。试点工作重点内容为专业教学资源库共建共享机制。

老年教育

【概况】　成都高新区桂溪街道党工委、办事处为了进一步丰富辖区老年人的文化生活，提高生活质量，于2010年5月17日正式成立了成都高新区桂溪老年大学。至2012年秋季学期，学校设有书法、国画、声乐、武术、舞蹈、国学、电脑、中医养生、时装、瑜伽、摄影、器乐等13个专业，42个班，8个老年大学辅导站，学员人数共2813人。学校校长张学文（兼），常务副校长谭伯祥，办公室牛键蓉、张淑红，教务处赵迁、罗成强，艺术团宋克基。

桂溪老年大学是全国、四川省、成都市三级老年大学协会成员单位，是《老年大学》杂志联办单位。2010年10月15日，学校被成都高新区社会事业局评为"老龄工作先进单位"。2010年至2012年，学校每年都被桂溪街道党工委、办事处评为"老龄工作先进集体"。2012年11月13日，学校被四川省老龄工作委员会办公室授予"四川省A级老年大学"称号。2012年12月17日，学校被成都高新区社会事业局评为"成都高新区4A级社会组织"。2012年12月31日，学校被成都老年大学协会评为"2012年成都市老年教育宣传工作先进单位"。2013年1月25日，学校荣获成都高新区桂溪街道党工委、办事处"2013年度特殊贡献奖"。

【重要事件】　2012年1月10日，被成都高新区桂溪街道党工委、办事处评为"2011年度老龄工作先进集体"。13日，四川省委常委、成都市委书记黄新初、成都市委副书记、成都市市长葛红林到桂溪老年大学视察。

5月14日~21日，桂溪老年大学常务副校长谭伯祥代表学校赴太原市、兰州市、青海省三所老年大学进行了学习考察。21日~23日，桂溪老年大学代表学校参加了"川西南片区老年教育经验交流会暨四川省老年大学协会五届四次理事会"，并在大会上进行了经验交流。23日，成都高新区桂溪街道办事处老龄办、老协相关人员在街道办事处4楼会议室召开了"老龄、老协工作联系会"。决定每月在各辅导站安排2次课程。29日，国务院参事郭瑞、袁隐到桂溪老年大学调研基层老年教育等工作。

6月1日，桂溪老年大学决定在桂溪街办所属8个社区开设老年大学辅导站，印发《成都高新区桂溪老年大学关于左成蓉、闵利等同志任职的通知》（桂老学发〔2012〕8号文），任命了8个辅导站的站长，帮助学校组织辅导站的日常工作。1日，桂溪老年大学三瓦窑社区辅导站作为第一个开课的辅导站，在三瓦窑社区服务中心正式开课，实到学员人数45人。他们的第一堂课是上声乐课，由刘洪钰给学员们上课。7日，桂溪老年大学在校本部一楼会议室召开了首届理论信息小组会。10日，桂溪老年大学组织双源分校民族舞蹈班学员参加"四川省首届中老年广场舞电视大赛（成都站）"获优秀奖。13日，印发了《成都高新区桂溪老年大学关于成立理论信息小组的通知》（桂老学发〔2012〕10号文），理论信息小组成员共24人，张学敏任组长。15日，桂溪老年大学印发了《成都高新区桂溪老年大学关于成立学生委员会的通知》（桂老学发〔2012〕12号）。学生会主席：张学敏，副主席：高琼、周作瑶，学习委员：张林，宣传委员：王瑞英，文体委员：李咏梅，生活委员：但胜蓉。

7月18日，编印《教学大纲》《规章制度》《桂溪老年大学校刊》《桂溪老年大学理论文集》。23日，学校被批准成为全国老年大学协会成员单位。

8月15日，学校增加罗成强、张淑红两名工作人员。31日，学校新教学楼正式启用。

9月1日，学校新增设电子琴、瑜伽、交谊舞（三步踩）专业。15日，学校时装模特班学员代表永安社区参加成都高新区第二届老年人艺术节，获一等奖。16日，学员陈明建、周群如代表学校参加成都市第三届“家庭文化艺术节”妇女（家庭）太极健身展示活动，荣获家庭组24式太极拳展示二等奖。25日，时装班学员代表桂溪街道办事处参加成都市第十一届老年艺术节活动，将时装模特艺术展示一新。

10月11日，创“四川省A级老年大学”考评组在桂溪老年大学进行评估定级检查。22日学员谢忠清、张景芬、黎万成、邱素华、王贵玉代表学校参加成都高新区第二届老年艺术节绘画比赛，荣获优秀奖。

11月12日，学校参加2012年川渝老年大学协作会暨川东北片区老年教育经验交流会，桂溪老年大学常务副校长谭伯祥《浅议发挥老年大学在社会管理中的积极作用》，办公室主任牛键蓉《试述校园文化建设在街道老年大学发展中的积极作用》在会上作书面交流。13日，学校被四川省老龄工作委员会办公室授予“四川省A级老年大学”称号。15日上午成都市老龄事业发展基金会常务副理事长王清槐率队到学校视察指导工作。29日，学校承办了成都市老年大学协会第一片区工作会，第一片区16个成员单位参会，就如何办好基层老年教育作了交流。

12月4日，《晚霞报》第一版登载了题为《探寻两年创下“省A”的奥秘——走进年轻的成都高新区桂溪老年大学》的报道。11日，《成都晚报》教育短波栏目登载了题为《桂溪老年大学获四川省A级老年大学授牌》的报道。13日，学校请成都市委党校郭祎给全校师生上大课，题目为《高举旗帜，坚定道路、攻坚克难——党的十八大精神阐释》，使到全校师生对十八大精神有了更好的了解。17日，学校被成都高新区社会事业局评为成都高新区4A级社会组织。22日，桂溪老年大学学员代表桂溪街道办事处到武警四川森林总队开展“桂溪街道双拥慰问演出”活动，并向部队官兵赠送字画作品。节目丰富多彩，现场气氛热烈，活动取得圆满成功。22日，四川新闻网发布了题为《军民共建一家亲 街道老年大学慰问演出到连队》的报道。24日，中华舞蹈网发布了题为《桂溪街道办事处举办2012年“双拥”活动暨桂溪老年大学2012年学习成果汇报演出》的报道。27日，学校印发《成都高新区桂溪老年大学关于表彰2012年度先进班集体、优秀教师和优秀学员的决定》（桂老学发〔2012〕20号文），对摄影班等14个先进班集体、林友富等8名优秀教师和张学敏等282名优秀学员进行了表彰。31日，在成都老年大学协会三届五次协会上，牛键蓉介绍了桂溪老年大学办学经验。31日，学校被成都老年大学协会评为“2012年成都市老年教育宣传工作先进单位”。

【教学管理】 2012年，老年大学重视教学管理，开学前制定教学工作计划，进行教学动员，期中进行教学检查，期末进行教学总结，保证教学质量。一是桂溪老年大学根据学员的需求编排班级，在新学期开学前，要求教师编写教学计划，学校教务处根据学期具体情况拟定教学大纲。二是开课后，要求教师每堂课前根据教学计划、教科书和学员实际情况编写教案。课后，要求教师和班委共同填写教学日志，教务处人员每堂课后查阅教学日志，及时发现和解决问题。三是每学期定期召开教师座谈会和班长座谈会，收集意见和建议，改进教学过程中的问题，完善学校教学系统。四是每个年度召开教学成果汇报会，由各班学员展示本学期的教学成果。五是建立健全各类教学档案。

附：2012学年教师花名册

国画教师：胡文泽、徐启培

民族舞蹈教师：刘沁、李蓉、蒋蕊竹

时装模特教师：杨家镁

声乐教师：汤辉遂、周蓉蓉、马嘶远

书法教师：白双政

电子琴教师：马嘶远

摄影教师：罗键

国学教师：何传俊

武术教师：吴建新、林友富、陈明英

瑜伽教师：蔡艳

民乐（二胡）教师：郑文雅

电脑教师：许凤宇

交谊舞教师：郭玉清、田世英

拉丁舞教师：李刚、滕文蓉

【必修课】 2012年，为了丰富老年人的精神文化生活，提高文化素质，进一步丰富老年人的生活，改善老年人的生活状态，提高老年人的生活质量，桂溪老年大学会定期举行必修课，聘请知名专家、教授、学者来校授课。必修课内容丰富，包括法律、艺术、科普、医疗卫生、文化、心理健康等方面的专题内容。2012年5月4日，在桂溪街道办事处5楼大会议室举行必修课讲座，由中共成都市委党校学术委员会委员，文史教研部主任，省社科院历史文化特约研究员徐昌义教授主讲。主题为“坚持社会主义核心价值体系，奋力打造‘文化之都’”。2012年12月13日，桂溪老年大学在校本部三楼会议室组织学员开展了2012年秋季学期大课学习，由中共成都市委党校郭祎教授主讲，大课的主题为“高举旗帜、坚定道路、攻坚克难——党的十八大精神阐释”。

【第二课堂】 第二课堂是指在第一课堂以外的时间进行的与第一课堂内容相关的教学活动，它是第一课堂的继续和应用，能进一步巩固第一课堂的学习效果。第二课堂深受学员喜爱，在组织形式上多样化、生动丰富。桂溪老年大学采用学校组织和班委会组织两种形式。学员们对参加第二课堂活动都具有很高的积极性。2012年各种举行了多场大课堂活动，交谊舞班采取了跨校联合搞二课堂的形式。

【教学理论研讨】 2012年，为进一步加强教学理论研讨工作，6月，学校印发了《成都高新区桂溪老年大学关于成立理论信息小组的通知》，(桂老学发〔2012〕10号)，制定了《信息员工作职责》。在2012年10月30日，学校对理论信息小组成员进行了培训。学校常务副校长谭伯详对各位信息员提出要求，要注意观察自己身边的人和事，多写教学论文及其他文稿，争取在成都市、四川省乃至全国老年教育刊物上发表。学生会宣传委员王瑞英、信息员孙曾荣、魏进仁分别就学校信息工作提出好的建议。2012年，学校在四川省、成都市各类老年教育杂志、报刊上发表文章及各类信息共 11篇，得到省市级老年大学的赞扬。2012年12月，学校被成都老年大学评为“2012年成都市老年教育宣传工作先进单位”。

【创优争先活动】 2012年，桂溪老年大学在桂溪街道党工委、办事处的领导下，在社会各界的关心支持下，在全校师生员工的共同努力下，得到很大发展，教学设备日臻完善，教学质量不断提高，办学成效日益显著，校风建设迈上新台阶。在创建四川省A级老年大学工作和教学及行政管理工作中取得可喜成绩，圆满地完成了2012年的各项工作任务。

为宣传、贯彻党的十八大精神，以科学发展观统领老年教育工作，构建和谐校园，进一步促进我校教学工作持续、稳定、快速发展，学校开展了评选表彰2012年度先进班集体、优秀教师和优秀学员的活动。现经全校师生自下而上推荐，学校领导、学生会和各班班委会集体审定，再经学校公示，决定对摄影班等14个先进班集体、林友富等8名优秀教师和张学敏等282名优秀学员进行表彰。

附：成都高新区桂溪老年大学2012年度先进班集体、优秀教师和优秀学员名单

一、先进班集体（14个）：

摄影班、武术2班、武术6班、武术7班、书法班、声乐4班、声乐5班、电子琴1班、二胡班、民族舞蹈5班、拉丁舞2班、交谊舞2班、时装模特班、国画1班

二、优秀教师（8人）：

林友富、陈明英、胡文泽、白双政、刘沁、马嘶远、蔡艳、许凤宇

三、优秀学员（282人）：

张学敏、高琼、周作瑶、王瑞英、李咏梅、张林、但胜蓉、肖学锋、詹月莉、蔡文富、张珍玉、陈俊蓉、叶素君、郑龙香、罗晓君、谢忠清、李本权、邱素华、王贵玉、张景芬、彭业祝、李梅芳、黎万成、钟先富、胡超、邬碧光、陈泽云、周作智、周应才、熊文田、高启明、王东曦、高联英、严大英、徐孝蓉、杨香菊、何开辉、王淑珍、高永德、李美丽、吴青容、袁素军、周安英、游元静、高建秋、童兰英、谢学芳、晏代英、钟国华、谢秀菊、刘慧英、张颂芬、叶秀兰、雷凤玉、高世萍、陈君、周先锋、向学良、李兴慧、陈丽珍、管智慧、方礼蓉、金锭、陶慧英、张学松、刘信雅、张代珍、郭中琼、晏国君、张丽华、陈晋华、王明慧、王淑群、程渝萍、汤文学、高桂蓉、叶秀兰、张红、汪艳梅、冯艳珍、李慧明、张健、胡百丽、王春兰、王月华、赵代华、曾建梅、高彬容、王文珍、刘丽华、王明芳、汪群英、罗玉容、李明霞、陈洪秀、马宁、冉黎明、黄丽华 、王蜀林、王争鸣、柯翠环、方义红、何青、黄平、裘义光、任文碧、宋玉佩、吴志中、胡茂明、王新益、王顺安、吴家碧、董锦碧、肖湘、钟先春、宋萍、李昌莲、熊怀华、魏进仁、杨琳、高继红、黄友会、吴军、杨永书、黄维蓉、周平、屠健红、易遵琼、李茂仁、王新平、李文英、蒋恩德、李素清、刘学君、陈忠华、梅晋华、许珊、魏琳、易涛、张光芬、黄树传、郭晋果、张庆泰、舒学平、朱松蓉、唐治球、彭茂芳、李华昌、张和友、唐建蓉、胡卫清、王桂云、蒲志君、廖淑芝、范学初、王晓莺、陈春梅、刘秀莲、刘玉彬、凌发全、谢长蓉、汪静芳、杨秀芬、童建伟、施振国、卢志良、李兴明、陈庭碧、薛光伦、蒋兆群、邓明、赖雪薇、叶玲、张琳、晁伯琦、杨远如、周群如、尹芥雯、尹大英、陈晓燕、刘荣萍、陈茂华、兰其俐、陈善容、蒋丽、刘开江、孙增荣、刘光堤、林恩楠、陈小丽、杨培坤、苟明清、王周凤、陈梅生、冯翠容、李洪仁、刘丹霞、杨安秀、曾义兰、周幼林、郑洛华、沈开蓉、马天明、张献英、丁地香、张乃全、钟代科、吴纯溪、余国贤、邓志城、唐传琼、徐文琼、曹玉如、汤端立、徐永华、贺德厚、韩金蓉、但胜秀、吴玉芳、吕秀芳、苏素芳、周德芳、刘僧蓉、袁章林、凌友清、刘栋英、周应先、张碧玉、袁思龙、卢华明、钟虹、邹其美、张静、王玉珍、刘文霞、徐永秀、高林英、余亚玲、陈子云、王淑琴、贾登群、邱克会、刘纪群、钟定英、廖秀根、刘术芳、张兴兰、卢兴玉、景润芳、尹显慧、陈昌群、钟琼、李韩秀、魏银华、徐志云、江素芳、李会兰、韩常连、莫秀芳、罗开玉、闵利、徐玉芳、李朝秀、王汝芸、徐春凤、白玉芳、曹贤玉、尹邦润、左成蓉、雄琴、李春英、赵正江、张国清、王兴蓉、徐慧君、银月红、袁龙菊、周培霞、王开蓉、高桂蓉、王美玲、郭芳

【老年大学进社区】 2012年6月，学校在桂溪

街道8个社区成立了老年大学辅导站，使老年教育资源向基层社区延伸。截止2012年12月31日，老年大学在和平、三瓦窑等社区开设了武术、舞蹈、声乐等课程，共对社区辅导64余次。辅导对象大多数是各社区年纪较大的老年人，他们对老年大学进社区十分欢迎，深深感谢党和政府没有把他们忘记，还派专业性强，热爱老年教育的老师亲自辅导。

【四川省A级老年大学创建】 2012年，四川省老龄委、省老干局、省教育厅、省文化厅、省老年大学协会举行四川省A级老年大学评估定级工作。2012年4月1日，桂溪街道党工委、办事处下发了《关于印发《桂溪老年大学申报“四川省A级老年大学”实施方案》的通知》（成高桂委【2012】29号文）成立了成都高新区桂溪老年大学申报A级老年大学领导小组，全面启动了申A工作。

2012年10月11日，学校接受由四川省A级老年大学评估定级小组验收，一次通过四川省A级老年大学。四川省老龄办副主任、评估定级小组组长渠崎说道，要将“桂溪模式”，在高新区全面推广。希望桂溪老年大学继续努力，为成为四川省和全国老年大学先进单位。

【学习交流】 2012年4月，学校派代表参加了有成都市老年大学协会在高新区中和老年大学（四川省A级）组织的教学观摩课，参加了四川省A级老年大学成都锦江区老年大学的教师教学理论研讨会，派代表参加由四川省老年大学协会2012年5月在雅安召开的“川西南片区教育经验交流会”，学校常务副校长谭伯祥《贯彻十七届六中全会精神加强校园文化建设之管见》在会上作了交流。

2012年11月12日学校参加2012年川渝老年大学协作会暨川东北片区老年教育经验交流会，成都高新区桂溪老年大学常务副校长谭伯祥的《浅议发挥老年大学在社会管理中的积极作用》，办公室工作人员牛键蓉的《试述校园文化建设在街道老年大学发展中的积极作用》也在其中。

2012年9月，学校学生会张学敏一行9人，到成都锦江区老年大学学习，学习他们学生自助管理方面的经验，回校后给每位学生会干部制定了工作职责，分片联系各班班长的任务分工，使学生会的工作开始运行。

老年大学同学和社区的老年人在一起表演“扇子舞”

文化·体育

CULTURE & SPORTS

文化事业

【概况】 2012年，桂溪街道坚持以系统的观念抓文化、以具体的项目抓文化、以创新的手段抓文化、以务实的作风抓文化，搭建了桂溪街道、社区、院落三级文化阵地的建设，形成了桂溪街道、社会组织、居民自治组织共建文化的一种新型模式，着眼于保障广大群众基本文化权益，以构建公共文化服务体系为重点，不断完善文化设施建设，深入开展群众文化活动，努力提升文化形象，改善文化民生，管理好辖区文化市场，以推陈出新、百花齐放为辖区文化建设主导思想，以各文体协会、文艺团队的健康发展为主要目的，总体规划、细部突出，主抓管理、分层负责为主要原则，继续壮大和发展传统优势项目活动。

【基层文化建设成果】 2012年，桂溪街道综合文化活动中心成功申报成都市创建全国公共文化服务体系示范区重要迎检和参观点位，受到了各级领导重视。1月13日，四川省委常委、成都市委书记黄新初，市委副书记、市长葛红林，市政协主席唐川平等领导率市民代表一行，到桂溪街道综合文化活动中心考察“文化设施建设项目”实施情况，对2011年为民办实事民生工作目标完成情况进行了检查，实地参观了南新社区书画协会举办的“畅游艺术 墨香南新”书画循环展，给予了高度肯定；5月29日，国务院参事郭瑞、袁隐一行到桂溪街道综合文化活动中心就公共文化服务体系建设情况进行了调研，详细了解了桂溪街道社区文化建设、社会组织培育加强等方面的情况，并实地参观了活动中心、老年大学、图片展等。

【文体活动开展】 2012年，桂溪街道全年共开展各类大小型活动120余次，承办全区性文化活动5次，分别是2012年成都市社区广场健身活动月“太极蓉城”专场展示、幸福高新·百姓故事会启动仪式、高新区棋类比赛暨“桂溪杯”国手桂溪活动、2012年运动成都·活力高新太极拳比赛、高新区迎接十八大文艺晚会。此外，“桂溪杯”篮球赛、国手桂溪行、“和谐杯”院落乒乓球赛、百姓故事会等活动得到了更好的深入和发展，这样的传统优势项目得到了广大群众的积极参与和一致认同。

全年，桂溪辖区共开展“百姓故事会”系列活动120余次，参与人数达9000余人次，提炼真实感人故事10余篇，发掘故事员20余人，征集文章400篇，创作微电影3部，打造精品宣传栏一组，发放百姓故事会宣传购物袋近万个。其中，桂溪街道“身边的感动·心中的故事”“学陈岳叔叔讲故事，更好分享感人之事”“奥运火炬手话奥运精神”等百姓故事会活动均在四川省知名报纸和网站进行了刊登。

2012年桂溪街道建设太极辅导站8个，并专门开设2门太极培训课程，建设太极活动交流室一个，太极活动场地2片。全年开展大型太极展示活动8次。

在暑期，综合文化活动中心特举办了2012年桂溪辖区青少年暑期阅读计划活动与“七彩假期，快乐成长”暑期青少年训练营活动。此外，全年耗资5万余元，为辖区群众举办了“千场电影进社区”活动，共计播放电影90余场。

【文化体育设施建设】 2012年，综合文化活动中心在大源体育公园新安装乒乓球桌17张，规划羽毛球场地6块，以方便辖区居民使用，现大源体育公园每天来活动的群众数量多达8000余人。应和平社区、双祥社区、双和社区群众要求，今年综合文化活动中心投入经费6万元为和平社区新增健身器材15件，双祥社区新增健身器材5件，双和社区新增健身器材5件。2012年全年，各社区健身器材共投入2万余元进行日常维护。

2012年综合文化活动中心投入资金4万余元，新增图书5000册，全年流通图书4次，流通量8000余册，每天看书和借阅的人络绎不绝，2012年全年前来借书、看书的居民多达2000余人次，办理图书借阅卡97张。

文化市场监管

【概况】 2012年桂溪街道综合文化活动中心采取定人定责的规章制度，以网格划分文化市场，在工作人员有限的情况下，以社区为单位，成立社区监管员，监管和督查辖区内所有文化市场，并坚持开放24小时受理举报电话，每周派专人对辖区文化市场进行巡查，发现问题及时上报和处理。在备案游泳场馆与办理文化经营许可证中，也严格按照相关制度要求收集资料、勘验现场，共办理新增文化经营场所14家。

专项整治工作

【无证经营网吧】 为进一步加强社区网吧监督管理工作，桂溪街道综合文化活动中心会同社会事业局、公安分局、三瓦窑派出所、街道综治巡逻大队，2012年8月1日晚20:30分，在广和一街对一家无证经营网吧进行查处，共缴获服务器2台，查封电脑40余台，此次对辖区无证经营网吧专项整治工作确保了学校周边文化市场的安全。

【游泳场馆管理】 2012年桂溪街道综合文化活动中心共开展游泳池巡查80余次，按照《成都市游泳场所管理办法》要求，共计下发整改通知书4份并要求其停业整改。同时全年召开游泳池安全管理会议2次，会议中提出要求游泳池管理方要做好安全工作，保障辖区不出现安全事故。2012年桂溪街道无游泳池投诉，全年无安全事故发生，切实保障了辖区的和谐。

【文化娱乐场所管理】 2012年，综合文化活动中心新办理文化经营许可证76家，其中，新办理电玩娱乐场所文化经营许可证2家，办理出版物文化经营许可证46家，办理复打印文化经营许可证9家，办理KTV娱乐场所经营许可证3家，并对辖区10家酒店、4家艺术品、1家网吧企业进行了备案等。中心巡查了音像制品店5家、游泳场（馆）7个、书刊出版物5家、网吧10所、电玩场所2处、复打印9家、印刷业7家。同时联合高新区社会事业局、高新区工商局进行联合执法2次，打击非法营业网吧4家，没收电脑80余台。2012年8月桂溪街道联合派出所打击非法电玩城2家，销毁赌博机20余台，并清除了市场内的低俗、盗版DVD音像制品压缩碟1000余盘、非法电脑软件100余盘。

社会体育

【概况】 2012年，桂溪街道党工委、办事处在高新区党工委、管委会的引领下，认真贯彻落实区体育局总体工作部署，紧紧围绕增强群众身体素质、提高人民生活幸福感为目标，按照“创先争优促发展”的总体思路和力争“和谐桂溪·全民健身”的工作目标，理思路，抓重点，破难题，不断强化宣传，扎实完善体育设施，广泛开展群众体育活动。2012年桂溪街道举办大小型各类体育活动30余次，参加各类体育比赛获得奖项十多余个，如：2012年全国排舞大赛（四川分赛区）暨四川省首届排舞大赛团体一等奖、“利通·佳年华”杯成都市第四届老年人运动会健身腰鼓比赛优胜奖、2012年高新区职工羽毛球混合团体赛第一名、2012年成都高新区机关趣味运动会团体第三名等等。体育活动的开展，极大地丰富了辖区居民的文体生活，培养辖区居民参与体育运动的积极性，为增强辖区居民体质搭建了一个有力的平台。

【第四届“桂溪杯”篮球比赛】 2012年4月9日，第四届“桂溪杯”篮球联赛在桂溪南新运动中心如期拉开序幕。辖区共有16支队伍参加此次比赛，创历年参赛队伍的新高。经过一个星期比赛，和平社区脱颖而出，摘得了此次比赛的冠军。

【“棋聚高新·共品国粹”——第三届国手桂溪行活动】 2012年5月3日，桂溪街道办事处在大源体育公园承办了由高新区管委会、成都棋院主办的“棋聚高新·共品国粹”——2012年高新区棋类比赛暨第三届国手桂溪行系列活动。此次比赛吸引了高新区六个街道，共有84名象棋、围棋爱好者参加了此次活动。成都棋院院长谢祖瑞在活动中进行了致辞，并对成都市举办的相关棋类活动做了详细介绍，高新区社会事业局局长吕毅对成都棋院此次活动的大力支持表示感谢，同时为活动宣布开幕。

【“太极蓉城”专场展示】 2012年5月19日，由成都市体育局主办，成都武术跆拳道运动管理中心、成都高新区社会事业局、成都高新区桂溪街道办事处承办，成都武术运动协会、高新区武术协会协办的成都市社区广场健身活动月“太极蓉城”专场展示活动在桂溪街道和平社区广场隆重举行。成都市体育局局长覃文林、副局长何荣波及市、区相关部门负责人，桂溪街道党工委书记樊晓峰，党工委委员、办事处副主任全少英等出席了此次活动。覃文林局长宣布活动正式启动，各训练队队员一一进行了太极拳展示，桂溪街道和平社区、永安社区也分别组队参与进了太极展示中，全面展示了桂溪辖区居民良好的精神风貌。

【群众体育】 2012年6月2日和6月13日，桂溪街道综合文化活动中心于组织2支桂溪街道代表队参加了“成都市第十二届运动会（老年组）武术套路比赛”和“成都市第十二届运动会（老年组）气排球比赛”。秉着“交流、学习第一，名次、比赛第二”的宗旨，参赛队获得了2012年成都市第十二届运动会（老年组）武术套路比赛比赛团体第八名和第十名和成都市第十二届运动会（老年组）气排球比赛第九名和第十五名的成绩；6月26日，街道综合文化活动中心在大源体育公园举行了第二届桂溪街道“和谐杯”院落乒乓球比赛。此次比赛参赛人员，分别由各中产生。此次比赛共有400余人报名参赛，历经近半个月的院落自行组织的初赛后，共有96位参赛选手入围本次比赛决赛。决赛现场，首届比赛冠军开球后活动正式拉开帷幕，选手们迅速来到各自的比赛场地，展开了精彩的比赛。此次比赛不仅赛出各农转居院落的水平和风格，而且使乒乓球运动得到了很好的发展，并吸引了越来越多的爱好者关注和参与。8月8日上午，中心组织辖区200名太极拳练习者参加“2012年成都市全民健身日大型展示活动—太极蓉城全民健身大合练”。此次太极蓉城全民健身大合练，不仅展示了桂溪街道辖区居民热爱生活、积极向上的精神风貌，更体现了成都太极蓉城的独特魅力。9月15日、16日中心组织开展“成都高新区第三届社区篮球‘争霸赛’”桂溪街道预选赛。9月15日上午，桂溪街道党工委委员、办事处副主任全少英同志和各社区负责人参加了此次活动，各社区代表队伴着零星的小雨在南新体育运动中心展开激战。此次活动不仅展示了桂溪街道辖区居民热爱生活、积极向上的精神风貌，更加强了各社区间的团结友爱，同时也激励着桂溪人“勇于拼搏、开拓创新”的团队精神。

2012年11月30日桂溪街道百姓故事会现场

医疗·卫生

MEDICAL & HEALTH

医疗服务

【概况】 2012年，桂溪街道社区卫生服务中心服务门诊 149396人次。中心、各站实现信息化就诊，给患者提供了方便、快捷、优质的窗口服务。中心与大型综合医院、保健机构和专科医院(成都市第一人民医院、成都市第四人民医院、武侯区保健院、成都中医药大学附属医院）签订对口辅导及双向转诊协议（专家坐诊45人次），开通绿色通道（中心转诊的病人给予优惠），引导居民到社区卫生服务机构首诊。2012年转出患者214人次，转入39人次，通过中心转诊给予患者优惠3.6万元。策划和构建中国文化、中医养生、保健、康复为一体的中医药特色中心，名医坐堂诊病、中医传统文化、中医养生保健服务融为一体。2012年服务中医门诊12558人次，免费煎药8699付。

【健康档案管理】 2012年，卫生中心累计建档34513人，建档率达61.5%。0–36月儿童健康管理，开展新生儿访视1011人次，0–36个月婴幼儿系统保健7396人次，新生儿访视100%；儿童系统管理率96.7%，儿童服务满意率91%；孕产妇健康管理，2012年管理孕妇328人，早孕建卡率95.10%，系统管理产前健康管理率86.8%，高危管理率100%，户籍孕产妇住院分娩率100%，孕产妇服务满意率90%。全年全辖区活数为1101人，产后访视率100%，提供产后家庭访视服务，了解产后恢复情况并进行产后常见问题指导；65岁以上老年人健康管理，全年65岁以上老年人累计建档5785人，健康管理率86.2%，有针对性地定期为65岁以上老人作血常规、尿常规、血脂、血糖、B超、肝肾功能、心电图检查以及认知功能和情感状态的初筛检查。对筛查出的高血压、糖尿病患者进行规范化管理，老年人服务满意率78%；慢性病患者健康管理，中心通过门诊、义诊健康体检等途径进行高血压筛查，筛查人数34770人。高血压累计建档2729人，规范管理高血压患者2216人，管理率70.69%，最近一次达标人数2035人，血压控制率85%，对确诊的高血压患者进行登记管理，进行面对面随访4次。

通过门诊、义诊健康体检等途径进行2型

糖尿病筛查，筛查人数23602人。2型糖尿病患者累计建档801人，健康管理率72%，进行面对面随访4次，最近一次达标人数520人，糖尿病患者规范管理率87.3%；重性精神疾病患者健康管理，中心掌握辖区诊断明确、在家居住的重性精神病患者情况并建档80人；按规范管理对已经建档的重性精神病患者随访4次，规范管理率100%。

【健康教育】 2012年，卫生中心根据社区健康教育和健康促进卫生科普知识宣传的要求，结合中心诊断居民健康危险因素和健康管理干预措施实情，对辖区内每年的健康教育和卫生科普知识讲座做了详细计划安排，采用板报宣传栏、讲座及各种媒介载体，深入到社区居民院落，确保健康教育多样化开展工作。经常深入到社区、院落、家庭和个人。定期通过区内各种媒介进行健康知识的普及宣传，每月以宣传栏的形式到各居委会进行健康知识宣传，每月开展1次专题讲座，聘请知名专家教授主讲，举办健康教育和卫生科普知识讲座27期，每期健康教育和卫生科普知识讲座对讲座进行评估，要求居民对社区卫生服务工作的发展提出自己宝贵的建议。开展多种多样健康教育活动36次，发放卫生科普宣传资料4万余份，现场免费测血压25163人次、测血糖2166人次，健康科普知识讲座院落覆盖率达95%，到现场听讲座居民共计6561人次。中心内及各服务站设立宣传栏共计1个，每月更换1次，让来社区及站上就诊及咨询的居民都能了解更多的医学知识，提高居民的健康意识、四川大学华西公共卫生学院第三方绩效评估组 2009年7月调查桂溪辖区知晓率98.8%、满意率92%、利用率90%。健康教育和健康促进工作的开展有利地推动了桂溪社区卫生服务中心的可持续性发展。中心实行了信息化健康教育知识宣传，各种疾病预防及物价、惠民信息每天在中心不断播放，让来中心接受服务的居民可以了解各种疾病的预防控制和物价、惠民信息，提高辖区居民的健康水平。

疾病预防

【预防接种】 2012年，卫生中心预防接种室通过区卫生处和区疾控中心验收，被授予预防接种“示范门诊”，接种人员均具备相应资质并通过预防接种专业培训考核合格；根据国家免疫规划程序，对适龄儿童进行常规接种，建证率100%，合格接种率96.8%；扩大国家免疫规划按相关规定进行管理，合格接种率93%；国家免疫规划疫苗及时接种率96%；免疫规划可预防疾病报告率与调查率100%。

【传染病防治】 2012年，卫生中心按照国家传染病报告登记制度规定，严格法定传染病报告和网络直报工作。按规定时限报告传染病信息27例，无漏报、迟报瞒报、谎报。法定传染病报告率100%、及时率100%，传染病登记本、报告卡、门诊日志（出入院登记）网络直报一致率100%。辖区未暴发传染病疫情；对上级业务结构通知的结核病人做到一周内追访和建档，对已建档的病人按相关技术要求督导其规范服药和定期检查；按要求对管理的艾滋病感染者和2人病人建立档案，并按规范进行随访。宣传开展早孕建卡等HIV初筛检测工作。开展暗娼干预，同伴教育，现场咨询，发放安全套，发放宣传资料等工作；开设腹泻、发热、犬伤门诊，开诊率100%，及时发现疫情，及时配合当地疾控中心进行处理。

【献血管理】 桂溪街道红十字会利用“5.8”世界红十字纪念日，在各社区设立宣传点，发放宣传材料，开展健康咨询宣传，讲解捐献骨髓的目的和意义，提高大家对“无偿献血，健康储蓄”及用血保证金制度的认识，提高了居民对科学献血无损健康的理念。

2012年3月和9月，桂溪街道“红十字”会分别在益州社区天府软件园A区和B区顺利开展“春季、秋季血液应急2011爱心献血活动”。现场发放了《桂溪街道办事处红十字会2012年血液应急爱心献血活动倡议书》600余份，发宣传资料1500余份，两次活动中献血志愿者人数达到260人，其中有165人血液检测合格，共献血液33800毫升。

【防疫工作】 2012年，桂溪街道办事处加强人用狂犬疫苗的管理，规范犬伤门诊。全年共接诊犬伤患者200人，对其进行了及时的伤口消毒及狂犬疫苗注射200人。

基层卫生与妇幼保健

【概况】 制定了《桂溪辖区突发公共卫生事件应急预案》和各种传染病应急预案。在春季“甲型H1N1流感”及手足口病爆发期间，我们按照上级部门要求启动应急预案，对辖区各幼儿园进行筛查，以减少手足口病的发生，举办手足口病防控培训3期，发放各类健康教育宣传资料2万份，在幼儿实施消毒面积9000余平方米，有效控制到了桂溪辖区手足口病。2011年辖区免费开展育龄妇女“乳腺癌筛查”“宫颈癌筛查”“三查”共6309人。

【社区医疗卫生建设】 中心以团队责任医师服务模式，服务于社区居民；硬件设施：中心拥有X光机、B超机、全导联心电图机、半自动生化分析仪、微量元素分析仪、全自动血液细胞分析仪、视力筛查仪等检查仪器；以及雾化吸入仪、TDP治疗仪、口腔治疗椅、电针机等治疗设备，拥有门诊观察床16张。开设了全科诊疗、计划免疫、妇女保健、儿童保健、口腔诊疗、中医诊疗、康复理疗、医学检验、医学影像、健康教育等服务项目，为社区居民提供“六位一体”服务；人员构成：现有工作人员72人，专业技术人员50人（其中高级3人、中级5人），全科医师15名、社区护士21名、中医医师6名、药剂人员8人。

【妇幼保健】 2012年，桂溪街道办事处与辖区内5所学校和6所幼儿园签订了《成都高新区桂溪街道二〇一二年食品安全责任书》。在春秋季开学前和开学时加大对学校、幼儿园食堂的监督检查力度，确保了学校、幼儿园的食品卫生安全。

爱国卫生运动

【概况】 2012年，桂溪街道办事处结合辖区特点，克服重重困难，圆满完成了年初下达的爱国卫生各项目标任务。在辖区内大力开展灭“四害”活动、禁烟活动和艾滋病防治宣传工作，全年共张贴灭鼠通知180余份，投放鼠药360公斤，有效地将鼠密度控制在规定范围内。在街办社事科的安排下，对辖区低保户发放灭蟑螂药饵1305包。

【“创建”活动和除“四害”活动】 2012年，桂溪街道办事处为进一步做好以灭鼠为重点的病媒生物防制工作，有效控制目前部分区域、重点行业鼠密度回升较快的情况，预防鼠传疾病的传播，保障人民群众身体健康。办事处于年初对辖区3各农迁社区划拨专项经费，成立了3只每只10于人的消杀队伍。同时抓住春、秋季灭鼠的有利时机，对辖区七个村、社区内居民院落、农贸市场、餐饮行业商家店铺、建筑（拆迁、待建）工地等进行了两次统一灭鼠。共张贴灭鼠通知200余份；投放鼠药760公斤、堵鼠洞150余个，发放灭鼠技术资料1500余份。有效地将鼠密度控制在市爱卫办规定的范围内。根据区爱卫办安排部署办事处对辖区低保户发放灭蟑螂药饵400盒，宣传资料500余份。

【禁烟活动】 2012年，桂溪街道办事处认真履行世界卫生组织《烟草控制框架公约》，进一步做好医疗卫生系统及公共场所禁烟工作。办事处组织相关人员对辖区13家医疗机构和70家公共场所进行宣传。共发放禁烟标识3000余张，各类宣传资料2000余份，禁烟标识牌150余个。

【艾滋病防治宣传】 2012年，桂溪街道办事处针对辖区建筑工地较多，在针对社区居民开展艾滋病防治健康教育基础上，重点对辖区内建筑工地、公共场所与重点场所和人群开展干预活动，全年对25家建筑工地进行25次，30家公共场所进行30次干预活动，共发放宣传资料4大类约10000余份，安全套1200只，并对200人进行艾滋病防治基本知识进行问卷调查。

2012年2月21日，桂溪街道在双源社区发放医疗救助

社会生活

SOCIAL LIFE

人口与计划生育

【流动人口计生】 2012年，桂溪街道办事处按照流动人口与户籍人口“同宣传、同管理、同服务、同考核”的原则，积极开展了计划生育的宣传管理服务工作，继续做好了街道农贸市场流动人口的管理工作，2012年全年的服务情况：办理流出人口婚育证112人，办证率100%；流入人口查验婚育证1394人，验证率89%，免费技术服务641人/次，“三查”服务率达85%；办理《成都市流动人口计划生育免费服务证》843本，发放爱心券6680元。

【计划生育家庭奖励】 2012年，桂溪街道办事处做好春秋两季3512名育龄妇女实施免费生殖健康普查；完成了本街道2012年122名符合计划生育奖励扶助政策对象的登记、公示、上报审核工作，共计发放金额（117120元）；完成32户特别扶助家庭对象的登记、公示上报工作共计发放金额（48840万元）；发放独生子女父母奖励金共计享受8699人共发放金额（522660）元；办事处在中秋节来临之际，现场为三个惠民工程：“关爱女孩帮困助学”50人、“救助贫困母亲”1人、“生育关怀救助孤残留守儿童”2人分别送上节日的问候并送上慰问金2000元的标准共计金额6000元。确定了计划生育“三结合”7户新增户以及帮带户17户、联系户8户的调查、审核、公示、上报工作。配合工商局、规划局等机关单位同时在中秋、国庆节前夕工商局分别来到临江村、双祥等三户家中为他们送去节日的问候并送去现金500元（共计1500元）。规划局为辖区双和、双源社区三结合帮扶户送去了慰问品月饼一盒以及每人400元慰问金共计（2192元），办事处同时也对帮带户、联系户共计24户每人送去400元慰问（共计9600元）。

根据川成人口发〔2008〕21号文件要求开展对独生子女死亡、重残家庭进行慰问，送上慰问金5000元/人，共计7户、35000元。

劳动保障

【概　况】 截至2012年12月，共处理劳资纠纷309起，涉及人数4744人，涉及金额3717.62万元；其中，企业纠纷258起，涉及人数276人，涉及金额98万元、建筑工地51起，涉及人数4468人，涉及金额3619.64万元。换发农民工子女入学合同419份。为462家企业办理劳动保障年检手续。

【劳动关系协调工作站建设推进】 2012年初制定了《桂溪街道开展劳动关系协调机制进企业工作方案》，2月至4月分别对符合条件的企业、园区及行业进行摸底走访，确定了成都桂溪环卫服务有限公司、富森美家居国际商城有限公司、成都宜家家居有限公司、四川大金源物业管理有限公司、四川通信建工程有限公司等12家单位为2012年的建站对象，目前桂溪辖区共有12家劳动关系协调工作站，均已成功申报，并已在街道劳动关系协调工作站的指导下开展工作。高新区人事劳动和社会保障局劳动处于2012年11月16日在桂溪街道对全高新区新增工作站举行了授牌仪式。

劳动就业

【概况】 截至2012年年底，桂溪街道辖区总劳动力20848人，城镇总劳动力16847人，城镇就业16611人，就业率98.6%。举行大小型招聘会26场，参加企业201家，提供岗位6063个，达成意向816人，上岗159人，本辖区上岗95人。通过各种形式推荐成功上岗421人，本区上岗325人，区外96人。办理了3家共600万元劳动密集型企业贷款贴息，为19人申报了小额担保贷款95万元。1-12月为179978人次发放就业奖励金8252万余元。

【高校毕业生就业促进】 2012年，桂溪街道办事处为了给高校毕业生提供社会实践平台，除了鼓励其自主创业、积极就业外，今年还创新性地提出在社区建立青年见习基地，3月出台正式文件《桂溪街道关于建立青年见习平台的实施意见》和《桂溪街道完善社区青年就业创业见习基地长效机制》，此举是为更好地解决辖区高校毕业生、失业青年的就业提供了新的探索渠道；通过政府搭台，牵手高校毕业生，以见习促就业的创新工作思路，能让他们足不出户，在家门口也能参加岗前见习。

办事处在各社区成立社区青年就业见习基地，接纳社区失业青年到岗就业见习。在三瓦窑、和平、双源、双和、双祥和南新共6个社区成立了“高新区桂溪街道青年就业创业见习基地”，经过半年左右的运行，已为辖区12名大学生提供了见习岗位；协调辖区大型用工企业，政企共建青年见习基地。通过指导协助已为辖区宜家家居、成都爱特家投资管理有限公司两家企业申报了“成都市高校毕业生（青年）就业见习基地”。与辖区大型用工企业建立良好沟通桥梁，保证了畅通的见习人员输送线，只要辖区有失业青年有志于进入见习基地企业进行实习，街道均可以做到有效推荐，实现用人单位、失业人员与政府机构的互利共赢。桂溪已为宜家家居推荐见习人员7名，通过岗位见习，有4名见习人员被该公司正式录用。在街道劳动就业窗口有居民寻求岗位时，就业工作人员也根据其自身情况了解居民就职意向，对有在用工企业见习想法的青年人也做出了很好的引导，也取得了一定的效果；办事处多方面联系餐饮、商贸服务行业，挖掘见习岗位，成立社区青年见习服务点。各见习服务点可以提供兼职、小时工、学徒等多种形式的见习岗位，也是社区内见习、大型用工企业见习之外的一种科学化补充，对于临时性的见习需求或者技能性的见习需求有着很好的包容性，相对而言此类岗位对能力、技术水平要求较低，时间也更为灵活，在实际运行中也能起到了良好的效果。街道和平社区的见习点设置桂和物业公司和华夏电器维修中心两处技术进修型青年就业创业见习服务点，目前已有叶勇、葛春龙、李樊在华夏电器维修中心见习，张志诚在桂和物业公司见习。在南新社区的见习服务点，街道联系了10余家餐饮服务业，与辖区成都市职业技术学院达成友好关系，为在校生提供了多种钟点工岗位，这不光为大学生的社会实践增添了色彩，也提高了他们的生存能力，同时也解决了用餐高峰期区餐饮业人手紧俏的难题。

通过参加多种形式的岗位见习让辖区青年为今后就业创业提前充电，帮助他们摆正了自身位置，树立了先生存、后发展；先就业、后择业的观念，懂得万事从基层做起的道理；同时，也为整个社会储备了后备人才。（2012年5月3日，成都日报06版以《高校毕业生创业就业 社区平台“无缝”过渡》为题对青年见习情况进行了报道）

【就业托底活动】 自2011年街道针对辖区“低保户、低保边缘户”率先开展就业托底活动以来，不仅改善了托底家庭的生活水平，更点燃了他们生活的意志和信念，实现了人生价值，深受辖区居民认可。截至2012年年底，辖区就业托底队员有18名（三瓦窑2人，和平7人，双源4人，双和4人，双祥1人），已开展公益性活动811次，已发放工作补贴10万余元。

截至2012年12月，共有7人通过不同形式的就业退出了双困家庭和托底队伍。街道办事处已于2012年11月底根据文件相关标准他们进行了共计1.1万元的表彰奖励，通过树立典型，号召广大居民向他们学习，通过自身努力创造价值，追求更加美好的生活。（2012年3月8日，中国经济时报第4版对《破解“双困”家庭就业难题的“成都高新模式”》）作了专题报道；2012年6月30日，成都晚报第8版对《高新区桂溪街道办事处“双困人员温馨服务站”给力幸福》进行了报道。）

社会保险

【概况】 2012年，桂溪街道办事处帮助辖区8家企业737人申报就业奖励金36万余元；13家企业447人申报社保补贴147万余元；11家企业379人申报岗位补贴77万余元。协助办理城职、城乡医疗拨付576人，拨付金额211万余元；城职、城乡生育拨付985人，拨付金额106万余元。养老待遇核查认证7336人，其中上门核查认证86人，异地验证45人。

【政策培训】 2012年，桂溪街道办事处进一步做好医保政策宣传，扩大医保政策知晓率，从4月起，分别在各新老社区开展医保知识培训会6次，培训内容主要包括解读医疗保险政策、医改目标、医疗保障体系总体架构，介绍参保缴费标准、报销比例等相关业务，分别以实际案例向居民们做详细分析，通过培训宣传，使大家对医保知识有了更全面、更深层次的认识。（2012年11月29日上午，以越南人民报编委会委员潘辉贤为团长的越南人民报代表团一行15人，到桂溪街道社会事务服务中心考察交流社会保障服务相关工作。）

老年人权益保护

【老年人文化活动】 各村、社区均建立了老年人协会，各协会开展活动丰富多彩，每天早晚老年人在广场举行健身、武术等活动，特别是双源、和平、三瓦窑等建立了协会基地。

【为老年人办实事项目】 街道党工委、办事处，非常重视养老、助残工作，对辖区农村居民和失地农民中5068人60周岁以上的老人按50元/人的标准发放“春节慰问金”，共发放金额25.4万元；对5908名60周岁以上老人发放了生日慰问券，金额达177240元；对6971名60周岁以上的老人发放了“重阳节”慰问金348550元；对782名80周岁以上老人发放了“长寿补贴金”，全年总金额达509050元；对行动不便的19名80周岁以上老年人各提供轮椅1辆。

成都高新区的第一所老年大学——成都高新区桂溪老年大学，由成都高新区社会事业局批准于2010年3月19日正式成立，为“民办非企业单位”，民办非企业单位登记证书（法人）成高新民政字第070092号。校长由桂溪街道党工委副书记、办事处主任张学文兼任，学校负责人（常务副校长）谭伯祥，设教务干事和行政干事（兼出纳）工作岗位。

成都高新区桂溪老年大学（借用桂溪综合文化活动中心的房子）是位于成都市高新区天仁北一街，占地面积2500平方米，建筑面积1200平方米，于2010年5月17日正式开课。桂溪老年大学2011年设置有12个专业21个班，有学员647人次；2011年参加省老年大学庆祝建党90周年“唱红歌，颂党恩”比赛活动，女声表演唱获的一等奖，大合唱获得三等奖。学校还开展了首届教学理论研讨会，共收论文53篇，评出一等奖3篇，二等奖6篇，三等奖13篇。学校组织了对敬老院的慰问和演出，开展第二课堂等活动；准备在2012年争取申报四川省A级老年大学。

【敬老院管理】 2012年，街道办事处招聘了敬老院工作人员8名，其中专职院长1名、炊事员2名、护理员5名。建立健全了各项规章制度，实行院务公开、民主监督、财务账目清楚，所有采购物资均由工作人员2名、管理员1名、老人代表2名共同前往购买，并将所购物品的数量、单价等每日上墙公布；每月公布财务收支情况并接受街道财政所审计。敬老院会计由街道办事处委派。护理员每天为老年人清扫室内外卫生，收拾洗涤物品，为行走不便的老人送水送饭，就医取药。敬老院通过民主选举选举老人代表9名，协助工作人员做好老年人的思想教育工作，代表老人对敬老院进行管理，对工作人员的工作情况进行民主监督，反映老年人的意见或建议等。

残疾人保护

【概况】 2011年，继续将38户、40名残疾人员纳入最低生活保障金救助，并对18户低保残疾人员给予了20%-80%的上浮。对享受低保救助的残疾人给予100元/人·月的特困家庭专项补助。全年共对 526人次给予残疾人特困金补助，金额达52600元。为38名困难残疾人员申请发放了50元/人·月的“慈善购物券”。春节为辖区573名残疾人发放100元/人的慰问金，协助各级政府部门和相关单位、个人累计共慰问辖区内的困难残疾人员计656户(667人次)，为他们送去了价值1.719万元的慰问品和7.425万元慰问金；“全国助残日”，为辖区582名残疾人发放了50元/人的慰问券。“12.3国际残疾人日”到来之际为辖区残疾人发放价值50元菜油一桶/人。

【扶残助学项目】 为12名重度视力残疾人员申请发放了《引路人手持机》；为23名残疾人员分别申请办理了轮椅；为11名残疾人申请了机动轮椅车燃油补贴；为13贫困重度残疾人人

员提供了居家安养服务；为10名重点视力、听力残疾人发放闪光门铃。联系社区康复中心为广大残疾人员开展了3次义诊、健康教育讲座。

【残疾人就业与培训】 对各社区残疾人进行就业、失业调查统计，进行动态管理。为一部分能工作的残疾人，积极联系劳动保障站和上级残联，推荐残疾人单位就业，灵活就业、市场就业等多渠道就业安置方式，替他们找到适合的工作岗位，解决家庭困难。3月各社区边缘户就业托底服务队正式启动，安置残疾人9人。6月参加了成都市残疾专场招聘会。新安置残疾人就业服务亭3人。10月安置郑华军等7名残疾人银杏物业公司就业，2011年帮助25名残疾人员就业。

社区建设

【概况】 2012年，桂溪街道坚持“五民五好”民生指导思想和“以人为本 共创共享”理念，继续深化社会管理和创新实践活动，坚持以群众满意度为标杆，以基层自治为载体，充分赋予自治组织管理权限，大力推进院落自治建设工作，加快社会组织的培育与引进工作，不断完善社区物业专业化管理，进一步加强文化体制创新，打造高标准文化项目，形成社会服务与公共服务协调发展的良好局面，进一步提升社区管理服务水平，构建更加文明、民主、开放的社区环境。

【社区组织建设】 2012年，桂溪街道办事处坚持做好社会组织的登记备案，形成社会组织的常态化管理机制，重点做好社会组织的孵化和培育工作，从配套政策和专项资金入手，不断深化社会组织培育发展工作。办事处出台了《桂溪街道社会组织培育发展的指导意见》及《桂溪街道社会组织培育发展的扶持及奖励办法》；设置专项资金保障。办事处安排专项资金34万元。截至2012年11月，办事处对双和社区腰鼓艺术协会、益州社区门球协会、双源社区男子军乐队协会等共计6家社会组织发放扶持引导经费9.5万元（其中扶持院落兴趣小组16个，共计3.2万元）；向参赛成果突出的社会组织发放奖励金共计10240元；办事处注重从文体类社会组织向其他类别领域推进，形成了文体总会、协会、俱乐部到兴趣小组的纵深化发展路径。

截至2012年12月，街道各社区共计成立51个院落兴趣小组，分别涵盖太极拳、声乐、舞蹈、乒乓球、棋艺、书法绘画根雕、空竹等，为社会组织的孵化与发展打下基础。

街道办事处共计引导成立19家社会组织，在办事处备案的共计10家，其中俱乐部1个、即南新社区院落俱乐部；文体协会7家，包括和平社区竞技体育协会、双和社区腰鼓艺术协会、双和社区象棋协会、益州社区门球协会、双源社区男子军乐队协会、永安社区门球协会，太极拳协会。文体协会7家，在成都高新区登记注册并取得法人资格的社会组织共计9家，它们分别是：高新区和平社区为老服务站、成都高新区三瓦窑物业服务中心、成都高新区双源社区老年文化服务中心、成都高新区双和社区老年综合服务中心、成都高新区桂溪街道南新社区书画坊、成都高新区永安演艺文体服务中心、成都高新区益州社区礼孝安灵服务中心、成都高新区桂溪和丰幼儿用品商会、成都高新区桂溪儿童教育中心等。

【社区物业管理】 2012年，桂溪街道办事处出台成高桂委发第39号文件《关于成立桂溪街道物业管理工作指导委员会的通知》，建立了以街道党工委书记为主任、各社区负责人为成员的物业管理工作指导委员会。在商品楼盘社区，桂溪街道从加强《四川省物业管理条例》的学习和培训入手，认真开展业委会筹建指导和纠纷调解工作。2012年，成功组织东苑A、B、C、D、E五个区召开第一次业主大会，并协助指导成立了业委会；指导和平社区对因物管与业主、业主与业委会矛盾纠纷而陷于瘫痪的南铁新居，严格按照相关法律法规，依法选举出新一届业主委员会，并重新聘请物管公司进行管理，居民生活步入正轨；指导永安社区新建克拉特斯南楼业主委员会、凯丽滨江业主委员会，并指导完成御府花都业主委员会换届选举工作等。2012年，全辖区共指导筹备召开首次业主大会7次，指导完成业委会换届选举2个。

在农转居社区，在和平、三瓦窑、双源、双和社区继续施行政府采购、服务外包的物业管理服务模式，通过招标服务公司对院落环境进行统一管理与维护，招标金额达5778285元整。在辖区最大的农转非安置小区，办事处采用专业外包形式，将180余部电梯以及消防的维护保养工作外包给专业服务公司，招标金额达115万元，切实为辖区居民提供安全舒适便捷的生活环境。

【基层院落自治建设】 2012年，桂溪街道办事处在2011年文明和谐院落评选活动的基础上，在各农转居院落全面推行院落自治建设工作，通过民主议事加强自治、通过居民参与推动自治、通过社区文化促进自治、通过社区服务深化自治。3月，圆满完成了农迁社区院落党支部、议事会、院委会的选举组建工作，共计成立了院落党支部18个，院落议事会、院落委员会各16个，初步搭建院落自治“三驾马车”组织架构。4月，街道党工委会议专题研讨了院落自治配套政策，先后出台成高桂委发第12号、39号、40号、41号文件，对院落自治“三驾马车”职责权限及人员补贴、专项经费使用管理及自治建设考核体系做了明确规定和要求，为社区院落的下一步行动提供具体的指导，并指导社区及院落建立院落居民公约、议事规则和工作制度；全年办事处向16个自治院落、10136户居民，匹配并发放院落自治专项工作经费共计36余万、工作补贴共计38万余元，有力保障了自治工作开展；办事处及社区广泛运用多种评价机制，采用三方测评、社区评定以及群众满意度测评等办法，从外部机制上为“三驾马车”提供动力；本着方便居民的原则，设立了院落自治办公室，配备了基本的办公设施，落实了院落党支部、院委会成员值班制，避免自治工作流于形式。

通过上下齐心及院落居民的共同参与，各院落的自治工作逐步进入正轨，“三驾马车”协调运行，各项工作制度不断形成并内化，自治工作成效得到展现。全年16个院落共计举办民主议事会82次，确保每季度召开会议不少于1次，举办活动537次（含院落环境整治90余次），开展慰问126次，解决居民纠纷27起，充分激发居民参与院落自治的积极性，保障院落自治的可持续性。年底，共计评选出“文明和谐示范院落”和“文明和谐院落”各5个，并对其进行了表彰与奖励，进一步推动了院落居民参与自治管理的积极性。

【文明和谐家庭评选】 2012年，桂溪街道办事处继续深化“文明和谐家庭”评选活动，其中双祥社区作为高新区最大的农民安置电梯小区被纳入评选范围。在2011年的基础上，办事处结合实际工作需要，在评选条件设置中增设部分条款，为解决社区管理难点问题、提升社区管理服务水平形成保障。年底，共计评选出文明和谐家庭14097户，文明和谐家庭标兵户1214户，共计发放奖励311万余元。此外，结合院落自治建设工作，对于获得“文明和谐示范院落”及“文明和谐院落”的院落，该院落的家庭户与标兵户分别获得40元、20元的挂钩奖励，2012年共计发放挂钩奖励13万余元。

【城乡环境综合治理进社区】 2012年，桂溪街道办事处借助“文明和谐家庭”评选及院落自治建设工作，深入推进城乡环境综合治理工作。首先是民主听证、推动院落旧貌换新颜。“三驾马车”成立之后，各院落结合自身实际，纷纷以院落环境整治为突破口，开展环境卫生整治工作。其中对于涉及面较大的公共设施管理，“三驾马车”及时召开听证会，由院落居民共同商议、民主决策，开展了院落摆摊设点的清理、乱搭乱建的清除等活动；围绕“全国文明程度指数测评”迎检和“城乡环境综合整治工作”，“三驾马车”自治组织转变思路，变突击整治为常态管理，深入发动党员、院落居民、学生及志愿者的力量，逐步形成了自治组织成员值班及每日院落巡查制度、“院落清洁奉献日”活动等院落环境长效管理机制。截至2012年12月，共计报送院落环境卫生整治等相关信息90余条；在迎检期间，中心指导各社区制定迎检预案，并分别启动复查“每周一查”和“督察每日一报”工作。限时对各类问题进行发现、处理、整改与回复，为城乡环境综合整治工作奠定坚实基础。

【社区社会工作人才队伍建设】 2012年3月，桂溪街道办事处围绕基层自治工作开展需要先后组织社区工作者前往肖家河、火车南站街道办事处及其社区进行考察学习，为社区即将开展的院落自治建设工作提供参考和借鉴。6月，全国社会工作者职业水平考试在即，街道办事处组织辖区参考人员参加由高新区社会事业局举办的考前培训，共有2人分别通过全国助理社会工作师和社会工作师考试，并取得证书。目前辖区共有助理社会工作师11名、社会工作师1名。9月11日–17日，组织街道办事处两名助理社会工作师参加了由中国社会工作协会社会工作师委员会举办的四川省助理社会工作师培训班，进行了为期一周的封闭式培训。9月–12月，组织街道办事处10名助理社会工作师先后参加了成都市社会工作师、助理社会工作师继续教育系列课程，为其职业证书的再登记累计继续教学学时。11月22–27日，组织社会工作师参加由中国社会工作协会社会工作师委员会举办的四川省社会工作师培训班。

民政事务

【行政区划与地名管理】 2012年，桂溪街道与石羊街道外环路以外的边界，因城市化进程的加快，原有的边界难以确认且不适应现在的管理，因此向高新区提出了重新进行划分的建议，等待批复。根据成府函〔2011〕20号文件，将锦程大道更名为交子大道；安远路更名为交子北一路、交子南一路；泰来路更名为交子北二路、交子南二路；濯锦东路更名为濯锦路；濯锦北路、濯锦中路、濯锦南路、丽锦街更名为科华南路；民丰大道东段、民丰大道西段更名为锦城大道；盛锦一街、盛锦二街、盛锦三街更名为天府一街；德赛一街、德赛二街、德赛三街、德赛四街更名为天府二街；瞻远西一街、瞻远西二街、瞻远西三街、瞻远西四街更名为天府三街；拓新西一街、拓新西二街、拓新西三街、拓新西四街更名为天府四街；大成一街、大成二街、大成三街、大成四街更名天府五街；南华北路、南华中路更名为南华路等。

根据成府函〔2011〕119号文件，将双祥社区内的西起昆华路、东止南华路命名为大源北中街，北起大源北中街、南止大源北二街命名为大源支路。

【优抚保障】 2012年1月初，辖区有111名重点优抚对象享受定期定量抚恤和生活补助，其中老复员军人33人、带病回乡退伍军人23人、伤残军人20人、参战人员34人、参试人员1人；截止到12月底，辖区重点优抚对象111人，其中老复员军人31名、退伍23人、伤残人员21人、参战人员34人、参试人员2人。补助标准：伤残军人4900~14010元/年·人、老复员军人585元/月·人、带病回乡退伍军人415元/月·人、参战人员和参试人员325元/月·人。足额兑现了他们的抚恤和生活补助金665063元。截止12月底，辖区有现役军人家属101户，其中新入伍19名，足额兑现了48户义务兵家属的优待金，标准7180元/户，共发放优待金34.5万元。3名军人在部队荣立三等功，街道办事处分别给予了精神和物资奖励；另外2012年新接收军队退休干部13名。

办事处开展“拥军优属”工作，在“春节”“八一”期间利用各种形式开展了“拥军优属、拥政爱民”的宣传活动，召开会议6次、广播10次、悬挂标语15幅、文艺汇演6场。节日期间街道主要领导带领班子全体成员看望、慰问了成都消防支队、武警四川森林总队等6家部队官兵，给他们送去了节日的问候和价值60000元慰问品菜油等食品。走访慰问重点优抚对象、现役军人家属、下岗失业士官、下岗失业及自主择业军转干共256名（户），合计经费74900元。

【救灾救济】 2012年，桂溪街道办事处在《桂溪街道办事处关于进一步加强贫困群众社会救助工作的实施意见》（成高桂街发〔2010〕7号）、《桂溪街道党工委、办事处关于进一步做好民生保障工作的实施意见》（成高桂委发〔2010〕13号）、《桂溪街道党工委、办事处关于开展“暖心”工程的通知》相关文件精神的基础上，又出台了《成都高新区桂溪街道办事处关于在二〇一一年进一步加强民生和社会救助工作的补充意见》（成高桂街发〔2011〕17号）文件，进一步加大敬老帮扶力度：对辖区农村居民和失地农民中6019人60周岁以上的老人，按50元/人的标准发放“春节慰问金”，共发放金额30.1万元；对辖区低保户和低保边缘户中整个家庭成员无劳动能力的给予特别救助。其中生活方面再给予援助对象100元/人·月的“桂溪街道民政援助爱心款”，2012年受助群众324人次，救助金额32400元；医疗方面为援助对象在基本医疗保险定点医疗机构发生的符合基本医疗保险规定的住院费用，在扣除各种医疗保险报销和医疗救助后，剩余部分给予90%的应急医疗救助，援助对象在桂溪卫生服务中心以外的其他基本医疗保险定点医疗机构发生的门诊医疗费，在扣除各种医疗保险报销和医疗救助后，剩余部分给予80%的应急医疗救助；三是按100元/户·月的标准对辖区低保边缘贫困群众发放“桂溪街道慈善爱心购物券”，2012年发放了742人次，发放金额74200元。

截至2012年12月底，医疗救助274人次，金额96.2万元，其中贫困群众医疗救助累计13人次、发放救助金14.2万元，应急医疗救助累计130人次、救助金62万元，临时医疗救助累计131人次、救助金20万元。

截至2012年12月底，辖区救助低保户45户、59人，享受低保累计824人次，发放低保金236538元；人均补差达287.1元/月·人。

贫困人员发放“桂溪街道爱心医疗卡”1134张、金额达277900元，其中面值的300元、422张，“桂溪街道爱心医疗卡” 面值的200元、628张。

在2012年新春佳节即将来临之际，为确保辖区低保户、重点优抚对象、现役军人家属、残疾人、计划生育困难户、贫困党员等与全辖区居民共同渡过一个欢乐祥和的春节，办事处及辖区的相关单位纷纷行动起来，采取各种各样的形式走访慰问困难群众，为他们送去党和政府及社会各界的关怀和温暖。从1月6日起街道办事处分村、社区集中对7083户（名）贫困户、重点优抚对象、现役军人家属、60周岁以上失地农民老年人等进行了慰问，其中：低保64户、低保边缘户118户，标准400元/户慰问金，共计72800元；残疾人624名、现役军人家属101名、民退3名、重点优抚对象107名、精简职工9名，标准200元/人慰问金，共计168800元；散居五保户2名、高龄老人4名、贫困老人29名、下岗失业士官3名，标准300元/人慰问金，共计11400元；60周岁以上失地农民6019名、标准50元/人慰问金，共计300950元。共花费资金55.395万元。

【低保统计】　截至2012年12月底，辖区救助低保户65户、88人，享受低保累计1039人次，发放低保金315304元；人均补差达303.5元/月·人。

【流浪乞讨人员救助】　2012年，桂溪街道办事处加强流浪乞讨人员和流浪儿童救助管理工作，组织专人或救助志愿者服务队不定期对区内的新世纪城周边、天府大道和成昆铁路沿线等重点地段进行巡查、宣传、劝导，2011年桂溪街道发现流浪乞讨人员15名，其中返送家乡2名、并劝离13名。

【残疾人康复】　2012年，桂溪街道办事为43名残疾人（20位残疾人）和80岁以上行动不便人员（23位80岁以上老年人）分别申请发放轮椅；为11名残疾人申请了机动轮椅车燃油补贴；为12位贫困重度残疾人员提供了居家安养服务；为18名重度视力、听力残疾人发放闪光门铃；美国斯达康公司为桂溪辖区16名听力残疾人员捐赠了助听器16套（7000/套）；中航三星人寿保险有限公司为桂溪街道困难肢体二级残疾人李俊英捐赠价值7500元的电动轮椅一辆；卫生服务中心一起举行了精神卫生知识讲座；今年6–8月配合卫生服务中心做好“新发现重性精神疾病线索调查”工作，共发现50名重性精神疾病人员。

【残疾人就业与培训】　2012年，桂溪街道办事对各社区残疾人进行就业、失业调查统计，进行动态管理。为一部分能工作的残疾人，积极联系劳动保障站和上级残联，推荐残疾人单位就业，灵活就业、市场就业等多渠道就业安置方式，替他们找到适合的工作岗位，解决家庭困难。今年安置残疾人14人就业。截止12月底，辖区有残疾人733名、有就业能力274名、已就业241名，就业率达87%。

【生活保障救助】　2012年，桂溪街道办事处开展“温暖万家行”活动，为44名低保残疾人发放400元/人慰问金；为680名残疾人员发放200元/人慰问金；各级部门慰问残疾人，发放慰问品、慰问金19.5744万元。区残联对享受低保救助的残疾人给予100元/人.月的特困家庭专项补助。1–12月共为 404人次给予残疾人特困补助金40400元。为38名困难残疾人员申请发放了100元/人.月的“慈善购物券”。“全国助残日”为辖区残疾人发放了50元/人的慰问券。国庆、中秋期间区残联对桂溪街道10位困难残疾家庭进行慰问，共计金额3900元；“国际残疾人日”来临之际，街道为辖区714位残疾人每人发放暖手器（57元/个）一个。

【文体活动】　2012年，桂溪街道办事处昨“全国助残日”组织“赠人玫瑰，手留余香”征文比赛，残联干事杨小清等12名同志分别获得一、二、三等奖和优秀奖；街道残联围绕“加强残疾人文化服务、保障残疾人文化权益”为主题活动，5月19日下午，组织10位残疾朋友到四川省川剧院观看《爱在蓝天下》大型助残文艺演出。三瓦窑社区残疾人协会在社区老年活动中心用群众喜闻乐见的“百姓故事”会的形式开展“助残日”故事会。今年8月22日组织参加在都江堰举行的成都市第七届残疾人运动会开幕式。

【残疾人医疗救助】　2012年，桂溪街道办事处为辖区所有残疾人员建立了档案，免费为1746人/次次残疾人开展康复训练，惠民金额123468元（康复理疗训练+挂号诊查）元；高新区残联为辖区106位残疾儿童和残疾家庭子女购买“少儿互助金”；为246位没有购买医保的残疾人购买“城乡居民医疗保险”120元/人/年；为83名精神残疾人发放每人800元/年的精神残疾“医疗救助卡”用于精神服药；为桂溪街道32位低保残疾人发放500元/人的“爱心医疗救助卡”；区残联为桂溪街道714位残疾人发放100元/人的“爱心医疗卡”；为23名残疾人员申请特困紧急医疗救助57153元。

【捐助活动】　2012年，桂溪街道办事处根据成都市高新技术产业开发区慈善会《关于开展“慈善爱心，幸福高新”慈善捐助活动的通知》文件要求，在辖区开展了“送温暖、献爱心”慈善捐助活动，截至12月28日，桂溪辖区共捐款7375.7元。其中街道1550元、临江村641.2元、永安社区215元、益州社区1200元、双祥社区805元、双源社区594.5元、双和社区130元、和平社区790元、三瓦窑社区524.5元、南新社区1020元。

【暖心工程】　2012年，桂溪街道办事处根据《关于在农转居社区开展“暖心工程”活动的通知》文件精神，对87名90岁以上老年人过生日由社区带领志愿者送上生日的祝福和蛋糕一个，贺卡1张；为80对新婚夫妇送去鲜花1束、贺卡1张，表示祝福；为118名去世人员送去花圈1个，表示哀悼，金额5万余元。为鼓励更多社区老人特别是农转居老人积极参加街道老年大学，桂溪街办534人次中的280名入学农转居老人每人每学期提供30元的学费补贴，并对12名距离较远的老年人给予20元的交通补助费。各社区结合实际情况，在2012年春节来临之际，在社区各个院落通过悬挂灯笼、文艺表演、宣传气球等形式，积极营造节日气氛，向居民表示节日问候，使辖区居民过一个欢乐祥和的春节。

【阳光助学】　2012年，桂溪街道办事处根据成都高新区慈善会文件要求，做好2012年阳光

2012年8月25日，美国专家为桂溪街道辖区的残疾人方学华佩戴助听器

助学救助工作。完成2012年“阳光育苗”助学金的申请、审核工作，共获批39名贫困家庭学生，申请发放助学金33300元；完成2012年“阳光圆梦”助学金的申请、审核工作，共获批6名学生，申请发放助学金13960元。

【低收入家庭认定】 2012年，桂溪街道办事处根据《成都市城乡低收入家庭认定暂行办法》《关于开展城乡低收入家庭认定信息比对工作的通知》，2012年共受理低收入家庭认定预申请1111人，完成低收入家庭认定89户家庭，199人；其中申请住房救助81户、教育救助5户、医疗救助3户。经审核不符合申请救助的有13户家庭。

【廉租住房租金补贴申报办理】 2012年，桂溪街道办事处受理新申请实物配租家庭1户。截至12月底辖区共有12户家庭享受实物配租，有39户家庭享受廉租住房租金补贴，其中新申请19户家庭。

【经济适用房申报办理】 2012年，桂溪街道办事处根据《成都市城乡房产管理局关于印发<成都市中心城区经济适用房管理细则>的通知》，截至12月30日共受理经济适用房申请38户家庭，其中已有27户家庭取得准购资格。

【限价房申报办理】 2012年，桂溪街道办事处根据《成都市城乡房产管理局关于印发<成都市中心城区限价商品住房申请审核配售及监督管理暂行办法>的通知》，截止12月30日共受理限价房申请90户家庭。

4、公共租赁住房 今年我辖区共受理公共租赁住房1户。

民族和宗教

【概况】 2012年，桂溪街道办事处做好民族稳定工作，辖区未发生涉及少数民族方面的矛盾纠纷和突发事件。

【宗教信仰管理】 2012年，桂溪街道办事处加强对辖区内2个基督教练习点从事宗教活动的监管，并建立了台账管理系统，安排专人不定期进行监督检查，确保辖区基督教练习点从事宗教活动场所安全，无突发事件发生。

【寺庙管理】 2012年，桂溪街道办事处加强对辖区内2个寺庙的监管，并建立了台账管理系统，安排专人不定期进行食品、安全监督检查，确保辖区寺庙安全。

政法·军事

POLITICS AND LAW & MILITARY AFFAIRS

公　安

【巡逻防控】　2012年，新益州派出所合理调配警力，加大了辖区巡逻防控力度，实现了“全方位、全时段巡控”。将全所279名警力（36名民警、243名协警）编为5个巡逻中队、1个礼仪中队、一个突击中队，实行“五班三运转”的工作模式，开展巡逻防控工作。每天3个中队分为白班、夜班轮流巡逻，确保路面上随时有60名巡逻警力，真正实现了24小时巡逻防控机制，做到“时时有人巡，处处有人守，事事有人问”；通过采取派出所主导、辖区单位参与的立体防控模式，将辖区内500余人的保安、门卫等群防力量充分调动起来，在重点时段加强单位周边巡逻，同时佩戴“红袖套”，全力提高社会面防控效果，最大限度减少可防性案件的发生；在辖区重点部位、要害部门、交通要道布建全球眼监控点位84个，在重点单位布建视频监控点687个，建立完善了以辖区主要道路全天候监控、重点单位全方位设防、热点部位多元化防控的技术防控“天网”；四是对重点部位盯死看牢，密切掌握动态。目前辖区社会治安大局总体良好，人民群众的安全感和满意度都达到90%以上。

【维稳工作】　2012年，新益州派出所作为市委、市政府集中办公区所在地的属地派出所，坚持统筹兼顾，牢记主责，始终把维护辖区稳定、保卫市政机关作为第一要务。在市局、分局、街道党工委的统一领导和相关职能部门的指导配合下，充分发挥公安机关主力军的作用，妥善处置各类上访事件，全年未发生一起围堵市委、市政府大门事件，未发生一起上访群众伤亡事故，也未发生一起因公安机关处置不当而引起事态扩大的事件。今年派出所圆满完成了成都高新区“涉农”维稳及“3.14”“5.12”“6.4”等敏感日期的执勤任务；有力维护了因日本政府擅自将“钓鱼岛国有化”引发的反日示威游行期间市委、市政府办公区的安全和稳定；妥善处置了2012年9月5日“傅自莲企图自焚”等突发事件，确保辖区党政机关办公秩序和人民群众生活秩序稳定，获得了上级领导的一致好评。2012年，新益州治安派出所共处置各类上访事件3625批次，

13814人次，共出动警力35201人次。其中配合市委、市政府信访接待中心接待个访2879批次，5656人次；接待集访（5人以上）332批次，6485人次；配合市人大信访办接待上访人员361批次，1017人次；接待集访53批次，656人次。通过派出所巡逻力量主动发现的上访514批次，3249人次。

【人口管理】 2012年以来，新会展派出所在今年的人口管理工作中紧紧围绕“三评三访”工作、“警民亲”为主线，结合走千家、进万户“大走访”开门评警活动，提高民警队伍素质，立足狠抓辖区治安管理和基础防范工作，努力实现“发案少、秩序好、辖区稳定、群众满意”，使辖区群众对民警的见警率、满意率和安全感显著提高，立足群众得实惠、瞄准平安和谐，重点抓好以密切警民关系为途径，人口管理为重点的基础性工作。截至12月20日，辖区现有实有人口7524人，其中常住人口1113户，2372人，人户分离有1222人，其中，有户无人17人，有人无户1205人；重点人口0人，监改对象0人；登记出租房屋1544户，其中重点户0户；登记境外人员262人；2012年当年满16周岁办二代身份证33人，有违法经历女性0人，重点年龄段男（16~45周岁）566人，破获各类刑事案件50起，提供破案线索30起，打击处理17人。

【治安管理】 2012年，新会展派出所辖区现有纳入管理的公共服务场所16家，茶房5（100平方米以上）家，桑拿浴池1家，专业浴足3家，网吧1家，美容美发4家，卡拉OK厅2家。今年以来，派出所将辖区公共娱乐场所管理工作的重点主要放在清理整顿，由治安民警、社区民警对公共场所开展定期或不定期的检查监督，依法管理方面。全面实现场所三级等级化管理。加大了日常管理，强化公共场所从业人员的法律和安全防范意识。同时强化社会治安综合治理责任，与上述业主签订了公共场所治安责任书7份，今年1至12月以来共检查行业50家次，出动警力200人次，有效地维护了公共娱乐场所正常规范的经营秩序和促进了辖区治安状况的好转。

新会展派出所辖区现有各类特种行业6家，旅店业5家、印刷业1家。根据上级的指示和所领导的安排，将特业工作重点主要放在特业的日常管理和治安防范两个方面，继续积极贯彻落实“25米治安责任制”“商铺联勤制”，在分局户政署的指导和帮助下，使特业场所本身和社区治安状况的好转取得了较好的成效，全年未发生重大安全责任事故及重特大刑事案件。与各类特种行业全部签订治安责任书，共签订治安责任书5份。对特业场所单位的检查，今年1月至12月以来共检查行业26家次，出动警力120人次。

【刑事执法】 2012年，新会展派出所按照上级部署、分别展开了“打击经济犯罪专项行动”“雷霆行动”“除四黑打四害”“打击多发性侵财案件专项行动”等专项工作，严厉打击各类违法犯罪活动，确保今年各项大型展览及会议活动安全。为辖区群众创造良好的治安环境，作出了自己的贡献。截至12月20日，新会展派出所全年共接报警1587起，立刑事案件168件，受理行政案件175件，破获刑事案件53件，查处行政案件40件，打击处理35人（其中逮捕30人，直诉5人）、取保候审4人，监视居住11，劳动教养0人，行政处罚71人（其中行政拘留59人，警告2人，罚款10人）。刑拘转处率83%，提请批捕率71%，起诉合格率100%。

2012年，新会展派出所受理的168件刑事案件均能做到认真负责，登记齐全，记载详细，无推诿现象，并进行了如实立案、破案，如实统计，立案审批程序规范，立案、不予立案、破案文书完备，破案按时审结率100%。派出所办理的刑事案件均能做到严格公正执法，无诉讼败诉、国家赔偿及其他执法过错责任案件；2012年全年共刑拘42人、逮捕30人，均符合法定条件、期限、程序。提请批捕率71%，起诉合格率100%。

司法行政

【法制宣传】 2012年，桂溪街道司法所在各社区的支持和社区司法干事的共同努力下，结合社区实际，整合社区资源，积极稳妥地开展普法依法治理和法制宣传活动，通过与劳动就业、劳动监察、安全、综治办、城管科等部门协调、衔接，形成合力推进了司法工作的开展。街道及社区（村）共计开展日常性法制宣传活动48次，发放相关法律知识手册和法制宣传手册20000余份；开展普法依法治理活动293次。

【人民调解】 2012年，桂溪街道人民调解委员会在办事处领导的支持下，在桂溪律师事务所和各社区人民调解组织的共同努力下，以构建“和谐桂溪”为切入点，以“维护辖区稳定”为目标，开展系列人民调解工作，并取得了较好的工作成效。全年总计，共排查出各类矛盾纠纷32起，涉及人数136余人，调解成功32起，调解成功率100%，履行率100%，未发生一起因调解不及时导致的民转刑事案件和上访事件，确保了辖区内的社会稳定。南新社区在高新区法院的指导下，编印了调解案例手册，得到了民政司法处的高度评价，供大家参考、学习。

【法律援助】 2012年，桂溪街道办事处为进一步做好辖区的法律咨询服务工作，切实、有效的保障辖区居民的合法权益，特设立法律热线电话，并要求接待人员应认真接待和处理每个热线电话，耐心听取来电人反映的情况，并做好记录，做到有问必答，有求必应，有难必帮。全年接听法律援助热线电话6件，认真做好记录，并及时解决来电人反映的疑难。

【两劳释放人员安置帮教】 2012年，桂溪街道办事处把安置帮教作为今年重点工作任务，与社区矫正捆绑一起开展工作，及时健全安置帮教机构。完善安置帮教工作制度，对衔接、帮教责任、定期考察、回访、档案管理制度作了具体要求，明确了职责和任务。使安置帮教工作有人抓、有人管，不再流于形式；全年15名在册刑释解教人员信息资料进行登记造册，按其登记地址进行清理。其中13名由所在社区工作人员跟踪管理，通过其亲属、邻居了解其生活、就业等情况，对有生活困难的帮教人员主动为其排忧解难，解决生活实际问题，确保安置帮教人员情况清，动态明。其中2人因原址拆迁或货币分房派出所已查无此人，按高新区社事局司法处指示暂存档在街道司法所，不纳入安置帮教管理，不为脱管漏管对象；规范帮教人员档案资料15份，做到一人一档。收到监狱服刑人员改造情况告知书23份，收到告知后立即进行登记造册，及时联系社区和家属，协助监狱开展帮教工作计划，共同促使其安心改造，并将填写好的回执单一一寄回所在监狱。

2012年，桂溪街道辖区安置帮教人员在册15人，衔接13人，纳入管控率达100%。其中2人因原址拆迁或货币分房派出所已查无此人，按高新区社事局司法处指示暂存档在桂溪街道司法所，不纳入安置帮教管理不为脱管漏管对象。

【社区矫正】 2012年，桂溪街道办事处在各社区、村设立社区矫正工作站，调整能力强素质高的人担任社区矫正工作者，使社区矫正工作有条不紊地开展。司法所不定期的组织、督促和检查各工作站开展矫正活动，确保各项工作落到实处；为了确保社区矫正工作者依法、规范履行职责，街道办事处重新印制了《社区矫正工作流程》《工作者职责》，转发了《四川省社区矫正工作者管理规定》，以及各类《工作制度》，做到有章可循、职责明确。补充完善《社区矫正对象须知》读本内容，发放到每位矫正对象手中，《须知》以问答的形式摘录了与社区矫正相关的法律、法规、政策和规定，使矫正对象能够明白自己的身份，清楚在矫正期间应遵守的行为规范；街道办事处司法所对社区服刑人员，实施个性化帮教，取得明显成效，对有一技之长、文化程度较高的，鼓励其自主创业，充分发挥潜在能力。对文化程度低、基本书写都有困难的，要求其逐步提高认字写字水平，把每月的思想汇报当成一次学习提高的机会。对生活中遇到重大困难的人员，主动关心，会同社区帮助解决低保等生活来源。对行为养成差的人员，会同派出所及时告诫，让其清醒意识到酗酒、赌博、打架的危害，避免重蹈覆辙。对就业困难的人员，积极牵线企业、小区物管，为其解决门卫、保洁等工作。对社会交往少的人员，主动邀请参加街道、社区组织的安全教育宣传、全民植树等活动，促进其尽快融入社会。目前，区域内的6名矫正人员听管服教、积极就业、情绪稳定。并写出《针对差异 实施帮教》《一次真诚交流》稿件2篇；集中教育和电话汇报已经形成常态，每月25日为规定学习日，通过各种形式加强教育学习。年初，街道办事处副主任全少英在繁忙中抽出时间参加集中教育学习会，亲切慰问矫正对象，希望他们放下思想包袱，积极面对新生活。6月2日上午，桂溪街办司法所、高新区检察院与社区矫正对象开展了一次零距离座谈会，对矫正对象提出的参加技能培训等问题，检察官表示认同这样的思考，让矫正对象掌握一技之长对于构建和谐社会是很有必要的，也有一定社会价值，将把交流的情况反映上去，争取在政策上体现对这个特殊群体的帮扶。7月司法所主动与派出所联系，请警官讲解社区矫正相关规定制度，共同加强对矫正对象管控。11月组织矫正对象收看《法治在线》节目，以案讲法，观后讨论热烈，纷纷发表自己的看法和理解。集中教育中还配以与自己密切相关的交通道路、劳动就业、财产继承等方面的案例，结合相关法律法规学习进行讨论，教育学习收效较好；按照司法部《关于司法行政机关社区矫正工作暂行办法》，深入贯彻成都市司法局关于《社区服刑人员考核奖惩工作暂行规定》（成司发〔2010〕96号）的通知精神，规范开展了社区服刑人员的考核奖惩工作。矫正对象胡岱撰写稿件《一次真诚交流》，依据《社区服刑人员考核奖惩工作暂行规定》第十四条规定给予加2分的奖励。胡岱自接受社区矫正后认罪伏法态度良好，积极参加公益活动，对生活充满热情，积极参加摄像和驾校技能培训，已取得机动车辆驾驶执照。乐于帮助他人，通过熟人安置生活困难邻居就业。司法所针对他的表现，依据《社区服刑人员考核奖惩工作暂行规定》第十四条规定给予加2分的奖励并在集中教育活动时对他进行了表扬和鼓励。

2012年全年，桂溪街道辖区有矫正对象20人，解除矫正对象3名；罪型构成为缓刑12人、假释1人、监外执行1人、剥夺政治权利0人。矫正对象衔接率100%，无矫正对象脱管、漏管现象，重新犯罪率为0。桂溪街道司法所于2012年12月20日于三瓦窑派出所进行了社区矫正人员的移交，一共移交13人。缓刑12人、假释1人。其中男性：10人、女性：3人。未满18岁社区矫正人员（张忠、犯罪类型：故意伤害、出生年月日：1995.2.15日）。

2012年，桂溪街道现有社区矫正人员18人，缓刑：17人、假释：1人。其中：男性：14人、女性：4人。（20岁以下1人、20岁-50岁14人、50岁以上3人，其中小学文化2人、初中文化8人、高中文化4人、中专文化2人、大学文化2人）

拥军优属·拥政爱民

【拥军活动】　2012年，桂溪街道办事处认真开展“拥军优属”工作，在“春节”“八一”期间利用各种形式开展了“拥军优属、拥政爱民”的宣传活动，召开会议6次、广播10次、悬挂标语15幅、文艺汇演6场。节日期间街道办事处主要领导带领班子全体成员看望、慰问了成都消防支队、武警四川森林总队等6家部队官兵，给他们送去了节日的问候和价值60000元慰问品菜油等食品。走访慰问重点优抚对象、现役军人家属、下岗失业士官、下岗失业及自主择业军转干共256名（户），合计经费74900元。

【拥政爱民活动】　2012年，桂溪街道党工委、办事处组织辖区党员根据2012年公开承诺事项，将创先争优活动精神贯穿于对口扶贫帮困、社会保障、文化惠民等工作中，从多方面入手，使辖区居民、群众共享发展成果，进一步把活动推向深化。“七一”前夕，街道党工委、社区党总支（支部）又分别走访慰问了老党员、贫困党员22名，把党和政府的温暖及时送到了基层党员的心中。

【优抚和优待】　2012年1月初，辖区有111名重点优抚对象享受定期定量抚恤和生活补助，其中老复员军人33人、带病回乡退伍军人23人、伤残军人20人、参战人员34人、参试人员1人；截至12月底，辖区重点优抚对象111人，其中老复员军人31名、退伍23人、伤残人员21人、参战人员34人、参试人员2人。补助标准：伤残军人4900~14010元/年·人、老复员军人585元/月.人、带病回乡退伍军人415元/月·人、参战人员和参试人员325元/·月人。足额兑现了他们的抚恤和生活补助金665063元。截至12月底，辖区有现役军人家属101户，其中新入伍19名，足额兑现了42户义务兵家属的优待金，标准6251元/户，共发放优待金266274元。3名军人在部队荣立三等功，街道办事处分别给予了精神和物资奖励。2012年全年，街道办事处新接收军队退休干部13名。

【军转干部安置】　2012年，桂溪街道办事处围绕推进自主择业军转干部就业，抓教育、抓服务、促管理，各项工作取得了长足发展。结合自主择业军转干部大部分年龄在40岁左右，处在事业的黄金时期，就业愿望非常强烈这一现状，紧跟社会就业形势的发展变化，在认真总结前期经验教训的基础上，对当前存在的一些实质性问题进行了深入分析，引导符合条件的转业干部选择自主择业，发挥其特长为社会做出新的贡献。广大自主择业军转干部也发扬人民军队的优良传统和作风，及时转换角色，积极投身经济建设和社会事业发展，主动就业，大胆创业，在不同领域作出了突出贡献，表现出了崇高的精神境界和很强的能力素质。目前辖区自主择业转业干部中，有6名大胆创业，7名已再次就业。

武装·兵役

【概况】　2012年，桂溪街道党工委下设街道武装工作委员会、街道征兵领导小组和街道武装工作委员会办公室兼征兵办公室。办公室设在街道武装部，人员配备有武装部部长1人，兼职武装专武干事1人，各村、社区治保主任各1

人，主要负责街道武装民兵、预备役、征兵、综治巡逻、城管执法、环保等工作。

2012年，在成都高新区党工委、管委会的正确领导下，在成都武侯区武装部的指导下，以十八大精神重要思想为指导，认真贯彻落实科学发展观，尽心尽力地抓好武装工作，有效促进了基层武装工作的正规化建设，保障了辖区社会稳定和经济发展，圆满完成了上级交办的各项工作任务，使街道武装工作更加扎实有效。

【组织建设】　2012年，为巩固和深化后备力量作战资源整合成果，进一步深化民兵整组工作。在街道武委会的领导下，对辖区适龄民兵青年进行了认真核对、统计，确保了街道民兵组织建设，圆满完成了整组任务。今年街道共整组编配基干民兵172人，落实了“一人一岗”要求，并将2011年退伍返乡的13人，编入民兵队伍，完成了队伍的整组磨合，进一步充实民兵战斗力。

【民兵军事训练】　2012年3月，桂溪街道武装部根据年度军事训练安排，为选拔训练尖子参加省军区组织的民兵军事比武竞赛，并获得团体第一名。5月，为圆满完成“5.12”救灾综合实战演练集训演习任务，桂溪街办选派了11名技术精、思想好、身体好，有吃苦耐劳精神的预备役士兵，参加了营部组织的为期3至5天的驾驶专业训练，提高了预任官兵履行任务的能力。10日，11名预任官兵代表汽车连参加“512”救灾综合实战演练集训演习任务，接受省军区的考核。参演官兵过硬的军事素质，吃苦耐劳的作风，受到了省军区领导的高度赞扬。5月，桂溪街道汽车营二连全体预任官兵代表汽车营接受四川陆军预备役高射炮兵师的点验。全体官兵着装整齐、精神抖擞，携带各类战备物资和装备按规定时间，准时到达指定地域集结，并进行了军事汇报。

【征兵工作】　2012年，冬季征兵命令下达后，桂溪街道党工委召开专题会议研究部署征兵工作，会上对新一届的街道武委会、征兵领导小组和征兵办公室成员进行了调整，对征兵工作中的每个环节应把握的重点进行了详细安排，对各负责人提出了具体要求。桂溪街道武装部加大征兵宣传，印发2012年冬季征兵宣传册1000份，征兵工作问答等资料共计800余份，充分利用社区广播、LED显示屏进行播放，广泛深入地宣传相关法规和优扶政策。悬挂宣传横幅18条，张贴宣传标语，设立了报名点，对来电和来人咨询的，详细做好登记和解释工作。11月1日，街道还承担了区武装部集中首日大型宣传工作的组织和场地布置，当天到现场咨询、报名人员达130余人。2012年街道登记预征对象95名，其中1所高等院校30名，村、社区7名，冬季报名应征青年55人，送站体检48人，参加政审32人，为部队输送25名合格士兵。在整个征兵过程中，未发现接收新兵财物、吃请现象，未接到一起投诉电话，圆满完成了2012年冬季征兵任务。

2012年11月1日，桂溪街道武装部在四川省体育馆开展2012年冬季征兵大型宣传活动

社区建设

COMMUNITY CONSTRUCTION

村

【概况】 成都高新区桂溪街道下辖11个行政村，其中永安村、和平村、红光村、石墙村、五岔子村、双土村、勤俭村、民乐村、铜牌村、大源村已完成集体资产处置，仅保留建制，留有部分两委成员处理遗留事情，临江村保持村现状。

【临江村】 桂溪街道临江村位于成都高新技术开发区南区南部边缘，新成立的天府新区核心，东、南、西三面与成都市双流县的华阳街道、西航港街道接壤，东北方向与桂溪街道的大元村、铜牌村相邻，境内有成昆铁路、双中公路交通干线，成铁双流火车站位于辖内的1、2、5村民小组，境内有江安河、黄堰河穿流而过，全村辖区面积约3.5平方公里，分为10个村民小组，现有驻村国有单位4个，中外合资企业1个，居民家庭户2208户，总人口5486人，其中：农业人口4507人、非农人口1057人（包括双流火车站地区979人）临江村于2008年9月11日成建制从双流县划归高新区管理，同时成立了临江社区筹备委员会，代管辖区包括双流火车站地区在内的非农居民的各项服务。

【社会事务】 2012年，由于全村已于2011年10月申请自愿拆迁，还未进行住房安置，全村95%以上村民都分散在外租房居住，所以日常事务以服务拆迁后续工作为主。村两委继续做好拆迁后过渡期间村民的民政、计生、劳保就业的服务工作，全年发放老年生日券两次以及老年节礼金，成功调解村民民事纠纷5起；组织育能妇女妇检二次；调解企业劳资纠纷4起。

【企业服务】 2012年，全村境内共有各类企业65家，给村民就近就业带来了方便，全村累计有300余人在附近各企业务工，村委会在上级主管部门的支持和领导下，继续发挥着帮助村民选择就业，企业选择用工的桥梁作用，村设立的劳动监察、劳动仲裁服务点积极为企业调解劳资纠纷，化解了双方的矛盾，使劳资双方都尽量的减少了经济损失。但随着拆迁工作的深入推进，临江村境内的个体工商企业将逐步开始拆除搬离该村，村两委协助上级主管部门做好善后工作。

【征地拆迁】 2012年，临江村征地拆迁主要工作是做好未拆迁农户的调查摸排工作，充分了解该部分村民的实际要求和思想动态，村两委分组入户，分别与农户见面谈心，收集了第一手资料，并及时汇总上报街办及相关主管部门，为上级下一年的工作安排提供了翔实的依据；对境内的各工商企业进行拆迁搬离动员工作并配合上级主管部门逐步进行实施，预计在2013年完成大部分个体工商企业的拆迁搬离工作；协调配合做好征地拆迁后农户的生活费、过渡费的发放和新增人员的费用发放工作；针对部分优、商购人员的要求，组织该部分人员进行了在大源小区内双祥社区现房安置选房。

和平社区

【概况】 成都高新区桂溪街道和平社区地处成都市火车南站以南，天府大道以东，三环路以北，红星路南延线以西，约1.2平方公里。涉农社区居民住宅分为一、二、三、四期，院落6个，共有42栋居民住宅楼，157个单元，住房2628套，商铺104家，占地面积18.10万平方米，绿地面积3万平方米，总人口约1万人。其中常住人口5746人，暂住人口4211人。社区有党员237人，居民代表67人，有原居民小组长37人，协商议事委会7人，残疾人187人，60岁以上老年人1766人(其中80岁以上老人199人，90岁以上老人20人)。社区办公大楼及配套用房500平方米，其中一楼服务大厅（计生、民政教育、服务热线、人民调解、社会捐接收工作点、法律援助工作点劳动保障工作站）80平方米。二楼财务及档案室18平方米，市民学校及多功能活动室103平方米。三楼书记主任办公室18平方米，居委会办公室（党务、工青妇、综治维稳、残联、社区戒毒社区康复、社区文化）78平方米。辖区有便民超市三处400平方米、电超市20平方米、幼儿园两所900平方米、社区卫生服务中心1400平方米、社区戒毒社区康复中心80平方米、阳光慈善超市150平方米、家电维修部[illegible]0平方米、健身广场10000平方米、交警超市8[illegible]平方米、图书阅览室40平方米。社区两委成员共8人，（党总支书记1名，总支副书记2名，总支委员2名，居委会委员3人），其他工作人员[illegible]人；2012年3月和平社区成立了8个党支部（其中支部书记8人，支部委员18人），社区6个[illegible]管院落成立了“三驾马车”成员共计75人。社区团支部、妇代会、老协会、残疾人协会、安全领导小组、计生协会、民间艺术团、志愿者服务队等群团组织健全。

驻辖区单位有成都高新区桂溪街道办事处、成都和平学校、绿洲幼儿园；辖区有10个商住楼盘，共计53栋、93个单元、412[illegible]套住房。

门牌号	楼盘名称	栋数（个）	单元（个）	总套数（套）	物管公司名称
天仁北二街4号	南铁新居	12	34	408	科恒物业管理有限公司
天仁北二街129号	和平佳苑	2	8	80	金邻物业管理有限公司
天和路307号	南都领秀	1	4	154	四川忠心物业管理有限公司
天和西一街77号	南晶国际南庭	4	7	191	成都盛和物业管理有限公司
天和西二街38号	天和国际	2	2	178	成都市奥兴物业有限公司
天和路9号	润和原筑	1	2	427	好斯佳物业

续表

门牌号	楼盘名称	栋数（个）	单元（个）	总套数（套）	物管公司名称
天和路69号	皇城花卉	10	10	735	深圳市彩生活物业管理有限公司成都分公司
天仁路222号	科华南领馆	1	1	121	成都欣悦物业有限责任公司
天和东街180号	南延新苑	15	15	884	蜀府东润物业公司
天和西二街319号	长城南苑	5	10	948	成都泰合物业管理有限公司

【党建工作】 2012年，和平社区党总支建立健全党风廉政责任制度，书记为第一责任人，并建立了廉政网络图，制订了反腐倡廉学习计划，举办廉政知识讲座1次，按季度更换一次廉政文化专栏内容，开展廉政文化进社区、进家庭活动，重大经费开支项目坚持集中讨论决策，并形成两委决议，无违规现象。社区两委成员及工作人员按分工下达院落，协助指导“三驾马车”开展工作。全年组织社区干部、院落骨干培训3次，通过系列培训学习，提升了“三驾马车”自治管理能力。开展了文明院落“和谐文明家庭户”评选活动，开展了创建文明城市和城乡环境整治工作，接受了文明指数测评。社区便民服务中心管理规范，制度健全，有专人负责，随时进行抽查、督查，对社区工作流程、办理时限、政务代理、政务公开进行了测评，群众满意率达98%，结合党的中心工作，社区建设，各部门及时报送创建、社情等活动信息，被街道办事处桂溪快讯采用信息25篇。两委班子主要领导重视目标管理，召开目标工作会，分解目标任务，落实到人，并设立一名目标管理员，收集资料齐备，荣获市委组织部先进基层党组织和创先争优先进基层党组织称号。荣获高新区深化文明城市建设志愿服务工作先进集体。选举产生“三驾马车”自治组织和南铁新居业主委员会。开展了党建“五必到，五必访”创新工作。

【社区服务】 2012年，社区两委积极推进城乡环境综合整治工作，全面打造辖区街面，院落环境，清除卫生死角，规范了车辆停放。3月12日植树节组织社区志愿者在各院落开展了护绿爱绿宣传活动，补栽树木80棵。社区全年维修石桌石凳60余次，维修车棚漏水500平方米，维修屋面漏水31户，安装车棚充电线路500米，协调解决住户厕所厨房漏水15户，清掏化粪池1000立方米，停车位隔离栏翻新800米。对各院落进行了除四害，不定期进行蚊虫消杀，为住户防治处理白蚂蚁120户。为方便居民休息，安装休闲椅145根，新增设安装晾衣杆1200米。大学生志愿者为社区老年人电脑培训4期。每周六定期为社区中小学生补习功课。社区志愿者在广场开展了义诊、理发、家电维修、法律咨询共计5次。为方便天仁北二街3号5栋4单元老年人上下楼，在该单元口增设了扶手。积极配合完成了办事处各类迎检整治工程和重点工程项目，并落实专人监管，未造成人为损坏、盗窃现象。社区物业服务到位，保质保量完成了街道城建科交办的各项任务，并完成共建设施的维护维修工作，保持设施完好无损，群众满意。对结婚青年送鲜花，90余岁老人过生日送生日蛋糕。

【劳动保障】 2012年，和平社区两委紧紧围绕“就业质量提升年”这一主题，积极扎实的开展、落实就业和再就业各项工作目标任务，截至12月，社区有就业愿望和就业能力的劳动力3461人，就业3422人，失业39人，就业率98.87%。其中“4050”等困难人员1195人，实现再就业1172人，失业23人，就业率98.07%。

全年社区未出现“零就业”家庭。组织社区干部、楼栋长及群众代表学习就业政策，在辖区内加大宣传力度，有效提高了居民的知晓率，全年报送信息48条，被街道网录用28条。为社区4672位居民办理就业奖励金，共计发放金额18488400元，并对申请人员进行了审核。全年共举办2次招聘会，提供岗位270个，达成就业意向16人，成功上岗2人。社区共有自主创业100家，其中今年新增自主创业人员有13家，新增带动就业79人。社区对36户双困家庭开展了特色帮扶工作。3月审核社区退休人员养老金领取资格，共计审核1359人。将7位有部分劳动力的人员实行就业托底帮扶，建立托底服务队。以楼栋为基础，建立社区就业信息台账，全年更新了就业信息840条，52人成功上岗。

【计划生育】 2012年，社区计划生育工作，综合避孕及时率（口服药9人、使用药具75人，发放临时避孕药具1261盒），并进行了登记。全年共登记叶酸发放人数12人，发放叶酸29瓶。对避孕药物过敏反应人员及时进行更换调整。街道流动人口协管员，对社区外来人口上门进行登记，全年共登记604人。并已录入计生VS系统，录入率达90%以上。4月、9月流动人口育龄妇女参加妇检169人，为采取长效避孕措施流动人口已婚育龄妇女办理《流动人口婚育证明》共计51本，查验证342人，办理免费服务证61人，发流动人口告知书28人，发放爱心券1840元，有169位流动人口育龄妇女享受了社区的综合服务。确立了计划生育“三结合”帮扶任务2户，并张榜进行了公示。全年免费为847名育龄妇女开展“三查”服务工作，其中流动人口169人。

【老龄工作】 2012年，社区老龄工作围绕“六个老有”的工作目标，社区各院落于2012年4月圆满完成了老年协会分会长换届选举工作。社区两委共为社区住户办理四川省老年优待证133人，成都市老年优待证143人。为社区60周岁以上老年人1766名发放春节慰问金83800元，为社区1766名60岁过生日的老年人每人发放30元的购物券一张，为社区219名年满80周岁及以上的老人发放长寿补贴金共计124350元。10月15日在社区广场老年协会活动中心组织开展“老年人之昨天、今天”故事会活动。10月18日，到双源社区体育公园（助老助残中心）参加街道开展的老年朋友趣味运动会活动。

【民政工作】 2012年，社区两委落实了民政工作各项优抚政策，1月对低保30户，低保边缘户52户，贫困老人9人，残疾人187人进行慰问，慰问金共计60200元；1月20日，街道副书记陈长贵为14户困难、残疾人家庭送去了每户价值300元的慈善爱心券，共计4200元；2月为12名新兵家属发放每户200元慰问金，并且赠予“光荣之家”荣誉牌；5月“助残日”配合街办残联对187名残疾人发放每人50元的“慈善超市爱心券”；6月开展了“七.一”慰问活动，慰问54人，共计10800元；向26户低保家庭发放医疗救治爱心卡（每卡500元），共计13000元；7月向187名残疾人发放医疗救助爱心卡（每卡100元），共计18700元；8月慰问军人及家属223人，发放毛巾223人；全年为82名低保户、残疾人、贫困户办理了救济救助补助金共计295655元（其中临时救济40人，应急医疗救助41人，贫困群众医疗救助1人）；10月为残疾、低保边缘、重大疾病人员、90周岁以上老人、重点优抚对象、精简老职工等弱势群体办理了面值200元、300元医疗救助爱心卡298人，共计73000元；10月对23名申请“阳光育苗助学金”，共计19500元，5名申请“阳光圆梦助学金”共计11160元；为社区27名残疾家庭子女购买了“少儿住院互助金”；加强了志愿者服务，阳光慈善超市，华夏家电维修部，理发店为残疾人等困难家庭提供送货、维修家电、理发等服务项目。社区“心连心”志愿者服务队积极开展志愿者活动，为社区20位90岁老人过生日送去生日蛋糕，为社区22对结婚的新人送去鲜花，为社区26位去世人员送去花圈。今年为社区复员军人11人、精简人员2人，退休工人1人，参战人员8人，伤残军人3人，代发定补金共计166669.58元。

【文化活动】 2012年，社区两委积极开展了“文明和谐家庭户”评选活动，评选出文明标兵户182户，文明和谐家庭户2439户，并每月开展居民清洁日及党员奉献日活动，活动信息上报及时，归档资料齐备。认真开展文明和谐院落评选活动，各院落管理小组分别组织居民开展丰富多彩的文体活动。不断推进院落自治，有4个院落被街道评为文明院落。社区指定一名工作人员负责社情民意收集与报送。全年收集民情民意6条；报送办事处6条，回复内容并及时向居民公示。群众对社区工作满意度达98%。加强社区物业服务，坚持巡查制度，及时维修公建设施，协调解决住户漏水问题，严格服务机构及公司的监督考核，居民对社区物业服务满意度大大提升。社区文化协会全年新创节目7个，即：快板廉政文化、广场健身拉丁舞、花样腰鼓、花样响簧、编秧歌、自编大年吉祥、健身操中国歌儿美。参加经常性健身活动的居民人数达60%。为搞好文化市场的管理，社区有兼职人员进行管理；每周对本辖区的文化市场经营户进行2次以上的检查并有详细记录。积极配合上级有关部门进行执法检查。辖区内文化市场经营户持证、规范经营。及时上报文化市场管理材料，辖区内无无证大篷车队演出。根据要求，社区有专人做好《桂溪社区》报的组稿及投发工作。每月的15日前组织3–5篇原创文稿、3篇以上的新闻类稿件报办事处，落实好“五民五好”工作的新闻类稿件。并将报纸按时发放到社区居民手中。①评选文明院落4个、标兵户182 户，文明和谐家庭户2439 户，参与活动的住户达100%。②新创文艺节目快板廉政文化等7个。③开展有影响力的大型文艺活动“成都文化四季风、民俗闹春”迎春晚会等8次。

【志愿者工作】 和平社区志愿服务站于2008年成立，有站长一名、副站长一名，有志愿服务站7个。210名志愿者。组织四川大学学生志愿者开展了功课辅导活动，为社区70余名中小学生开展了一对一辅导活动。四川大学锦城学院学生志愿者在社区开展了夕阳红电脑培训班，为社区老年人开展电脑知识讲座。在创建全国文明城市复查活动中，多次组织志愿者开展了城乡环境综合治理活动，由于工作突出，被四川省评为城乡环境综合服务志愿示范点称号。

【“五必访”“五必到”促进社区和谐】 2012年，和平社区两委开展“五必访”“五必到”活动，“五必访”指社区党总支与院落“三驾马车”在院落内对困难群众、残疾人员、独居或空巢老人、失业人员及其他需要重点帮扶等人员的上门走访工作，针对他们的实际问题做好协调、沟通、联络工作，确切为他们解决实际困难。

“五必到”指院落内发生居民身患重大疾病、产生情绪波动、面临就业困难、发生相互纠纷、与群体利益冲突时社区党总支与院落“三驾马车”必到现场所做的帮扶服务。通过“五必到”上门帮扶服务使居民群众的困难、问题得到及时发现，及时解决，从而做到小事不出院落楼道，大事不出社区，增强为民服务的针对性和有效性。

自“五必到五必访”工作开展以来，全年走访困难群众、残疾人员、独居或空巢老人、失业人员及其他需要重点帮扶的共500余人，为28户困难居民的子女申请了阳光助学、阳光圆梦助学金，为71人困难居民办理了医疗救助，成功推荐了50人上岗，通过活动的开展，密切了党群、干群关系，拉近了与居民群众的距离；有效激发了居民参与社区院落自治的热情和积极性，促进了社区、院落的和谐，居民对社区、政府工作的满意度提高了，今年6月社区在第三方测评中，满意度达90%以上。社区党总支及院落“三驾马车”共看望慰问了重病居民120余人，调解家庭矛盾纠纷共30起。

【就业托底服务队】 2012年，和平社区定期为社区黄孝金、卢素清、张华德、罗珍云等4位残疾人员开展读报、谈心、棋牌娱乐等居家安养服务，在原有清洁宣传栏、清理牛皮癣、文明劝导等活动的基础上增加了院落车辆引导、残疾人服务、义务交通管理等活动。和平社区共有残疾人187人，有就业意愿和部分就业能力77人，5月社区在街道的大力支持下为双困家庭残疾人李国富（瑞升集团）、陈善华（桂溪环卫）解决了购买社保的难题，有效地减轻了家庭经济负担。6月19日成立社区便民服务队，目前共有吴章清、王树全等8人进入便民服务队，为广大居民服务。社区便民服务队的成立，既解决了困难人员就业问题，又满足了居民维修方面的需求，此举，为社区建设、创建和谐社区开辟了新途径。今年6月14日，社区居家安养服务队正式启动，将尹德华、熊秀珍、陈古珍等3位困难人员纳入队伍，并与社区卫生服务中心、残疾人理发店联合，定期为社区雷杰雨、陈贤珍等7位重度残疾人服务，目前居家安养服务队主要提供清洁、接送、医疗保健、理发等服务项目，深受服务对象的欢迎。为加大对残疾人的创业扶持力度，社区利用残疾人服务亭、就业服务亭、公益性铺面让残疾人实现创业梦想。并为残疾人提供免费技能培训、小额担保贷款、就业观念转变培训等就业服务，社区现有残疾人自强创业12人，其中，今年新增刘建国、黄凤仙残疾夫妻创业。今年3月初对社区刑事解教人员、吸毒人员进行清理，对重点人员的就业情况进行走访，建立台账。5月推荐吸毒人员罗通友到南铁新居当门卫成功上岗，监外改造人员冯发明、吸毒人员魏科经过社区公益性岗位安置，刑事解教人员李国良经过社区公益性铺面安置，都取得良好的效果，使刑事解教人员成功融入社会。

【社区青年就业创业见习基地】 2012年4月，和平社区正式成立社区青年就业创业见习基地，先后有两名高校毕业生开始在社区见习。5月2日，蔡凤娟正式开始在综合协管岗位上开始见习，因表现优秀，现已正式转入社区综治协管员岗位。7月10日社区低保家庭大学生郑文婷也签订了见习协议，8月1日起正式在党建协管的岗位上开始见习。社区青年见习基地的建立，使高校毕业生拥有了磨合自己与社会之间关系的契机，让他们能适应更加广阔的就业空间。

【志愿服务】 2012年，和平社区为丰富社区老年人的业余文化知识，提高广大老年人的电脑常识，和平社区志愿服务站与四川大学锦城学院学生志愿者取得联系，组织社区广大老年人开展了传递温暖关爱老人——“夕阳红”电脑基本技能培训系列活动启动仪式，对有意愿参加电脑培训的老年人进行了报名登记后，分期开展了电脑知识培训，教会了一些老年人对电脑开、关机常识，电脑的日常使用，上网聊天等常识。老年人对此孜孜不倦，既丰富了老年人的业余文化生活，又提高了老年人的电脑知识，真正体现了活到老、学到老；华夏家电是社区志愿服务站的服务点，该服务站至成立以来一直保持质高、价廉、快捷的方针为广大群众提供最优质、最诚信、最放心的服务，在今年，服务点的全体员工积极参加社区的志愿服务，为社区广大居民提供优惠服务，特别是残疾人、老年人、特困户，给他们发放了优惠卡，免收上门费、免收服务费，对特殊情况进行全免，今年对社区内10户特困家庭每月定时为他们的家用电器进行免费维护维修。今年10月，联合四川电视台星空城市频道记者一同上门为家庭较贫困的居民免费维修清洗空调，通过维修部的不懈努力现华夏家电老板严达刚已被评选为中国好人。

【业委会换届】 2012年，和平社区指导开始筹备业委会换届。和平社区天仁北二街4号院（南铁新居），均由中铁八局和成都铁路局职工组成，共有12栋住宅，408户居民，长期以来，二个单位居民思想不统一，意见分歧，导致小区管理混乱，环境恶劣、脏乱差严重，治安问题突出，由于有的住户不交物管费和清洁费业委会与物管公司基本处于瘫痪状态，今年初面临诸多问题，老业委会到期，物业管理公司要撤场，居民怨声载道，于是和平社区开展调研了解情况后，首先组织走访群众，反复召开住户代表会，征求群众意见和建议，共同民主决策，为创建全国文明城市，夯实基础，组织志愿者与南铁居民一道进行环境卫生综合整治，但也是治标不治本，要解决根源问题必须选好业主委员会，重新聘请物业公司，7月份，在社区的正确指导下，开始筹备业委会换届，8月23日正式成立南铁换届工作小组，9月25日，成功选举产生南铁业主委员会，成立后首先梳理关系，健全各项制度，解决遗留问题，并成功选聘物业公司，开始城乡环境综合整治，开展宣传工作，呼吁大家讲科学、讲卫生、讲文明、除陋习、树新风，共同建设美好家园，相信在不久的将来，南铁新居一定会建设成为居家安养、环境优美、文明和谐的院落。

【社区服务】 2012年，和平社区有挂靠居民四千余人，他们均分散居住中和、华阳等地。到社区办事极不方便，为解决挂靠人群远离社区办事难，今年3月选举产生了两个挂靠户党支部。分支建立后，在社区党总支的领导下，认真落实党和政府的惠民政策，定期召开居民会。积极推进基层民主建设，支委包户联系残疾人、重病等特困家庭；党员包户联系群众，注重收集民情民意，征求意见或建议，关心居民就业、生活等民生问题，在居民集中居住点建立一个便民联系点，制作发放了便民卡片，并建立了台账。通过系列管理机制，社区收集到民情民意得到及时反馈落实。有效地解决了挂靠居民就业、医疗救助、困难补助以及申请福利房等问题。取得好成效，大大提升了居民对政府和社区服务的满意度。

【综治维稳】 2012年，社区两委主要领导重视维稳、信访工作，全年无一例群体上访事件。为加强治安巡逻力度，各院落“三驾马车”轮流白天值班，冬季并配置一名志愿者夜间巡逻。全年流动人口信息采集率达100%，房屋信息采集率达100%，出租屋信息采集率达100%，在建工地信息采集率达100%，房屋中介机构信息采集率达100%。社区有维稳、信访及综治工作领导小组，主要领导负总责，建立了信息报送制度，制订了不稳定因素排查制度和突发事件处置预案，建立了信访机构，有专职信访员，对不稳定因素排查准确，处置及时妥当，按照上报月排查表和不稳定因素分析材料，随时进行信访形势分析材料，全年无群体上访事件。社区设有信访员，完善了信访接待制度，按规定逐级上报，没有越级上访，更没有推诿现象。社区居民新犯罪为零，两牢人员没有重新犯罪，党团员没有违规行为。社区有戒毒（康复）办公室，制定了工作方案，配备有一名专职工作人员（叶建国），建立了一支帮教志愿者队伍，并对7名戒毒（康复）人员进行帮扶，开展了“6·26”国际禁毒日宣传活动，全年无新增吸毒人员。积极开展反邪教警示教育宣传活动，发动党员、楼栋长、居民群众随时掌握了解外来人员情况，发现违法犯罪活动及时上报，并建立了防范网络。社区13个院落全面开展了无刑事案件创建活动，制定了创建领导小组，制定了活动方案。加强对流动人口的服务管理，深入宣传，设置有2名流管专职协管员，居民知晓率达100%，每周定期进行流动人口复查，全面做好服务管理工作。社区流动人口信息采集率达100%，房屋信息采集率达100%，出租房屋信息采集率达100%，10人以上大型用工单位信息采集率达100%。建立健全专项整治工作领导小组，每季度定期开展一次巡查，定期开展青少年法制宣传教育，并协助街道相关部门开展各项专项整治工作。①社区主要领导重视维稳、信访工作，全年无一例群体上访事件。②为加强治安巡逻力度，各院落“三驾马车”轮流白天值班，冬季并配置一名志愿者夜间巡逻。③全年流动人口信息采集率达100%，房屋信息采集率达100%，出租屋信息采集率达100%，在建工地信息采集率达100%，房屋中介机构信息采集率达100%。

【桂和物业公司】 和平社区桂和物业公司成立于2002年，公司股东有严雨坤、张庆、晏启顺，注册资金20万元，营业执照等证件齐备，公司性质是独立法人企业，并照章纳税，公司所营利润，分别发放职工工资、提供资金为群众服务。公司经理、副经理任期及人员配备情况：2002年至2008年4月公司经理由和平社区书记严雨坤担任。2008年至今公司经理由社区书记李国涛担任，毛昌全同志曾任公司副经理。胡宁东代明两位同志为现任公司副经理，并配备会计、出纳、水电工等人员。公司章程、制度健全，经理、副经理、会计、出纳、水电工职责明确。公司负责人等职工待遇情况，公司经理、股东、会计、出纳兼职不兼薪，未享受任何待遇，公司副经理、水电工均享受公司工资福利待遇。公司在本辖区曾开发临时停车场2处，解决社区“4050”人员就业20多人，因国家用地拆除一处，目前有临时停车场一处，有职工8人，在天仁北二街一铺面信开设物业服务中心一处，服务中心主要面向社区居民服务。维修水、电、气等家用设施，只收取零件成本钱，不收取任何上门等费用，宗旨是服务。成都桂和物业公司的性质是独立法人企业，对外开发业务，对内协助维修社区公建设施，面向社区群众服务，上门为居民维修水、电、气等家用设施。

【和平奖学金】 2012年，和平社区为促进学校、社区和谐发展、推动学校、社区精神文明建设，设立“和平奖学金”，“和平奖学金”由和平社区居委会与和平学校捐资设立，专门用于奖励学校品学兼优的学生。在和平学校一至九年级学生中，每个年级评出10名品学兼优的学生，每人获奖励金额100元。要求评选学生要热爱祖国，讲文明，懂礼貌，尊敬师长，生活俭朴。遵纪守法，无违纪现象，学习目的明确，各科考试取得良好成绩，在本班名列前茅。积极参加学校、社区组织的各种文体活动爱护社区环境，在德、智、体、美等方面全面发展。学校召开行政会、听取德育处汇报被推荐人的有关情况，讨论确定候选人名单，候选人名单在学校公示一周，报请“和平奖学金”管委会审批，召开奖励大会并对获奖同学颁发奖金及获奖证书，将获奖同学的事迹材料在学校进行公开宣传表扬，并向其家长发喜报。在评选过程中和平社区与和平学校严格按照标准进行选举，和平社区以该奖学金的颁奖活动为契机，在学生中开展勤奋学习、报效祖国、奉献社会的教育活动。

2012年和平社区设立"和平奖学金"评奖情况

序号	班级	姓名	获奖金额
1	7、2	罗　媛	100.00
2	7、1	李　乐	100.00
3	7、1	赖　林	100.00
4	7、4	王小乔	100.00
5	7、2	江启玥	100.00
6	7、2	李丰恒	100.00
7	7、2	陈　欣	100.00
8	7、1	黄钰洁	100.00
9	7、4	党跃新	100.00
10	7、4	廖　倩	100.00

双源社区

【概况】　双源社区隶属于成都高新区桂溪街道办事处，因地处石羊街道双河村和桂溪街道大源村之间故取名双源社区。是在成都市推进城乡一体化进程中，由高新区管委会于2005年2月至2006年3月新建的大型农转非居民集中安置小区。现双源社区占地面积约0.18平方公里，位于大源街以西，天府二街以北，大源北二街以南，昆华路以东。目前社区管辖街道5条，4个院落，有住房2728套，7810人，其中常住人口5259人，流动人口2551人，共有58栋居民楼，188个单元，商铺252家。社区居民来自石羊街道的花荫村、灯塔村、双河村、裕民村；桂溪街道的大源村、铜牌村、勤俭村、建设村、五岔子村、民乐村、双土村，共11个行政村拆迁安置人员。社区共有两委人员7人、工作人员28人；社区共有党员186人，居民代表63人，楼栋长30人，残疾人110人，育龄妇女1688人，60岁以上的老年人1163人，80岁以上的老人117人，90岁以上的老人26人。按照现代社区规划建设，双源社区配套合理、功能完善。设置各种完备的服务机构：有社区党支部、居委会办公大楼，面积580平方米，设有社区便民服务大厅及6个一站式服务窗口（分前台和后台服务）、党支部办公室、居委会办公室、劳动保障工作站、民政办公室、信访办公室，综治办公室、警备室、多功能活动室等。社区其他配套方面：设有社区卫生服务中心；54个班级的9年制学校一所——成都高新区大源学校；12个班级的幼儿园一所；农贸市场及一条商业步行街；社区大型健身广场三处、同时在社区四个院落内都安装有健身器材；便民利民服务超市8家；高新区阳光家园也设置在社区内，内设党员活动会议室、阳光在线网吧、图书室等，并定期向社区广大党员群众开放。及其他配套设施。社区环境优雅、生活便捷，是一个按城市居住区规划标准进行设计和建设的新型现代化社区。

【社区要事】　2012年7月11日下午，市委常委、高新区党工委书记敬刚带领两委办主任卢哲平、副主任宋大勇，纪工委综合室主任刘晓东及相关人员一行，到双源社区视察指导工作。桂溪街道党工委书记樊晓峰，双源社区党总支书记、居委会主任胡华英等领导陪同。敬刚书记听取了院落自治、文明院落建设、文化惠民政策等相关情况的介绍，并实地走访了社区145号院。在院落内，敬书记与居民亲切交流，了解居民居住、就业、子女就学等生活情况后，对双源社区以及院落自治工作开展给予了高度肯定。同时要求双源社区立足实际，把基层工作做得更好，把基层组织年建设成群众满意工程；2012年7月5日下午，中央电视台记者到双源社区采访就业工作。首先，记者参观了社区大厅显示屏的用工信息、就业协管员网格图及上墙数据、各窗口的工作情况等。然后在二楼会议室，成都市就业局、高新区就业处、桂溪街道及双源社区主管就业工作的领导、就业协管员一起向记者介绍了就业工作的情况。记者着重询问了有关求职者如何到社区求职，就业工作人员怎样受理并及时为求职者推荐工作，大中专毕业生的就业情况，托底安置人员情况，就业协管员对片区内劳动力动态信息的管理等问题。两名经社区推荐成功就业的居民也向记者谈到了社区就业这个平台切切实实在为老百姓办实事，给他们带来的实惠，他们非常感谢政府有这样好的政策；2012年8月22日上午，高新区党工委副书记、管委会副主任冯亚曦在发展策划局副局长费亚利的陪同下到双源社区检查了全国城市文明程度指数测评迎检工作。冯书记了解了双源社区全国城市文明程度指数测评迎检工作开展情况，实地考察了社区拟定的迎检线路，分别到社区145号院、178号院、152号院检查各项迎检工作措施，并对社区就全国城市文明程度指数测评迎检工作给予了充分肯定。同时，冯副书记希望大家积极准备、对标检查，确保全国城市文明指数迎检工作的圆满完成。桂溪街道党工委书记樊晓峰，党工委委员、办事处副主任王子琦等街道领导及社区负责人陪同检查。

【组织机构】 双源社区党总支部于2011年11月通过换届选举产生社区党总支部班子，有总支支委员4人（1人调离）；书记1人，副书记1人，委员2人，平均年龄41岁，其中大专3人，高中1人。共有党员186人。2012年3月按街道创新开展院落自治的工作要求，在本社区选举成立了四个院落支部，共有4名支部书记，10名支委委员，以楼栋成立了15个党小组；居委会于2011年12月通过换届选举产生居委会成员。主任1人，副主任1人，委员3人，平均年龄38岁，其中大专4人，高中1人。同时，选举产生社区居民代表63人，院委会书记4名，委员14人，居民小组长（楼栋长）30人，协商议事委员会7人，理财小组7人。分别成立了社区团支部、妇代会、老协会，残疾人协会，计生协会，调解委会员，民间艺术团，志愿服务站等机构。

【党风廉政建设】 2012年，社区党总支健全党风廉政建设责任制，建立廉政责任网络和领导小组，将反腐倡廉理论的学习纳入党总支和下设各支部的学习计划，开展院落廉政讲座1次，书记带头讲党课，以不同形式加大廉政文化宣传进院落活动6次，党总支和各下设支部结合社区实际，积极开展廉政文化进社区、进家庭活动4次。注重加强社区干部队伍建设，社区两委成员及工作人员按要求坚持完成走访群众工作任务，并做好相应记录，全年共计600余次，开展学习30余次，开展和参与各种公益活动60余次。注重院落自治工作理论学习及实务技能培训，开展各类学习交流活动18次，有效提高了社区干部及“三驾马车”的民主管理和服务水平，充分发挥社区及院落、骨干在促进就业、社区建设、维护稳定、城市管理等工作中的积极作用。

【基层组织建设】 2012年，双源社区党总支创新开展了“创先争优促和谐，文明服务当先锋，开设幸福驿站，争做幸福使者”活动，完善和制定“幸福驿站”方案、制度等，给居民提供更好的服务，为弱势群体和困难人员提供一助一、多助一的帮助和关爱；在辖区内组织非公党建、企业、社区党员、居民营造爱心服务意识，关爱援助之风，争做幸福基金的爱心使者，并为幸福基金捐助24950元，对困难党员及困难居民进行受助，实行幸福基金专户管理；招募党员、基层骨干、居民幸福使者210人，开展扶贫帮困、院落整治、纠纷调解、学雷锋、百姓故事会等活动130余次；开设书记幸福热线和信箱，努力提升党总支为党员、群众服务的水平，真正做到哪里有困难，哪里就有社区党支部，今年共收到信件6件，热线电话130余次，收集问题和意见29条，并建立问题台账，解决28条，办结率达97%，得到居民的一致好评；通过幸福使者的行为感动社区居民加入党组织的信心和决心（特别是61岁的廖永成和40多岁的汤书龙），主动向组织递交入党申请书，主动要求参加党的培训，有效地推动了社区建设，增强了支部的凝聚力。

【群团工作】 2012年，在桂溪街道总工会的指导下，坚持党建带群团建设机制，依法推进工会组建和发展会员工作，新建就业一条街联合工会。积极开展青少年节假日文化活动13次，覆盖青少年400余人。常年开展志愿者注册活动，更新志愿者队伍数据库，按照文明城市创建的要求，建立了学雷锋志愿服务队、党员志愿服务队、物业志愿服务队、文化志愿服务队、爱心支教志愿服务队和科普志愿服务队，并开展志愿服务工作，做好登记。今年创新开展了“青春绿港”志愿服务项目，招募“青春绿港”志愿者27名，在暑期内组织开展活动16次。并依托院落自治组织开展了“文明家庭”、“平安家庭”、“和谐家庭”创建相关活动16次，举办女性招聘会5次，在母亲节期间选树“坚强母亲” 1名，营造关注女性、尊重女性的良好氛围，促进和谐家庭的建设。

【院落自治建设】 2012年，社区两委按照“环境优美、秩序良好、功能完善、文明和谐”的要求，创新社会管理服务模式，不断提升社区建设水平。认真开展文明和谐家庭评选活动，动员辖区所有家庭参与该评选活动，全年共申报评选家庭达到2692户，占居民总户数的98%。开展“和谐文明家庭户”评选相关活动13次。3月，各院落通过选举组建了院落党支部、院委会及议事会的“三驾马车”自治组织框架，共产生院落自治组织成员45名。包院负责人分别指导院委会开展工作，进一步明确落实院落自治组织的责任，完善各种制度，加强经费的管理。社区加强对院落自治工作的指导，注重院落自治工作理论学习及实务技能培训，截止11月底，开展学习交流活动20次，有效的提高“三驾马车”的民主管理和服务水平。开展各类文体活动136次，举办民主议事会13次，慰问困难群众69人次。培育各类兴趣小组12个，注册社会组织2家（老年服务活动中心和军乐队），各院落自治组织主动联系居民，建立相关台账，了解和掌握院落内居民群众的基本情况，一般的日常事务、民事调解都由院委会给予办理 (包括生日卷、老人长寿金的发放等)，有效提高了“三驾马车”的民主管理和服务水平，进一步将院落建设成管理有序、服务完善、环境优美、治安良好、生活便利、邻里和谐的社会生活共同体。

【社区防控】 2012年，社区两委完善各种防控体系，通过物、技、人三防结合，筑起安全的屏障，增强居民居住安全感。截止11月底，共发刑事案件18件，与去年同期相比下降35.3%。全年共调解居民纠纷3起，处理、调解率100%，调解成功率达100%。每月开展不安定因素大排查，准确掌握院落居民所需、所求，发现问题及时上报相关部门，并正确向广大居民解释与宣传，确保把矛盾解决在基层。

社区结合实情，加强领导，落实责任，健全规章制度，加大对辖区内的商家，易燃，易爆物品的排查，全年进行消防安全检查50余次，消防宣传10余次，发放宣传资料3000余份，进行消防宣传培训5次、消防演练3次，确保社区全年无一例消防安全事故发生。

【计划生育】 2012年，社区两委完善计划生育工作组织，建立社区、院落服务网，做好计生基础工作，完善各类计生台账。截止10月底，共计发放26个一孩指标，3个二孩指标，出生30人，计划生育率100%。6月初，完成对0-18岁独生子女父母奖励统计和复核工作，全年共为17对夫妇办理独生子女父母光荣证。开展了8

次计划生育政策法规、优生优育、生殖健康知识的宣传教育活动。全年开展对辖区内育龄妇女普查2次，达445人，其中，流动人口92人。全年登记流动人口620人，其中已婚育龄妇女290人，为67人育龄妇女办理《流动人口计划生育免费服务证》，为8位符合条件的流动人口发放计划生育爱心券金额380元。为45家商铺发放《告知书》及流动人口管理、服务资料。开展“生育关怀、扶助孤残留守儿童健康成长”工作，同时继续做好计划生育“三结合”帮扶工作。

【院落自治组织选举】 2012年，社区两委严格按照《选举法》和《中华人民共和国居民委员会组织法》的相关要求，于3月底前完成了社区院落自治组织的选举工作，组建了由45人组成的院落党支部、院委会及议事会的“三驾马车”自治组织。

【社会救助】 2012年，社区医疗救助社区居民43人次，救助金额共计19.8万元，助学救助5人，救助金额6600元，民政救助准确率100%。为社区106名残疾人开展个性化服务，现有就业能力及就业愿望残疾人35人，其中已就业33人，就业率达94%，低保人员1人，由于患严重肝病无就业能力，故双源社区低保人员就业率为100%。为及时解决困难人员所需所求，通过社区入户走访并做好记录，今年共计救助社区居民43人次，救助金额共计19.8万元，其中应急救助26人次，救助金额10.4万元；临时医疗救助40人次，救助金额5.9万元；贫困群众医疗救助2人次，救助金额3.5万元。截至11月初，开展困难群众慰问活动466人次，慰问金额9.4万元；发放爱心券22人，26400元；发放爱心款5人，6000元。开展暖心工程，为去世的居民送去花圈悼念，为90岁以上过生的老人送去蛋糕祝贺，为初婚的新人送去鲜花祝福。

【司法工作】 2012年，社区两委做好社区内帮教人员的工作，通过心里沟通、就业帮扶等，让他们感受到政府对他们的关怀，尽快重新融入社会。做好法治大讲堂7项基础设施和普法讲师团社区普法员、法制宣传志愿者、文艺演出小分队3支队伍建设，开展宣传和培训活动15次，发放法制宣传资料800份，邀请法治大讲堂普法员进社区普法。调解案件3件，成功率为100%。

【居家养老】 2012年，社区两委建立居家养老服务工作档案。全年免费为142名老年人办理了四川省优待证和成都市优待证，发放老年人长寿金96950元，为过生日的老人发放生日慰问卷1115张。积极为老年人排忧解难，并在3月被成都市评为“热心维护老年人权益”优秀单位。

【居民文体活动】 2012年，为满足居民群众的文化生活需求，社区两委组建了社区男子军乐队，积极开展各类文化、体育活动，全年开展以“民心向党，党心为民”为主题庆七一、庆重阳等大型活动3次，小型活动9次，开展有特色、有影响力的文体活动5次。为增进居民间的交流，社区依托院落自治组织成立院落乒乓球、文体、羽毛球等兴趣小组12个，开展活动40余次，进一步培养居民的兴趣，挖掘潜能，拓展素养。社区内参加经常性健身活动的居民人数达到60%。自创节目13个，其中合唱节目《家和万事兴》参加了高新区第二届老年艺术节，并获得优秀奖。今年，开展“百姓故事会·道德讲堂”14次，进一步提升市民道德素质，深化文明城市建设。社区加强对文化市场的管理，完善制度和台账。

【就业工作】 2012年，社区两委加大对就业工作的网络建设，建立和完善台账，创新就业援助，完善社区“双困”人员准入机制和“双困”人员退出奖励机制以及现有就业托底服务队队员的帮扶措施。加强与社区物业服务中心合作，推出了“有偿服务、托底增收”项目，为具有完全劳动能力的托底队员邓坤富等提供社区地下停车场及群宴基地清扫工作，给予有偿补贴，让他们在每月500元的托底活动补贴基础上再增加200元收入，进一步减轻了队员家庭的经济负担。托底人员还主动为社区卧床的残疾人和空巢老人打扫卫生、读书读报、讲解社区的各种变化，用他们亲生的感受去感动需要帮助的人，让他们不再孤单，感到社会的温暖。4月底，结合“高新区桂溪街道双源社区青年见习基地”的启动，通过社区的努力和与单位的联系，社区内2名见习青年被成功推荐就业。按政策要求继续做好就业奖励金发放工作，截至10月底，为37875人次发放就业奖励金额1432.26万元，并做到政策解释全面，享受资格审核严格把关，上报数据及时准确。2012年，被成都市推荐为省充分就业示范社区。

【为民办实事】 2012年，双源社区两委为辖区居民办实事：针对居民反映的145号院大门出行拥挤和178号院10栋、13栋无防护门问题，社区通过走访院落，听取居民意见，分别组织居民代表召开听证会，成功对145号院大门进行了拓宽改造，在社区便民服务中心外两侧增加两处同其他院落后门一样的防护门，达到便民有效、利民有为、惠民有力，让居民的幸福感和满意度得到提升。

为积极开展创建文明城市，美化社区环境，社区陆续对辖区内4个院落的居民楼道进行补刷，确保了墙面的整洁、干净。并在178、120号院新增楼栋的自来水管处安装了防盗伞90余处，有效地保证了居民的生命和财产安全。

社区为120、178号院新增的单元安装了休闲座椅31根，并在各院落休闲场所安装“雷雨天气禁止在此休闲”等温馨提示，以及对120号院议事会提出的一处硬化区域进行了整改，得到了广大居民的一致好评。

强化安全意识，严格落实责任制，社区在120号院、145号院3处高压机旁安装了防护栏，有效防止了安全事故的发生，为居民营造了安全的生活环境。

加强对居民的服务，对居民反映的问题不拖不等，全年为维修房屋屋面防水62户，公共区域维修104处，更换照明设施4200余处，主线路更换维修约1000米。

为及时解决困难人员所需所求，全年按照街道的要求，完成救助社区居民43人次，救助金额共计19.8万元，其中应急救助26人次，救助金额10.4万元；临时医疗救助40人次，救助金额5.9万元；贫困群众医疗救助2人次，救助金额3.5万元。截止11月初，开展困难群众慰问活动466人次，涉及金额9.4万元；发放爱心券22人，涉及金额26400元；发放爱心款5人，涉及金额6000元。

三瓦窑社区

【概况】 三瓦窑社区是成都高新区桂溪街道办事处管辖范围内的一个社区，社区位于成昆铁路以南，三环路以北、红星路南延线以东，府河以西，辖区总面积约1.5平方公里。常住人口约3500人，流动人口约5500人。院落性质多样，人员结构复杂，既有原改制企业宿舍198号院落，又有商品化小区202号院落，还有失地农民安置小区208号院落。目前新兴公务员小区东苑A区、B区、C区、D区、E区正待完善中，（成立业主委员会）。根据社区管理与服务特点，目前在198号院落、202号院落、208号院落推行了居民自治工作。

【党建工作】 2012年，社区有党员96人（含预备党员3人），为构建社区党建工作新格局，成立了社区党总支，为进一步深化院落基层自治工作，选举产生4个支部的成员，院落支部选举后总支制定了新的工作规则，支部成员明确工作职责，院落支部工作建立了党员管理册、党员志愿者服务队、院落长效管理机制，为加强民主监督，建立了事务监督小组，为规范社区权力运行，强化对社区各项工作的监督，并成立了5人的纪检监督小组。定期召开党小组会及各种培训，每季度一次总支大会，以总支书记大讲堂为平台，组织全体党员学习党课，重点加强对新形势、新任务、新要求的学习、宣传和落实，并以报告的形势将各季度支部开展的工作，让党员了解总支建设情况，不断增强党组织的创造力、凝聚力和战斗力。

【基层民主建设】 2012年，社区规范了党务、居务公开，按月更新公开内容，完善了"三会"开放、"三联"数据库，邀请2名居民每两周一次列席社区工作会，了解社区工作动态，在居民中起到上承下传的作用，对涉及民生的重大事项，社区都进行了公开听证。全年，接收到群众的意见和建议40条，都及时进行了回复处理，为民办实事6件，召开听证会4次：听证解决了202号院商铺交纳管理的问题，已落实。听证完成了3个院落关于干部作风教育实践活动征集意见。听证208号院落改造意见。听证完成了208号停车场工程。听证会均有资料存档备查。

【群团工作】 2012年，社区有团员（含流动团员）96人，妇女3270人，建立健全了志愿者服务体系，有注册志愿者347人，6支服务队，以活动为重点，构建以社区青少年为总揽的社区共青团工作体系。在今年3.5学雷锋系列活动中，社区团支部开展走访社区空巢老人、高龄老人，青少年开展了"绿化生活环境，促进低碳生活"3.12植树节活动、"绿色与文明通行"庆五四骑游活动、"六一无烟日，最美儿童节"活动、"深入推进禁毒宣传，营造平安和谐社区"禁毒宣传活动、暑期社会实践活动，进一步提高社区青少年综合素质。全年，工青妇开展各种活动27次，志愿者服务活动21次，对社区服刑人员子女、贫困青少年、贫困母亲慰问4次。

【全国文明城市复查】 2012年，社区根据创建全国文明城市复查相关文件精神要求，制定了创建全国文明城市复查工作方案，为确保创建及公共文明指数测评等迎检工作达标，积极推进各项创建测评工作的开展：一是成立了创建及迎检工作领导小组，对创建及测评工作进行督促和落实；二是坚持创建测评会议制度，及时反馈和传达街道创建测评会议精神，安排部署各阶段的任务，对督导组检查中存在的问题进行及时的整改；三是严格按照创建测评的内容和方式，实行社区两委、工作人员、引导人员包院落制度，按照各自分片的院落，将收集到的情况及时解决；四是积极营造创建测评工作宣传氛围，定期利用社区宣传栏和文艺活动进行宣传。组织工作人员、党员、居民小组长等参加入户问卷调查的预演及培训会，圆满完成了文明城市复查创建工作。

【就业工作】 2012年，社区两委围绕街道关于"加强社会管理和创新实践活动，以改善民生为出发点，加强党建为着力点，规范服务为突破点，提高群众满意度为落脚点，不断促进思想理念新觉醒，争创文化建设新成就，推动街道各项事业新发展"的总体工作思路，继续深入做好"五民五好"民生工作，建立"双困"人员和高效毕业生就业援助长效机制，帮助辖区失业人员实现再就业，努力提高居民收入。社区有就业愿望和就业能力的劳动力1760人，已就业1754人，再就业率达99.6%（其中“4050”等就业困难人员631人，已就业627人，再就业率达99.3%）；完善困难家庭就业托底援助长效机制，推进“双困”人员帮扶工作，准入和退出资料完整翔实，确保援助对象就业率达98%以上。对“双困”人员实行动态管理、动态服务，今年成功援助“双困”人员3人，历年累计援助成功人数9人。继续做好高校毕业生就业服务工作，鼓励自主创业，树立高校毕业生创业典型，开展多种形式就业援助服务工作，提高高校毕业生就业率和创业率，截至11月，社区大中专毕业生（往届生）7人，已全部就业，往届生就业率达100%；应届生1人已纳入社区青年见习基地，应届生就业率达100%。“就业援助962110”落实到人头，上岗率达100%，动态消除“零就业”家庭。社区通过不定期走访失业、灵活就业人员，以动态形式掌握、跟踪消除“零就业”家庭，并由专人负责就业援助“962110”，截至11月，社区未出现“零就业”家庭，也没有拨打就业援助“962110”。为鼓励和引导辖区人员自主创业，促进创业带动就业，社区已上报小额担保贷款申请（10万元），通过走访调查及相关优惠政策的宣传，多形式、多渠道收集了辖区内新增自主创业人员3人，带动人员共19人就业，带动率633%。社区简通过报、宣传栏为居民宣传就业工作形势、政策、动态及就业信息等。社区将收集的用工信息在第一时间发布，执行用工信息交流、共享制度，截止11月，收集岗位信息217条，成功上岗人员20人。做好征地农转非人员就业奖励金审核和发放工作，防止矛盾激化。 每月按时准确报送就业奖励金续费人员和新增人员，无漏报、错报。截至11月，三瓦窑社区共发放就业奖励金30850人次，累计发放金额1295.8万元，就业奖励金年审率达98.1%。

【治安综合治理】 2012年，社区成立了“社区治安综合治理”领导小组，“反邪教”领导小组等组织，建立了每周工作例会制度、信息报送制、不稳定因素排查制。坚持每周召开工作例会，总结上周工作开展情况及存在问题，提出下一步工作计划和整改措施，从而促进工作的开展。每月按时上报不稳定因素排查表，截至11月，上报不稳定因素11次，每季度末上报不稳定因素分析和信访形势分析，全年社区无不正常上访事件发生，三瓦窑社区的信访工作制度得到了居民的认可，辖区内全年1–11月统计的来信来访案件14件/14人，其中物业管理12件，其他1件，城市管理1件。全年辖区共发案27起，均为外地流窜人员作案，独立院落刑事案件发案与去年相比下降12.9%。

积极开展反邪教警示教育活动，对社区内的“法轮功”人员进行了重点监控，有效地阻止了邪教组织的违法犯罪活动，做到“五无”。同时，做好了不稳定人员2名的安抚工作，排除了不稳定因素，确保了“三零”目标。深入开展“无刑事案件”院落创建活动，198、208号院四年连续无刑事案件发生，202号院三年连续无刑事案件发生。社区大力开展无毒社区活动，设立了社区戒毒（康复）办公室，成立工作领导小组，为1名吸毒人员免费提供美沙酮治疗，2名有吸毒史人员进行帮扶教育。社区每月悬挂固定横幅2幅进行宣传，积极搞好“6.26”禁毒宣传，增强了人们的禁毒认识，常住人口无新增吸毒人员。社区建立健全了专项整治工作领导小组、建立了长效工作机制，扎实开展学习周边地区整治、“三电”整治、铁路护路、国家安全人民防线建设、“违青”帮教、“黄、毒、赌”整治等工作；积极配合与执法部门开展多部门联动，加强对卷烟零售市场中的不法经营行为的整治力度。全年辖区内“三电”设施每月巡查1次，开展青少年法制宣传教育2次，均有记录存档备查。

【流动人口宣传和管理】 2012年，社区在辖区8个居民院落及商铺定时悬挂流动人宣传标语横幅，发放流动人口服务管理相关知识的宣传资料，在各院落公示栏张贴宣传画，入户向居民宣传流动人口相关政策知识，居民知晓率达100%。详细填写了《房屋基本信息调查表》《流动人口基本信息调查表》《大型用工单位信息调查表》，项目齐全，录入流动人口服务管理工作综合系统规范。社区流动人口工作人员每周定时向出租房屋以及房内的流动人口进行巡查核实，对暂住七日以上的流动人口信息及时采集，流动人口信息采集率达85%，房屋信息采集率达100%，出租房屋信息采集率达100%，房屋中介机构信息采集率达100%。截止到2012年11月，共采集房屋6720户，出租房屋1255户，商铺30户，房屋中介机构5家，人户一致739人、人在户不在2534人，采集流动人口5774人，流动人口信息采集率达85%；房屋信息采集率达100%，出租房屋（含商铺）信息采集率达100%。房屋中介机构采集率达100%。全年上报流管办信息及每周工作动态各44份，开具出租房屋治安责任书378份。

【计划生育】 2012年，社区有育龄妇女2000人，外来暂住人口多、流动人员复杂、流动性大，为健全和延伸计划生育网络体系，社区做到了各居民小组、各单位之间计生工作的紧密联系，签订计划生育协议书。通过计生小组成员的广泛宣传，全年，社区未出现1例政策外生育事件，未出现1例大月份引产事件，做到生育妇女45天内及时发放避孕药具，综合避孕率达100%。为辖区流动人口办理《流动人口计生免费服务证》84本，办理《流动人口婚育证》17本，发放爱心券720元，为辖区内的育龄妇女提供免费“三查”服务，春秋季妇检“三查”115人。全年，共出生28人，符合政策生育率，计生专干上门服务50余人/次，送生殖健康知识上门、送避孕药具上门，营造全社会人人都关心、支持计划生育工作的良好氛围。

【民政工作】 2012年，社区建立健全了民主管理机制，有居务公开制度及居务公开监督小组，公开内容及时规范，按月更换。落实了民政工作各项优抚政策，春节前慰问伤残军人、复员军人、低保户、残疾人、贫困老人等63人发放慰问金19800元。全年，对12户低保户发放最低生活保障金和各项补助金共计67685元，并行了入户核查，取消了1户不符合条件的低保户，并为1名低保户、1名残疾人办理了医疗救助金、临时救助金共计6056.80元，为低保户、残疾人、伤残军人等弱势群体99人办理了面值200元、300元等爱心卡，为3户贫困家庭及1名残疾人发放爱心购物券5500元，4户无就业能力的低保户发放民政援助爱心款4400元，社区现有残疾人36名，有劳动就业能力的13人，已就业12人，就业率达92%以上。同时，制定了“量体裁衣”服务，发放“爱心卡”“慈善爱心购物券”“居家安养金”等。

【老龄工作】 2012年，社区成立了老年协会，会员97人，会长1名、4名协会理事。并成立桂溪老年辅导站，站长1名，学员100余人并定期开展声乐、舞蹈辅导培训，三瓦窑社区老年舞蹈队参加了高新区举办的第二届老年艺术节，节目“竹林森处”捧得“成都高新区第二届老年艺术节”金奖。张祖源老人以书法“龙腾盛世”荣获了三等奖。老年舞蹈队代表桂溪街道办事处参加成都市第十一届老年艺术节在城区器乐独奏中荣获一等奖。全年，组织老年人参加各种活动4次，为社区老年人提供了展示健康体魄的舞台，丰富老年人的晚年生活，开展志愿者服务活动7次，为辖区老年人解决生活中的一些困难。春节为五保户、伤残、复原老军人、低保户、残疾贫困老人及60岁以上农转非居民老人共77人发放慰问金3850元。为11位残疾老年人员办理200元的“爱心卡”，为低保老人、伤残老军人、复原老军人、低保边缘户老人、90岁以上老人共8名办理了300元的“爱心卡”，为2位精神残疾老年人员办理了800元的“爱心卡”。为77人农转非老人发放面值30元购物券共2310元、重阳节慰问金3850元。全年发放老年人长寿补贴金共40600元。为8名就读桂溪老年大学的农转非老人补助春秋季学费共300元。

【司法工作】　2012年，社区成立了5人组成的人民调解委员会，调解委员会主任由社区主任担任，调解成员4人，积极努力的做好各类民间纠纷的调解工作，把各种矛盾解决在萌芽状态，全年发生矛盾纠纷案2起，调解成功2起，并资料存档备查。截止12月，开展普法活动51次，出普法专栏11期，并将律师的联系方式在每个院落进行张贴，方便群众咨询、联系。

【教育工作】　2012年，社区适龄儿童入学率达100%，学生流失率为零。社区分别为6名失地农民子女办理了“政府奖学金”，社区13名高中阶段失地农民子女办理高中教育学费补贴，应退费15600元。做好社区6名就读绿舟和平幼儿园“学费补贴”及“生活补贴”的退费工作。“六一”儿童节，社区组织小朋友及其家长开展了“六一无烟日，最美儿童节”亲子活动，并不定期开展提高青少年精神、行为文明的各种活动，促进未成年人健康成长。

【卫生防疫】　2012年，社区设立卫生专栏，每月进行健康教育宣传工作，协助卫生服务中心开展义诊活动，提高居民的健康意识。建立义务献血队伍人员共计29人，随时准备义务献血。定期投放鼠药开展灭“四害”，喷洒消毒工作，做好防范预防疫情的发生；对自办群宴和无证行医摊点进行日常监管，申报群宴共计2次，无食品中毒事件发生。专干人员不定期对辖区内的工地、餐馆、幼儿园等食堂进行卫生情况检查；对辖区内的肉类、散装食品来源进行严格监管，禁止不合格食品进入市场。

【安全生产】　2012年，社区年初就制定了社区消防安全事故应急方案，组织安全小组及居民培训学习会2次，居民群众消防演练1次，上报信息16条。全年对本辖区内的施工单位、商铺、院落进行安全消防安全巡查共14次，查出安全隐患6处，均及时进行了整改，整改率100%。社区监管区内未出现死亡及重大经济损失的事故。

【食品安全生产】　2012年，社区建立了由社区主任、安全员负责抓食品安全及领导工作，将食品安全工作纳入重点来抓，小组成员负责各商铺日常食品安全销售环节和检查督促工作，有不良食品安全情况立即上报，发现无证经营3家，及时上报，同时对商家进行教育引导他们守法经营，杜绝了不良食品的销售、流通，让居民群众在社区范围内买得开心，食得放心。

【动物防疫】　2012年，社区两委根据社区的实际情况，对家禽、家畜、宠物养殖户做了一户一页，一畜一格的登记，登记率、业主了解熟悉动物防疫保护有关知识率达100%，并向养殖户发放了消毒药品，消毒率、强制免疫率均达100%。全年未发生重大疫情发生、无狂犬病病例。

【统计工作】　2012年，社区配置了1名居委委员负责统计工作，社区党总支书记担任统计负责人。全年，保质保量按时完成了区、办事处下达的各项统计目标任务及临时性统计工作任务，积极参加各种统计人员培训，进一步提高统计人员业务素质和工作能力。

【科普工作】 2012年，社区建立健全了科技工作组织机构，人员落实、配备了科技专干1名。社区内设有宣传栏、宣传牌，截止11月进行更新科普宣传内容11次，各类宣传活动28次。同时，不定期举办科普讲座、科普宣传，臭氧层的作用、优生优育、低碳生活、防震减灾等科普资料，普及科学文化知识，倡导健康文明生活方式，提高辖区居民知晓率。

【城市管理】 2012年，社区两委重视城市管理工作，成立了城市管理工作领导小组，由居民委员主任担任组长，1名委员专职负责城市管理工作，并配备了4名专职城市管理员，对两委成员和工作人员进行了城市管理责任区域划分，分片落实到人，健全了工作制度，落实了环卫整治工作维护队伍，维护周边环境。按要求准时参加街道召开的城市管理工作会议和各项活动，并按要求及时报送城市管理工作信息及报表资料。积极开展“门前三包”工作，认真落实“门前三包”责任制，与辖区内的29家经营户签订了“门前三包”责任书，签约率达100%，履约率达98%。并按责任段分工负责，不定期进行日常巡查，并有巡查记录。每月组织开展“门前三包”相关知识宣传活动。社区积极开展创“百佳街道 ”“千佳商铺”活动，均有文字资料存档备查。

社区配备了2名专职收费人员开展收费工作，严格按照成都市城市生活垃圾处理费收费标准及相关规定执行，按时足额收缴城市生活垃圾处理费，在收费过程中未发生任何违规行为，全年社区共收取城市生活垃圾处理费12.2万元，完成基本目标的106.09%，奋斗目标的101.67%。

【群众文体】 2012年，社区利用面积小、人员少、构成复杂等特点，坚持“民本、自治、和谐”的工作理念，营造宜人居住的生活环境，建立健全了院落管理小组、院落管理小组制度，认真开展了文明和谐家庭和文明和谐院落评选活动。开展了“社区、家庭、环境卫生”主题活动，清理了建筑垃圾、生活垃圾、树枝杂草、废塑料袋等，使社区面貌焕然一新，举办了拔河等文体趣味活动，拉近居民之间的距离，促进邻里和睦。全年，在“文明和谐家庭评选”活动中，实际参评402户，社区文明家庭创建活动参与面达98.52%，共评出文明家庭402户，标兵户32户，院落自治组织举办各种活动119次。

社区以各种方式开展丰富多彩的经常性、群众性的文体活动，参加的居民人数达到60%以上。全年，社区舞蹈协会创新6个节目：《草原牧歌》《竹林深处》《纳西群歌》《黄玫瑰》《一个妈妈的女儿》《在唱山歌给党听》，《竹林深处》获高新区第二届老年艺术节金奖，同年还获得区2012太极拳比赛第二名；在区“喜迎十八大”第九届社区文艺汇演获三等奖。全年开展文体活动28次，有特色，有影响力的活动10次。

【“一站、一队、一员”活动】 2012年，社区党总支在社区开展建立党员文化服务站、成立党员志愿者服务队、争做院落的联络员的活动，党员文化服务站启动后，各党支部组织党员到文化服务站进行学习，共组织学习了6次；组建的五支有技能、有特色的党员志愿服务分队也分别开展了红色教育志愿者、妇女维权志愿者、老弱病残志愿者、文化科普志愿者、就业服务志愿者的服务群众活动；为了更加熟悉掌握和解决辖区内居民的实际问题，总支利用各种形式向社区两委成员、包片工作人员、党员广泛宣传院落联络员的标准，即三访、三知、三做、六心，通过争当院落联络员，现走访群众实现了全覆盖，收集群众问题40余条，已全部解决落实。

【双困人员温馨服务站】 2012年，社区成立了“双困人员温馨服务站”，按照“分层援助、一人一策，因人设岗、按劳取酬”的原则，根据援助对象身体状况、困难类型、家庭结构等不同情况，开展定制式个性化就业援助，使得他们通过自身努力，主动要求就业、创造自我价值，改善家庭经济状况。从政府“扶着走，教着走”的现有模式引导“双困”人员转向“我要走，我能走”的劳动致富道路，从根本上树立起“双困”人员的自立自强信念，改变“双困”人员的人生轨迹，最终达到“双困”人员成功脱贫的效果。截至2012年11月底，三瓦窑社区“双困”家庭通过“双困人员温馨服务站”的有效运作，已成功帮扶11户共计26人（其中3户低保共计3人、8户低保边缘共计23人）困难家庭脱离贫困。

【院落自治管理模式创新】 2012年，社区利用自有资金，开展“十佳楼道，十佳居民”的评选活动，为进一步理顺社区居民自治主体关系，完善社区建设管理体制与运行机制，不断提升社区社会管理和公共服务水平，逐步提高社区居民参与社区建设的主动性和积极性，进一步扩大居民自治在构建和谐社会中的积极作用和影响力，深化文明城市建设与构建和谐三瓦窑，平等、和睦、稳定的促进三瓦窑的文明进步和安定团结。

【社区特色服务】 2012年，社区“三型”（“文化型”“服务型”“孝德型”）特色工作以社区各部门（党建、民政、文化、社事、就业、综治、流口等）为活动载体，充分发挥各自优势，实现优势资源共享，从而实现真心服务赢民心，提高了认同感；丰富文化促参与，提高了积极性；倡导孝德促风尚，营造出和谐新氛围。

【东苑片区管理平台完善】 2012年，经过1年来桂溪街道办事处、三瓦窑社区、银杏物业等多方努力，在东苑片区的5个小区，（即桂溪路123号、金桂路238号、桂溪路200号、桂溪路318号、桂溪路223号）相继成立了业主委员会，完成了该小区相关院落自治管理制度。为了加强引导，促进社区工作的开展，社区于12月中旬召开“关于东苑片区管理与服务交流沟通专题会”，邀请了该片区的业主委员会、物业管理公司、街道办等相关部门及人员，实现东苑片区管理与服务大联盟，为2013年工作夯实基础。

双祥社区

【概况】 成都高新区桂溪街道办事处双祥社区地处昆华路（北）以东，大源北一街以南，南华北路（北）以西，大源北二街以北。社区覆盖了双祥川音幼儿园、大源学校、社区卫生服务中心等配套体系，并毗邻伊藤洋华堂、成都七中、美视国际学校等，社区环境优美，交通便捷，生活、教育、医疗配套齐全。社区建有以党员为骨干的思想宣传、治安巡逻、社区服务、帮扶救困、民事调解、帮教转化、爱心助残、绿化保洁、文化宣传等志愿者队伍，充分显示了党员的先锋模范作用。社区成立的合唱队、舞蹈队、秧歌队、舞剑队，利用各种重大节日，开展各项丰富多彩的活动，形成健康向上、文明和谐的社区文化氛围。

【党建工作】 2012年，双祥社区临时党支部现有在册党员294人，为了开展好群众及党员评议的“争先创优”活动，2012年1月4日，双祥社区党支部首先召开了全体工作人员会议，通过会议商议，为每一位党小组长配备了1~2名年轻的“执笔秘书”，此举不仅得到了广大老年党员的热烈支持，也尽可能地扩大了“争先创优”活动的影响力。

2012年2月22日上午，双祥社区召开了武侯区第六届人民代表大会换届选举正式候选人与选民见面会，约120人参加了此次见面会。

2012年4月16日双祥社区临时党支部在社区二楼会议室召开了“三分类三升级群众、党员评议会”。通过开展此次活动，贯彻落实了上级“三分类三升级”的活动方针，为增强我社区党组织的创造力、凝聚力发挥了作用。

2012年5月24日下午双祥社区临时党支部在社区二楼召开了全体党员大会。并进行了支部党员季考工作，带领全体党员一起浏览、回答了试卷。为了迎接建党九十一周年，社区于2012年6月28日开展了“清洁院落，集中整治”的居民参与面广、对社区文明和谐有较大影响的活动。社区居民小组长、党员志愿者、社区志愿者等将近300余人积极参加了此次活动。2012年7月10日，双祥社区组织了18名社区老党员到桂溪街道办参加了由侯德邻教授讲演的关于“保持党的先进性纯洁性讲座”党员轮训会。

社区临时党支部还通过慰问老党员以及关怀生病老党员的方式让我社区的党员朋友感受到国家和党无尽的关怀；通过开展“干部作风教育实践活动”来提升整个干部团队的素质；通过开展“院落坝坝会”来倾听居民的心声；通过落制作 “双祥社区在创先争优活动中开展基层组织建设年活动”宣传栏，并在社区各个院落大门口制作了“全面开展基层组织建设年工作”横幅的方式来广泛宣传；通过召开学习会议、写学习心得、阅读相关读书笔记等方式来让大家时时牢记干部作风教育实践活动所传达的精神；通过高新区党群慰问困难家庭，不仅给困难家庭带去了温暖，还加强了党群之间的紧密联系。

【就业工作】 2012年1月5日，双祥社区劳动保障站召开了2012年就业工作探讨性会议，为本年的就业工作献计献策。2012年2月10日，双祥社区劳动保障站与双河、双源社区协作，举办了新春第一场招聘会，此次招聘会共有参会单位18家，为辖区居民提供928个工作岗位，最终初步达成意向205人。双祥社区两委承办的“桂溪街道妇联2012年‘粉色主题系列’女性招聘会”于2012年2月10日上午在双祥社区48号院正门举行，本次招聘邀请单位到会18家，提供岗位1000余个，初步达成就业意向205人。为积极响应桂溪街道办事处就业和社会保障服务中心的就业优惠政策，双祥社区劳动保障站就业协管员一行人，来到“成都高新区双祥四川音乐学院幼儿园”，与其签订了优先用工协议——就业帮帮队。

2012年3月21日，双祥社区劳动保障站与成都市机关生活服务中心合作，在大源北中街24号商铺内举办了专场招聘会。此次招聘会，为我辖区居民提供4个工作岗位，共有20余人参加，最终初步达成意向18人。为更好地解决青年见习以及毕业大学生的就业问题，2012年4月20日，由桂溪街道办事处主办，诚邀高新区人事劳动和社会保障局的领导，高新区各中外大小型企业50家，通过三瓦窑、和平、双源、双和、南新以及双祥社区的共同协助，在双祥社区举办了“桂溪街道社区青年见习基地授牌仪式暨2012年大学生专场招聘会”。此次招聘会为各社区授予了青年创业见习基地牌匾，为首批8名见习大学生发放见习通知书，共进行求职登记261人，初步达成意向86人。

双祥社区劳动保障站于2012年4月28日上午举办了第一届大学生联谊会活动。12名大学生通过相互问答的方式，交流分享自身经验，探讨当今社会的就业趋势。2012年6月15日，双祥社区就业和社会保障服务站在双祥社区48号院举办了“三进四送”专场招聘会。此次招聘会，共有两家参会企业，为辖区居民提供120

个工作岗位，最终初步达成意向23人。2012年7月25日上午，双祥社区劳动保障站与天虹商场股份有限公司、成都市机关生活服务中心以及华昌物业合作，在48号院正门举办了招聘会，本场招聘会提供近180个工作岗位，共有200余人参加，最终初步达成意向44人。2012年9月21日，在双祥社区48号院正门联合举办了奥克斯广场专场招聘会。此次招聘会共有参会单位19家，为我辖区居民提供300个工作岗位，最终初步达成意向44人。除了为居民找工作，劳动保障站的工作人员还通过紧密联系用工企业，与用工企业做长效沟通，为就业工作做好前期准备；我们开通了短信平台，自年初起已经成功推荐102位居民上岗；开展了暑期实践活动，为大学生提供了认知社会的平台；为创业青年提供创业咨询与帮助。

【民政和老龄及计生】 桂溪街道红十字会于2012年1月13日在双祥社区开展了“红十字博爱送万家”活动，对社区突遭变故陷入困境的家庭和生活困难家庭进行了慰问，并送去了慰问品。从1月10日开始，双祥社区为社区60岁以上1700多位老年人发放了每人50元的新春慰问金。2012年3月15日下午，双祥社区组织开展了“一帮一”启动仪式，即社区与美视学校联合为空巢老人献爱心的“朝夕相伴”读书读报活动。此次活动由美视学校学生分别为社区5位空巢老人进行一帮一读报、讲时事新闻和健康知识行动，为老人送上了温暖。

“明目健康工程，白内障援助进社区”大型公益活动于3月21日和3月22日在双祥社区展开，此次活动为社区内老年朋友以及残疾朋友进行免费眼病检查和白内障筛查，并提供现场专家咨询。3月13日–3月16日在社区卫生服务中心免费开展了为期4天的春季生殖健康检查活动。共有841名常住及流动人口已婚育龄妇女前来参加了检查，现场为2位已婚且采取长效避孕措施的流动人口育龄妇女办理了《流动人口婚育证》；为5位已婚未采取长效避孕措施的流动人口育龄妇女发放告知书，发放避孕套500余盒。

2012年4月25日，双祥社区举办了“民生、惠民”政策培训会，培训内容包含低保、低保边缘、贫困群众医疗救助、应急医疗救助、临时救助、阳光育苗、阳光圆梦、住房保障等，辖区内楼栋长及居民代表60余人参加了这次培训。双祥社区联合卫生院和成都第四人民医院于2012年6月5日开展了对行为异常人员的精神检查。通过集体到双和社区会议室集中检查和针对个别人员入户的方式检查了8位行为异常人员的情况。

2012年8月6日为社区11位残疾人和7位老年人各发放轮椅1辆，并了解了他们的生活状况。2012年8月8日，社区两委联合双源社区、双河社区，在双源社区多功能会议室为计划生育“三结合”和“关爱女孩”家庭集中发放了帮困助学慰问金，我社区有9户贫困女孩家庭领到了每户800元的慰问金。2012年9月6日开展了“9.12出生缺陷干预知识讲座”活动，辖区内计生信息员和准妈妈们共计50余人参加了此次活动。活动除了邀请相关专家解答疑问，同时还发放了《优生优育、出生缺陷干预知识》《五期教育》《计生药具宣传》等宣传资料150余份。

【残联工作】 2012年1月5日，伊藤洋华堂高新店联合双祥社区开展“小寒年末送温暖”活动。双祥社区党支部书记李后全同志、伊藤洋华堂高新店店长以及工作人员在社区会议室对社区27位一级残疾人进行慰问关怀活动，并发放了慰问品；2012年5月20日是第二十二次全国助残日，双祥社区于5月16日在社区以张贴悬挂标语、开展精神卫生讲座的形式开展了宣传活动，向广大残疾人朋友宣传民生政策，并向残疾人朋友发放慈善超市购物券，并对我社区自强不息的2户残疾人家庭进行了慰问，为他们送去了食用油、牛奶和电风扇等慰问品。

10月16日，双祥社区为社区内260余名80岁以上的老年人发放了高龄补贴、为2100余名60岁以上老年人分别发放了重阳节慰问金以及为下半年过生日的老人发放了生日券。社区还通过为残疾人设立专用停车位、为行动不便的残疾人发放轮椅来关怀残疾人的生活。

【文体和教育】 2012年，为丰富社区居民春节期间的文体生活，双祥社区两委联合双祥社区篮球协会举办了2012年新春第一场篮球友谊赛，用健康迎接新一年，用激情为生活添彩。双祥社区于2012年3月31日上午10点在社区院落中开展了“百姓故事会·道德讲堂”活动，并定于每月举行一次，通过讲述自己身边的故事的方式，把发生在家庭中，邻里间，一件件孝敬父母、夫妻和谐、助人为乐、奉献爱心的事迹，感染到社区居民的生活中。2012年3月7日上午，为庆祝“三八”国际妇女节的到来，双祥社区在社区门口举办了“庆三八游园活动”。为了纪念5·12汶川大地震四周年，双祥社区通过制作宣传栏的方式在院落中集中宣传了灾后重建四年来我国取得的巨大成就，展现了灾区的新变化、新面貌。5月13日，又到了一年一度的母亲节。为庆祝母亲节的到来，双源、双祥社区联合川大栋梁工程学院的志愿者们开展了一场名为“感恩母爱、情暖五月”的亲子活动。

2012年6月3日，双祥社区举办了“双祥社区民间艺术、腰鼓、篮球协会成立一周年庆典暨军鼓协会成立仪式”活动。为了迎接这一年一度端午节日的到来，2012年6月21日双祥社区在高新区党群局工作人员及社区领导、工作人员、学习雷锋志愿者的共同参与下举办了端午节包粽比赛活动。2012年7月31日在双祥中街举办了“庆八一·红歌大家唱”晚会活动。有30余名选手报名参加比赛，有500余名观众现场观看。2012年8月16日组织了社区工作人员及办公室党员开展了“我运动，我健康”羽毛球比赛活动。2012年9月28日晚，为了讴歌建国伟大业绩，庆祝建国63年诞辰，迎接中秋、国庆双节，双祥社区在双祥中街隆重举行了“迎中秋、庆国庆”双节文艺汇演。

“金色之秋、健康快乐”，社区通过开办了老年大学辅导站来丰富老年人的生活，开展“健步走活动”“院落乒乓球比赛”来提高社区居民锻炼身体的意识；参加了“2012年太极拳比赛”，并斩获奖项；“凝聚力量，释放激情”，举行拔河比赛；“生命在于运动，速度点缀生活”，全体工作人员参加骑自行车活动；“爱心家教服务到家”，传递爱心，用心点燃希望。

【卫生和防疫】 双祥社区两委在2012年6月28日举办了清洁社区院落卫生环境和便民义务服务活动。社区志愿者共计200余人参加了此次活动。双祥社区特组织工作人员于9月3日分别对25、36、48号院落进行灭蟑螂的药物发放和药物规范投放的业务指导工作，在辖区范围内展开了一场统一灭蟑螂活动。2012年11月19日下午，社区工作人员以3个院落内强电井、弱电井、绿化带旁等鼠类常出没处作为鼠药投放点，分别对25号院、36号院、48号院展开投放鼠药工作。

【综治和安全】 2012年1月20日，社区两委召开了年前安全会议，本次会议着重于防火、防盗安全知识的宣传，以及做好监督、巡查工作。2月29日，双祥社区安全小组成员开展了“百日安全生产宣传活动”，发放宣传资料800余份。3月15日上午，双祥社区科普小组在25号大院门口开展“3·15”消费者权益日宣传活动，向居民群众发放"3·15"宣传手册，内容包括消费者10大投诉热点、电子秤注意事项、揭秘十大消费陷阱等，并发放宣传资料600余份。为了推动成都建设"世界现代化田园城市"的大背景下"共建文明城市，共创和谐家园"这一进程，双祥社区于2012年6月8日连同物业服务中心一起对小区出现的高空抛物现象进行了专项治理并在社区164部电梯中张贴了图文并茂的通知。6月8日双祥社区安全小组在社区3个院落的宣传栏内张贴安全宣传画报，宣传"防火知识、乱停堵塞消防通道的危害、高空坠物的危害"等知识。6月13日，双祥社区在48号院门口开展了"安全生产月"宣传活动。内容包括生活中的安全常识、应急救援知识、安全生产责任规定等，共计发放宣传资料800余份，宣传手册80余本。7月14日联合双源社区工作人员和志愿者在双源社区健身广场进行了食品安全知识宣传。活动现场共发出宣传手册200余份，购物袋300余条。9月26日，"社区是我家，安全靠大家"消防安全知识竞赛在双祥中街举行。共有500余名居民参与到了此次活动，用实际演练的方式将此次活动要传达的安全知识深入人心。社区还开展了"双祥社区法治大讲堂"知识讲座活动，从婚姻、家庭、财产等法律方面的知识，从思想上教育了社区居民，提高了居民的法制意识；宣传"高空抛物"的危险性是社区安全工作一直在重视的一项工作；11月23日，双祥社区组织社区居民代表30余人共同学习了关于反邪教工作的有关指示精神，及"法轮功"及其他邪教的危害。

在"12·4"全国法制宣传日到来之际，双祥社区于12月4日联合双源社区在社区48号院门口开展法制宣传活动，并发放法治宣传手册，资料300余份。

【物业中心】 2012年2月7日双祥社区物业秩序维护部及工程部工作人员，对社区所属25、36、48号院乱堆乱放、乱搭乱建等现象进行了一次全面整治清理，共清理乱堆乱放31处、私自搭建各类棚、伞17处，运走16车杂物。4月23日，物业中心工作人员为25号院7栋2单元504号业主追回了即将被租户私自贱卖的冰箱和洗衣机。组织巡逻队员进行消防演练，组织工程部工作人员定期检修院内设施设备等这些都是社区的日常工作。双祥社区的物业隶属社区，物业管理与社区有效的对接，有利于让党和政府的基层工作更好地落到实处，为构建和谐社会打下良好基础。社区是党和政府最基层的组织之一，是党和政府联系群众的重要纽带。将社区工作与小区的物业管理有机地结合起来，对开展计划生育、流动人口管理、邻里关系调解、联治联防、精神文明建设、普法宣传和教育等工作是很有效的，这种作法又能促进物业管理开展小区文化及治安管理工作，是对各方都有利的事情。延续过去我们在物业管理中好的方法，再不断创新，"吸取精髓，摈弃糟粕"，这就是未来物业工作的方向。

【特色惠民活动】 2012年，为了更好地服务居民，深入群众，真正地做到"从群众中来，到群众中去"，2月21日双祥社区两委在院落中举办了免费的磨刀活动，特定以后每月的21号、22号、23号分别为25号院、48号院、36号院的居民提供免费的磨刀服务。虽然为居民磨刀是件很微小的事情，但社区关怀居民的暖暖真情却走进了居民的心里。

双和社区

【概况】 双和社区是在成都高新区党工委、管委会细化社区管理的要求的大背景下，将双源社区地域管理范围进行调整后，新成立的一个社区。双和社区筹备组于2011年7月成立，地域范围北起大源北二街，南至天府二街，东至南华路，西至大源街，主要有原双源社区的44号院、5号院、48号院，37栋住房，133个单元，住房1836套，居民约6000人，街道6条，商家店铺 251家。安置居民分别来自桂溪乡五个村：五岔子村、建设村、勤俭村、大源村、铜牌村。石羊乡三个村：花荫村、灯塔村、双河村。社区配套服务设施齐备，辖区内有54个班级的9年制学校一所——高新大源学校；12个班级的幼儿园一所；农贸市场及一条商业步行街、两个娱乐休闲广场、阳光家园等服务管理设施。社区组织健全，现有社区两委成员7人，工作人员12人，楼栋长21人，门卫11人，水电工2人。

【党建工作】 2012年，双和社区党总支部召开了双和社区党支部选举大会，参会党员125人，群众代表15人，参会率达到88%以上。选举产生党支部三个，支部书记3名，委员8名，在接下来的工作中，党支部充分发挥战斗堡垒作用，打牢党支部基础工作。现有党员149人，党支部3个，党小组18个。党总支坚持落实党组织生活制度，积极开展“创先争优”活动，党总支成员联系指导三个支部的各项工作，三个党支部在院落自治组织中充分发挥领导核心作用。全面贯彻中央提出的“2012年为基层组织建设年”的总体要求，在“七一”期间，党总支部组织全体党员参观北川地震遗址、观看《建党伟业》、召开党员民主生活会、庆“七一”文艺汇演等方式庆祝共产党成立91周年，通过“七一”一系列活动共同喜迎中国共产党成立91年。

为了更好地推动党建33工作模式（即：三个支部三支队伍三颗红心，聚民心义务宣传队、献爱心义务劳动队、暖人心义务助业队），有效的组织和调动每一位党员发挥模范作用，同时，充分利用党员的自身的资源优势。“33工作模式”在社区各方面工作起到了重要的推进作用，党员全覆盖，让每一位党员都能根据自身的优势，发挥先锋模范作用，服务社区、服务居民；党员由原来的被动奉献转变成主动奉献；院落党支部在社区的指导下，能主动独立的完成组织活动，进一步巩固和发挥战斗堡垒作用。

【院落自治】 2012年3月3日、4日、19日分别依法选举产生“三驾马车”成员，院落党支部成员11名，院落议事会成员23名，院委会成员15名。成立由党总支书记为组长的院落自治建设工作领导小组；设立院落管理办公室，职责制度、人员网格图公开上墙。以“自我管理、自我服务、自我教育”为理念，开展各类工作，特别是 在围绕“文明城市指数测评”和“城乡环境综合治理”两项工作期间，院落加强管理力度，召开议事会11次，开展院落整治44次，拆除自建围栏52处，取缔占用公共用地开茶铺3处，开展宣传活动共计11次。各院落以兴趣小组为平台，成立了以“太极、空竹、滚铁环、乒乓球”等兴趣小组11支，吸纳会员290名，围绕小组开展各类居民朋友喜闻乐见的活动，提高了居民的参与热情。各院落成立了“平安院落联动队”，夜间义务在院落巡逻，确保了居民的生命财产不受损害，确保辖区全年零发案。2012年6月16日，5号院院委会在第一时间得知院落居民吴某的独生子因车祸当场死亡的巨大困境时，发出捐款捐款倡议，共募集善款20028元，帮助其家庭渡过难关。

【就业超市】 2012年，双和社区两委成立“双和社区劳动就业超市”。“超市”设立在大源步行街人流量大且显眼的位子，每周二定时向居民开放，服务项目如下：劳动就业政策、办证咨询、求职登记、小型招聘会等。该服务项目方便了居民就业、择业，增加了居民的就业途径。社区网格员还加入"就业服务群"主动与用人单位沟通，为残疾人、零就业家庭等特殊求职群体量身定制工作岗位，穿针引线，牵线搭桥，使他们都能够在短时间内顺利走上适合自己的工作岗位。"劳动就业超市"于2012年10月24日开张一周就收集到7条用工信息，200余个岗位，接待12个电话咨询，现场办理求职登记10人，推荐10人，上岗2人，这种就业服务模式与传统的模式相比，不仅提高了工作效率，加强了社区与居民之间的联系，还大大提升了居民知晓率，让他们在家门口就能找到自己满意的工作。

【综合治理】 2012年，社区两委组织开展了6次群众性法制宣传活动。社区召开全辖区综治会议6次，两委专题研究会5次，防范技能专业培训1次。在院落内开展了12次治安防范宣传。夜间加强了督促、检查力度，张贴居家防范温馨提示2000余份，发放宣传资料700余份，居家防范500份，治安防范册子300份。在治安防控的同时大力宣传和教育居民提高自身防范意识和技能。据统计，全辖区居民犯罪率为0，"两劳"回归人员重新犯罪率为0，无党团员违纪案件发生。为增强群众的禁毒意识，社区在学校、广场、开展了禁毒宣传，参加社区戒毒康复人员4名，常住人口新增吸毒人员为0。社区周密部署成功抓获三名"法轮功"宣传分子，并得到街道的表彰。积极开展独立院落"无刑事案件"创建活动，对独立院落的创建小区、单位进行了不定期的检查和指导。积极开展独立院落"无刑事案件"创建活动，社区对辖区"三防"工作进行了检查、督促工作，在综治办的帮助下社区新增了防盗网193.32米、防盗伞25个，红外监控35个得到有效的维护和保养，"三防"工作得到了有效的落实。

【计划生育】 2012年，双和社区两委共开展"婚育新风进万家"等宣传活动12次，接待居民咨询约800人次，发放各类宣传资料2500份，发送避孕药套520盒。全年共发放生育指标26人，其中一孩生育指标22人，二孩生育指标4人；计划生育流动人口登记475人，其中已婚育龄妇女180人，验证7人；为52人育龄妇女办理《免费服务证》，为7人发放计划生育爱心券金额280元；春、秋两季为320位已婚育龄妇女提供免费"三查"。将"彭洪英、赵霞"两个困难家庭列为高新区规划建设局"三结合"帮扶对象，将"但文萍"纳入桂溪街道"生育关怀——扶助孤残儿童健康成长"项目，并为其送上慰问金2000元。

【安全消防】 2012年，双和社区两委全年开展了12次安全生产检查活动。法定节假日专项检查活动6次，发放资料600余份。社区在生产安全方面社区未出现一例事故死亡，未出现一例重伤的安全事故，未出现一例急性中毒事故，未发生一起经济损失3万元以上的事故和无其他较大以上生产安全事故发生。积极做好辖区企事业单位，餐馆娱乐企业、小区院落的安全防范工作，并签订了安全生产目标责任书，签订率达100%。

【老龄工作】 2012年，双和社区两委建立为老服务体系，明确服务重点，坚持开展各种丰富多彩的文化活动。社区组织老年人开展活动2次；参加区老龄办活动2次。利用各种机会和形式扩大宣传面，举办《常见骗局揭秘，注意隐私保密》等宣传4次，法律咨询20余次，为维护老年人的合法权益发挥了重要作用。社区将空巢老人、60岁以上老人、生活不能自理和经济困难老人作为老龄工作的主要服务对象，坚持以定期走访、慰问等方式，及时为他们的排忧解难。为687名60岁以上老人发放春节慰问金共计34350元，为15名贫困老人及1名百岁老人发放春节慰问金共计4800元，为60岁以上老年人发放生日慰问券702张、为191名80岁以上老人发放上半年长寿补贴金66300元；重阳节为709名60岁以上老人发放35450元慰问金和免费健康检查。为31名老年大学学员申请发放了学费补助930元。分别到17位去世的老人家中安抚家属并敬献了花圈表达哀悼，为20名90岁以上老人送去了生日蛋糕表达祝福，为3名80岁以上行动不便老人申请发放轮椅。

【民政工作】 2012年，双和社区两委围绕办事处“五民五好”工作理念，大力宣传各项惠民政策。播放法治电影12次，更换社区法治宣传栏12次，开展社会救助政策宣传8次，受众人数960人次，发放各类宣传手册资料2000余份。建立了26名患重度疾病人员台账；74名残疾人台账；717名60岁以上人员台账；95名80岁以上人员台账；18名90以上老人台账；7名优抚对象台账；10名现役军人家属台账等，实行动态管理。

【文体工作】 2012年，双和社区两委本着“打造活动场地、壮大文化队伍、提高居民参与度、提升居民幸福感”的宗旨开展活动。首先打造了有图书室、会议室、活动室、储藏室组成的“双和社区文化活动室”。成立了社区腰鼓协会、龙狮民间艺术协会、象棋协会及舞蹈队。依托院落自治，成立了太极拳、空竹、滚铁环等11个兴趣小组。文艺爱好者从去年社区成立时的15名上升到300多名。开展了“2012群众春晚”“龙腾国庆，月舞中秋”等大型文体活动5次，开展了“小手牵大手”等院落小活动80余次，开展了以“品味百姓生活、讴歌人间真情”的百姓故事会11次。并荣获高新区社区篮球争霸赛第三名；高新区太极比赛第三名，高新区曲艺大赛第三名的好成绩。

【流动人口管理】 2012年，双和社区流动人口工作站全体人员以积极、严谨、认真的工作态度完成了上级交办的任务。社区流动人口共计1814人，2012年半年更新流动人口638人。现有房屋1836套其中正住户1073套，出租763套，院落涉及流动人口1040人。街面商铺218家，涉及流动人口774人。登记造册、录入电脑系统规范，对重点人员进行排查。流动人口采集率达到了87%以上，房屋信息采集率达到100%，出租房屋信息采集率达95%以上。

【为民办实事】 2012年，双和社区两委春节前慰问低保边缘户、残疾人、贫困老年人、高龄老人等特殊人群，慰问金及慰问品总计达92050元；为58户患重大疾病居民进行了调查、核实、民主评议、公示、共发放医疗救助金211661元；为刘云树老人免费疏通和改造厕所管道，为因车祸当场死亡的5号院居民吴某家属募集20028元捐款给予救助。

2012年，对3个院落安装座椅40条，安装新广场金卤灯3盏；处理院落积水15处，补栽绿化达300平方米，维修路面50处，清理雨篦子450个，清掏化粪池10处，维修污水管道5处，疏通管道50处，清扫居民2楼平台面积达1600平方米和单元门顶部垃圾共计133个单元，粉刷单元和门卫室共计140处。对5号院新改造围墙安装防盗网200米，为住户更换进户主线5家。对院落线路和楼道灯、单元灯，庭院灯，长期进行维修。安装庭院灯6处，更换各种灯泡近2000个，维修门禁系统共计90处，帮助困难居民和行动不便的居民家庭维修水电105户，（主要帮助更换灯泡、开关跳闸、换保险）。安装隔离杆4处共90根。对5号院44号院48号院全年共计安装晾衣杆5处。零散维修共计100处。

益州社区

【概况】 益州社区属成都高新区桂溪街道。社区筹备组成立于2007年11月。管辖区域：站华路以东，府河以西，府城大道以南，南边与华阳大桥交界（包括原双土村、建设村、五岔子村）。全辖区面积约为10.23平方公里。社区常住人口 23112余人，流动人口13357人（流动人口主要集中在35家在建工地及各写字楼）。社区工作站站长罗王军，工作人员由何雪、王秋霞、李茜、庄福明、朱昌兵组成；张亮、杨敏、尹玲、周骅杨、廖汉斌、王倩为协管员。

【党建工作】 2012年，益州社区党支部以基层组织建设年为契机，通过近两年的精心准备，成立了益州社区党支部，并通过公推直选的形式选出支部班子，为社区基层党建工作打开新局面。在街道“两园一圈”党建特色工作中，社区以软件园、孵化园为阵地，大力推动“两新”组织党建工作，不断扩大影响面。同时社区充分发挥“两园一圈”的资源优势，在2012年建立以“培养非公企业资源”为目的的——益州非公党建综合平台，该平台由三大主题平台组成，一是“社区非公企业主题式平台”，充分利用办公区资源优势，通过充分调配，对办公区的功能进行升级，打造了党员多功能室、党员摄影室、党员谈心室、党员舞蹈室、党员图书室、党员电教室以及综合活动室。二是园区“党员文化阵地平台”红色视野书屋。社区利用“天府新城 和谐物管联盟”的资源优势，在辖区软件园与孵化园创新设立以党建文化宣传为定位的“红色视野书屋”，共设立书屋8个，收藏书籍2400余册，红色视野书屋不仅包含了党建理论知识类书籍，也包括了涉及党员爱好和工作类的各种书籍，深受园区员工喜爱。三是园区“党员文化活动平台”，在为辖区非公企业提供全方位服务同时，通过聚集非公企业党员开展活动，我们争取到了更多资源。通过园区“非公经济”组织支部拔河赛、趣味运动会、篮球赛以及献血志愿服务等活动吸引党员加入。特别是在与双源社区共同举办的“党心为民 民心向党”晚会中，社区选送的精彩节目多数来自园区“非公经济”组织党支部。这个平台不仅拉近了社区与非公企业之间距离，同时也调动了非公企业资源参与社区建设的积极性，增进了社区与非公企业之间、非公企业相互之间团结协作的精神。随着社区非公党建工作影响力的不断提高，4月12日成都国家海峡两岸科技产业园区天府街道办事处海科社区到我社区参观学习，共同研讨园区党建工作的开展。

【工青妇工作】 2012年，益州社区党支部依法推进工会组建和发展会员工作，新增加了成都美树装饰工程有限公司工会、高新区忠恒腌腊肉食品加工厂工会、成都腾中贸易有限公司工会、益州社区工会。积极走访辖区建会、未建会单位近500家，送政策法规等宣传资料上门。3月6日，益州社区组织辖区各物管公司妇女同志举办了“新女性 新风采”演讲比赛，以奖品形式慰问了参赛人员及到会人员。3月7日，益州社区以开展“巧手DIY ——制作蛋糕”活动的方式，慰问了社区妇女工作人员。5月10日，益州社区举办了“感恩·爱——母亲节活动”，以奖品形式慰问参与活动的妇女。慰问了辖区2名企业困难女性职工、格兰晴天小区一位85岁身患残疾的高龄老人，看望了一位刚刚生产的党员。6月1日，益州社区在盛南领地开展了“和谐益州 美丽盛南 金色童年 六一活动”。6月19日，在端午节来临之际，益州社区在中建三局（棕榈泉项目）开展了以“同沐党的光辉 共享党的温暖”为主题的送清凉、送健康、送温暖活动，为农民工送去消暑药品、免费理发以及送去爱心粽子。9月10日，益州社区在高新区锦晖小学举办了“百姓故事会　道德讲堂——感恩九月　感谢有你”活动，全校近400名师生共同参与。9月28日，在中秋节来临之际，益州社区到中建八局（银泰中心项目）为农民工送去了月饼。10月22日，益州社区组织锦晖小学的学生，到桂溪敬老院开展了“益州锦晖手拉手，敬老爱老度重阳”活动。10月26日，益州社区组织锦晖小学30名学生，参加了由成都市自来水公司与成都电视台举办的“我和自来水的故事”儿童绘画比赛。11月2日，益州社区整合辖区资源，在紫阳星光网吧建立了商铺志愿服务点。今后，该网吧将对50岁以上人员实现半价优惠，网吧志愿服务监督员对他们进行义务上网指导。

【综合治理】　2012年，益州社区工作站依托“和谐物管联盟”单位，组织协调联盟单位联络专员收集各类维稳信息，及时归类整理上报，积极推动社区建设综合治理工作。社区在街道综治办领导下，加强辖区各个派出所及综治巡逻大队的联系，在辖区范围内试点开展“无刑事案件院落”创建专项活动。共有11家独立院落参与，截至11月5日，有7家单位超过310天无治安、刑事案件案件发生，个别物业小区为全年零发案院落；自开展“无刑事案件院落”创建活动及物业、工地大走访活动以来，我社区治安、刑事案件的发案率较去年同期明显下降。深入开展禁毒警示教育、强化居民防范意识宣传活动4次。加强流动人口、房屋租赁规范化管理，严抓人口管理工作。社区定期或不定期地对辖区在建工地进行法制宣传进工地及大走访活动，同时对常住人口，外来暂住人员，重点人员进行调查、登记。社区启动了“天府新城和谐物管联盟”网络信息平台，向辖区物业单位物防、技防、人防、安全消防等内容的宣传，并要求单位物业对照自身情况，自行检查落实“四防”工作。

【城市管理】　2012年，益州社区工作站加强辖区内各企事业单位和经营单位商招店招设置规范化管理和垃圾处置管理，实行“一店一桶”，有效维护了小区院落和公共区域的环境卫生和立面整齐效果；对辖区内的乱贴乱挂进行了坚决取缔；纠正了商家的占道经营和违章摆摊设点行为；发现并及时上报违章搭建多处。为建设“现代世界田园城市”，益州社区工作人员会同街道办事处相关领导及各科室工作人员在我辖区世纪城南路学校与全体师生开展了声势浩大的义务植树的活动，栽植珍稀树木100余株。

【劳动保障】　2012年，益州社区工作站通过不定期的走访工作，积极收集各类岗位信息，及时更新用工信息台账，落实共享制度，全年共收集各类岗位350余个，辖区内岗位300余个。成功推荐36名桂溪辖区人员上岗。全年协助街道办及其他社区开展招聘会工作，为招聘会联络多家企业提供岗位信息。4月20日，协助桂溪街道办事处在双祥社区开展的大学生专场招聘会，共有四家单位参加，并成功为威乐尔幼稚园推荐4人上岗。10月23日，在桂溪街道就业和社会服务中心的指导下，益州社区、双河社区在大源街举办现场联合招聘会。此次共有四家单位参加，主要提供销售、营业员及收银员等近百个岗位。社区通过当前最为欣闻乐见的“微电影”形式，以“天府新城 和谐物管联盟”为载体，通过各种与业主发生的矛盾或解决业主困等故事为题材，以“保洁”“安保”“客服”等为必要电影元素，展示辖区失地农民就业人员的劳动技能，体现个人协调能力。

【计划生育】　2012年，益州社区工作站开展大量宣传活动，为社区育龄妇女大力开展优生优育、避孕节育、生殖保健等知识的宣传，并为辖区育龄妇女进行了免费春秋季妇检两次（共查育龄妇女45人）。同时发放各种宣传资料1000余份，避孕药具500余盒。对辖区内准备怀孕的育龄妇女大力宣传叶酸片知识，确保辖区内无畸形儿出生，共发放叶酸片12盒。药具管理及发放：辖区内避孕药具共发放500余盒。签订使用药具知情选择同意书9份，并及时发放药具和随访，有效使用率达99%；及时做好台账，做到账账相符，报表准确。认真开展了对流动人口的管理，做到底数清、居住地点清、婚育及节育状况清。同常住人口一样做到“三同”即：同管理、同宣传、同服务。对流动人口查验办婚育证明共9人，发放流动人口告知书245份，共发放爱心券360元。并将流入的已婚妇女纳入了我社区的常规管理，归档建卡。

【流动人口管理】　截至2012年12月，益州社区辖区11个楼盘包括8个商品住宅院落和两个军属小区，总户数达14024户，其中出租房664户，自用户2425户，闲置9405户。大型企事业用工单位500余家，商家店铺330家（会展南门，会展内，天华路，锦晖东街），在建工地41家，物管公司55家（小区院落9家，企事业46家），流动人口总数达13357人，常住人口 23112人。2012年4月27日益州社区流动人口服务管理站在孵化园区内举行了一场声势浩大的 “凝心聚力、快乐益州” 拔河比赛。通过这次活动不仅联络了员工间的感情，拉近了社区与企业之间距离，同时也调动了企业参与社区活动的积极性，增进了社区及辖区企业之间团结协作的精神。2012年5月29日益州社区流动人口工作人员在辖区软件园A区开展了流动人口宣传活动。活动现场设立了咨询台，提供了便民服务咨询、优生优育、生殖健康、避孕知识等方面的咨询服务，卫生服务中心的医生们现场为流动人员进行免费测量血压。社区向软件园的工作人员免费发放避孕药具及宣传资料500余份，同时宣传了新型生育文化，并倡导关爱流动人口群体。

【教育工作】　2012年，益州社区辖区内各居住小区为新型高档楼盘，社区工作站工作人员通过多次走访、调查了解到辖区内暂无失学、困难等学龄儿童。工作站积极配合维护学校、幼儿园周边秩序，做好社会治安和环境卫生工作，杜绝安全事故发生。工作站对2012年高中学费申报工作进行积极宣传，在辖区内格兰晴天、天鹅湖花园、成达家园、盛南领地张贴通知，避免发生漏报情况。

【老龄工作】　2012年，益州社区工作站通过入户对辖区60岁以上老年人进行初步摸底，逐步健全辖区老年人的基本信息档案，并将其相关资料登记造册，现已录入老年人资料174人，其中户口在本辖区的80周岁以上老人13人；为13名老人办理了高龄长寿补贴费申报手续，并为25名老人办理了老年优待证。6月5日，在了解到格兰晴天小区暂住了一位85岁身患残疾的高龄老人后，益州社区工作人员对其进行了上门走访慰问。7月20日，社区依托和谐物管联盟，向辖区内各物业公司发放了全民体检通知单，并委托各物业公司将体检通知发放到各小区院落。9月28日，社区到格兰晴天小区看望慰问了长期卧病在床的80岁老人冯某，并送去300元购物卡。10月22日，社区负责人携社区两委成员深入到困难老人、空巢老人及高龄老人家中进行走访慰问，并为他们送上大米、菜籽油等生活用品。

【文化工作】　2012年，益州社区工作站针对社区实际情况，为辖区居民及企事业单位开展了丰富多彩的文体活动。1月12日，益州社区组织社区书画摄影协会的老师在双祥社区参加“2012高新区书法家贺岁送春联”活动；2月6日下午，益州社区在英郡一期举行“2012元宵喜乐会”。3月6日下午，益州社区在社区新市民学校举行“新女性 新风采”演讲比赛；4月1日，开展了清明扫墓活动；4月10日，益州社区气排球协会开展了气排球交流活动；4月13日，在格兰晴天小区开展文化进院落活动——放坝坝电影；4月23日，组织居民在桂溪街道综合文化活动中心参加“‘棋’聚高新·共品国粹”——桂溪街道赛区比赛；4月27日，益州社区在孵化园开展了“凝心聚力 快乐益州”拔河比赛；5月3日，组织居民在大源体育公园参加“‘棋’聚高新·共品国粹”——2012年高新区棋类比赛暨第三届“国手”桂溪行系列活动；5月10日，在社区市民学校举办了“感恩·爱——母亲节活动”；5月14日，益州社区气排球协会与成都铁路多元集团开展气排球友谊赛；组织软件园联合党总支与益州社区党支部在国防乐园开展CS拓展培训活动；6月1日，在盛南领地举办了“和谐益州 美丽盛南 金色童年 六一活动”；6月13日–15日，组织气排球协会参加了成都市第二届运动会气排球（老年组）比赛；6月13日，组织辖区居民参加成都高新区第二届老年艺术节比赛；6月19日，向益州社区流动图书室——中建三局（棕榈泉项目）送去100册期刊；6月20日，在成都志愿技术学院篮球场举办了“端午情思 文明传承”活动；7月11日，以“忆红色军旅生活”为主题，举办了“幸福高新 百姓故事会”。8月8日上午，益州社区组织辖区50名居民参加“成都市全民健身日大型展示活动—太极蓉城全民健身大合练”。8月16日，益州社区“百姓故事会 道德讲堂”在孵化园举行；9月7日下午，益州社区与南新社区联合举办了“赞夕阳风采 展运动激情”气排球交流赛。9月10日，益州社区在高新区锦晖小学举办了“百姓故事会 道德讲堂——感恩九月 感谢有你”。9月15日，益州社区“第三届高新区社区篮球争霸赛桂溪街道预选赛”。9月22日，益州社区参加“2012年成都高新区第三届社区篮球赛 冠军杯 桂溪街道预赛第五、六场比赛”；10月19日下午，益州社区联合双源社区在大源体育公园举行老年趣味运动会；10月19日，益州社区联合双源社区开展了桂溪街道道德故事讲堂活动；10月22日，益州社区开展了“益州锦晖手牵手 敬老爱老度重阳”活动；10月25日上午，益州社区组织居民参加“太极蓉城 活力高新2012年太极拳比赛”活动；10月16日，益州社区举办第四届老年“雀王”大赛；10月26日，益州社区联合成都市文化局在成都市第四建筑工程公司首座二期项目部，开展了迎接党的十八大文化四进活动；11月1日，益州社区联合成都电视台，在西部丽池物业的大力协助下开展了“百姓故事会 道德讲堂——我与自来水的故事”；11月4日，益州社区参加成都市太极辅导站总决赛；11月23日，益州社区在天鹅湖花园小区举办了“老年气排球比赛”；11月29日晚，益州社区组织居民参加“灿烂阳光下 那些我们与天府新区的故事”——2012年桂溪街道百姓故事会；12月1日下午，益州社区“百姓故事会 道德讲堂——我与爱之家的故事”在双流县爱之家动物救助中心举行。新创节目4个，分别是藏族独舞《弦子》、彝族舞《舞动的彝人》、音乐剧《天长地久》、街舞《快乐》。

2012年，益州社区工作站开展了5次有特色、有影响的文体活动。2月6日，益州社区在英郡一期举办了“2012年元宵喜乐会”；3月6日，益州社区组织辖区各物管企业女职工举办了“新女性 新风采”演讲比赛；4月27日，益州社区组织孵化园各物管企业在孵化园举办了“凝心聚力 快乐益州”拔河比赛；10月16日，益州社区举办第四届老年“雀王”大赛。

【安全消防】 2012年，益州社区工作站采取了定期或不定期对居民院落、物业单位、企事业、工地、学校等重点区域进行广泛宣传"百日安全生产活动"的重要意义、活动主题，主要任务，具体要求，广泛普及安全生产法律法规和安全知识，着力提高广大人民群众的安全意识和自我防护能力，不断强化辖区民众、企业员工的安全责任意识和安全素质，形成了覆盖全辖区的宣传声势

【民政工作】 2012年，益州社区工作站落实残疾人个性化服务和民政对象的走访慰问。到残疾人范昱骁家中为他发放爱心卡；组织辖区内居民参加街道举办的红十字应急救助培训；5月底社区在辖区内进行了精神行为异常人员的走访调查；6月5日社区对格兰晴天残疾老人冯昌华进行了走访慰问；9月28日社区到格兰晴天小区看望慰问了长期卧病在床的80岁老人冯奶奶，并送去300元购物卡。10月22日社区负责人深入到困难老人、空巢老人及高龄老人家中进行走访慰问，并为他们送上大米、菜籽油等生活用品。7月3日社区在格兰晴天小区开展了以"敬老、助残"为主题的送温暖进小区宣传活动。7月30 日社区协同中国水电大厦五兴物业管理公司开展了"学雷锋、树新风" 助老弱病残孕活动。

【财务工作】 2012年，益州社区工作站加强预算管理，严格执行办事处下达的收支预算方案，结合社区实际情况，每季度报送明细化预算方案。合理安排预算资金，所有活动经费预算需站长签字同意后，方可使用，每月向各分管口子发放经常性经费收支情况表及专项收支情况表，提高预算资金的使用绩效。

【两新组织"红色视野"书屋】 2012年，益州社区党支部为加强基层组织建设，为"两新"组织提供更优质、便捷的服务，夯实"两新"组织工作基础，益州社区结合辖区优势，拟在软件园（A区倍特物业、B区银都物业、C深圳科技工业园成都分公司、D区英之豪物业）、孵化园（西部丽池、成悦时代、拉德方斯、欧菲物业）建立"红色视野"书屋，增大党建工作宣传力度、增强企业对党建工作的知晓率、认同率等。"红色视野"书屋分别位于园区各物业单位，由各物业单位负责人为主要负责人，负责借阅、宣传、党员登记工作，由社区党务工作人员负责定期书籍更新工作，为园区"两新"组织党建工作的开展提供基础及有力保障。

【"高档楼盘"丧葬应急预案】 2012年，益州社区工作站通过物业联盟例会，在社区居民骨干和联盟共同智慧下，益州社区和谐物管"丧葬应急预案"孕育而生。在通过各物管实地布置后，均提出合理的丧葬预案，这也是益州社区率先提出在高端楼盘提供丧葬前期协调服务，有效地避免了因丧事办理给小区环境带来的负面影响，更加融洽了业主与物业的关系，也体现了更文明、更人性化服务。这一创新举措，在6月7日，被四川新闻网报道后，该创新社会管理模式得到了广大媒体争相报道。目前，该新闻已被新浪网、QQ新闻、和讯网、新民网、中新网等多家媒体转载。

【和谐物管联盟】 2012年，随着辖区院落群租房现象日益严重，其存在的社会矛盾也日益现象。物业通过走访发现一专业从事群租房的组织，共投资500万，以英郡为中心辐射2公里范围楼盘，收集200套房源从事群租这样违规行为。社区工作站得知消息后第一时间向上级部分汇报，上交材料。同时也积极加强与该组织负责人的联系，由该组织负责收集流口信息，社区进行核实。在没有上级行动前，社区收集各项信息。同时向该组织发放消防、安全、治安以及文明城市相关内容宣传资料，要

求该组织对承租人进行宣传，并严格控制每套房屋租住人数，将危害降到了最低。针对物管联盟单位，社区将采用奖励机制的方式，以年底对出租房屋（尤其群租房）上报数据最快，最多，最准确为依据评出“益州流动人口管理服务最佳”奖，从多条线完善对小区群租房的管理。

【就业微电影】 2012年，益州社区工作站通过当前最为欣闻乐见的“微电影”形式，以“天府新城 和谐物管联盟”为载体，通过各种与业主发生的矛盾或解决业主困等故事为题材，以“保洁”“安保”“客服”等为必要电影元素，展示辖区失地农民就业人员的劳动技能，体现个人协调能力。同时也展现了辖区物业公司的管理水平。

【青少年“绿色空间”】 2012年，随着群众的需求，社区功能不断完善，益州社区工作站针对地盘大的特点，为对会展片区的居民提供更优质的服务，社区创新在各楼盘设立青少年“绿色空间”。各楼盘物业管理处建立1个青少年“绿色空间”，空间分别由“绿色书屋”和“游戏天地”组成。每个“绿色书屋”配备书籍100余册。同时每个“游戏天地”包含2副五指棋、2副围棋、2副象棋供青少年借阅、2副羽毛球拍等。通过绿色空间的运行，不仅解决了因离办公区远带来的不便，更是益州社区针对辖区实际情况，将服务送到居民“家门口”的又一惠民举措。特别是为逐步打破社区活动只有老年人参加的格局，让更多人群加入社区活动，共建和谐社区。

【孝德益州综合文明岗】 2012年，益州社区工作站坚持“以人为本，服务为先”的宗旨，不断加强老年工作，让益州社区老人能够更好的生活在益州、养老在益州、幸福在益州。开展“综合文明岗”活动，推行“敬老示范岗”“敬老维权岗”“敬老爱亲岗”“敬老宣传岗”“敬老艺术培训岗”以及“敬老宣传岗”品牌的创建。搭平台建机制，打造“孝德益州”工作品牌。以“子女孝老人、家庭护老人、机关访老人、社会助老人”活动为载体，组织开展孝文化实践活动。

【获奖情况】

1. 荣获《成都高新区创先争优先进基层党组织》

2. 荣获《高新区第二届老年艺术节绘画比赛三等奖》

3. 荣获《高新区第二届老年艺术节书法比赛三等奖》

4. 荣获《“太极蓉城 活力高新”成都高新区2012年太极拳比赛集体太极拳项目二等奖》

5. 荣获《桂溪街道2011年度信访工作先进集体》

6. 荣获《桂溪街道2011年度维稳工作先进集体》

7. 荣获《2012年桂溪街道老年人趣味运动会三等奖》

8. 荣获《“灿烂阳光下那些我们与天府新区的故事”2012年桂溪街道百姓故事会二等奖》

9. 荣获《2012年桂溪街道“门前三包”责任制创佳活动先进集体》

10. 荣获《2012年桂溪街道“百佳街道”奖》

11. 荣获《桂溪街道2012年度党建工作先进集体》

12. 荣获《桂溪街道2012年度维稳工作先进集体》

13. 荣获《桂溪街道2012年度社区建设工作先进集体》

14. 荣获《桂溪街道2012年度团队建设工

作先进集体》

永安社区

【概况】 永安社区属成都高新区桂溪街道，辖区北起三环路，南至繁雄大道，西起天府大道，东以锦江为界，辖区总面积1.25平方公里。驻辖区单位有成都市七中初中、凯丽滨江阿波罗爱儿坊（幼儿园）、中国成都海关、长江三峡公司；辖区内餐饮有锦上酒楼、兰桂酒楼、狮子楼、蜀国飘香、圣大莫尼卡、欢天寨、秘制板栗鸡。2012年，辖区新增餐饮企业锦城印象火锅、三禾渔府、武陵山珍。社区金融机构多：工商银行、招商银行、建设银行、民生银行、成都银行、中信银行、中国银行、交通银行、农业银行、邮政储蓄、广发银行等11家银行入驻社区。社区管辖面积1.25平方公里，但街道众多，共有16条街道。分别是天顺路，天泰路，科华南路，秀川路，濯锦路，天长路，天顺北街，天环街，天久街，天久南街，天顺南街，天顺中街，天久北街，天久北巷，天久南巷，南三环路三段。社区道路全系水泥路面，主干道6车道、20米宽、道路全长近10公里。公交路线153路于2009年3月开通，由百花中心站开往天府长城，全长20多公里。公交809路、805路、6路、806路、545路、404路、331路都经过社区。2010年7月，公交184路开通，由桂溪公交站开往双源社区，全长14公里。社区有市政广场1处，安装了8套健身器材；配备公厕1所；大桥1座——永安大桥。五洲花园省电力公司有单独健身广场一处。2012年10月，新增益群菜市场一个，公交线路199路一条。

【党建工作】 2012年，永安社区辖区共有56名党员将组织关系转入社区党支部，先后开展了10余次活动，上报党建信息10条，包括社区党员大会，与发展策划局党员开展党员双报到活动，携手慰问双和社区困难党员，开展党员共读一本书活动，学习党风廉政文件等。组建党员志愿者队伍，成立了党员志愿者先锋队，包括非公企业在内共25名党员参与到活动中，开展了义务植树、清洁院落、法制宣传、爱心捐赠、黄龙溪敬老院慰问、爱心天使才艺比赛、爱心书屋建立等多方面活动，形成了党在社区的政治优势和组织优势。为加强流动党员的管理，构建流动党员交流学习的平台，确保流动党员组织活动的正规化、经常化、制度化，不断增强流动党员党性观念和意识。社区党组织召开了党组织公推直选大会，2012年5月7日选举产生了第一届永安社区党支部书记冷文，支部委员曾淼、王锐。

【工青妇工作】 2012年，永安社区党支部认真推进工会组建工作，新增4家非公企业建立工会，建立永安社区天久南巷餐饮联合工会。送政策法规等宣传资料上门，走访未建会企业60家，走访未签订集体合同的企业30家。配合街道总工会做好本辖区居民、工地流动人口“新市民”素质培训；全年共进行4次培训。配合上级工会组织企业职工开展免费体检150余人，夏季送清凉260人，慰问困难职工40人次。成立社区劳动争议调解组织，社区负责人为调解委员会组长，做好职工劳动争议调解、法律援助等维权工作。结合社区物业管理公司特性和特点，组织开展了物业服务知识竞赛，通过比赛加强了物业服务的能力。上半年开展青少年捐书活动，成立永安社区“爱心书屋”，6月1日组织到崇州集贤小学向学校贫困学生捐赠了图书、文具等。下半年为了丰富少儿假期生活，体现学雷锋志愿者精神，永安社区联合辖区古茶SPA会所联合举办的“关爱行动、爱心捐赠”及“爱心天使才艺比赛”系列活动。共有200多余名青少年参加此次活动。社区针对社区特性一直大力发展志愿者队伍的建立，动态管理志愿者队伍，做好志愿服务队的登记工作。借助社会资源，高校结对、商铺志愿服务点志愿服务工作；全年坚持开展志愿者爱心服务日活动，组织植树节爱心植树、为爱心书屋捐助书籍、学习雷锋、为60岁以上老年人免费理发、为辖区内的居民宣传辨别假币的方法、为社区居民提供免费测血压、血糖及诊疗服务、为居民讲解电话、短信诈骗防范知识等多项志愿者服务。组织开展“三八”节踏青活动，在春节、元旦、中秋、国庆等重大节日期间开展送温暖活动4次。组织辖区内妇女进行春季、秋季妇检活动，共300人次参加。

【治安综合治理】　2012年，永安社区工作站组织辖区内物管公司，工地治安负责人召开召开综治城管例会12次，会议内容为社区民警给大家通报案件，分析发案原因，总结防范经验。每个季度由社区组织各物管公司经理，工地负责人召开“治安、城乡环境、安全消防会议”加强对各自辖区内的管理和服务。全年在小区院落、工地开展禁毒宣传6次，反邪教宣传6次，流动人口宣传12次。依托“永安物业管理协会”“永安社区物业管理学习小组”组织协调协会成员收集各类维稳信息，及时归类整理上报，推动社区建设，给社区居民生活工作学习保驾护航。

【城市管理】　2012年，永安社区工作站组织开展了4次清洁家园活动，城市管理宣传6次，发放资料1000余份。组织志愿者开展指数护绿的植树节活动。与105家商家签订了门前双五包责任书，签订率达到了100%。组织商家、店铺开展清理牛皮癣、立面广告等“门前双五包”工作进行了4次专项检查，商家店铺履约率达到95%。在“4.22”地球宣传日和“6.5”世界环境日在南熙里广场组织了别开生面的宣传活动。

【劳动保障】　2012年，永安社区工作站建立基础数据与台账，对数据库进行了及时更新，做到基本清楚。积极与社区内的单位联系，寻岗、送岗、开展就业渠道。劳动就业用工信息台账已建立，全年提供共享岗位320个，其中辖区内岗位为240个，现已成功上岗26人。及时向街道劳动保障所提供辖区内用工单位招聘信息，协助双祥、双和社区开展10户以上企业或100个以上岗位的大、中型招聘会共计3次。3月22日，开展了以“搭建见习平台　提高就业率”为主题的就业工作联系会；4月27日，开展就业工作联系一次；11月13日，开展了以“发挥就业帮帮队职能，提高就业效率”为主题的就业工作会。积极认真学习就业工作的相关政策，到用工单位宣传就业优惠政策，建立就业咨询登记表，作好用工单位的咨询和解释工作。摸清本辖区自主创业人员底数，2012年全年新增自主创业人员2名。即“天和茶楼”姚和平；“车之翼”李发胜，带动就业600%。全年永安社区招入5家单位加入就业，签订了就业帮帮队意向性协议书，开展就业帮帮队主题活动3次，到各帮帮队进行走访，对就业帮帮队进行情况分析报告。协助街办作好养老金核查工作，协助异地养老金核查48人，对1位老人进行“退休人员基本养老金领取资格”核查验证的上门服务。按照政策要求，协助街办作好灵活就业社保补贴工作，共登记建档2人，并对其进行不定期的检查。协助作好劳动保障监察各项工作，积极开展保护未成年人合法权益专项检查；开展合法用工专项检查，向辖区内的20家大型用工企业发放了2012年劳动保障年检告知书，通过劳动保障年检，保障企业员工的合法权益。

【计划生育】　2012年，永安社区工作站成立以工作组负责人冷文同志为主要领导的计生领导班子，下设以林健英及2个协管员为成员的网络服务机构。计生网络服务机构健全，通过壁报、计生宣传活动等各种形势的宣传计划生育政策，少生优生、利国利民，使居民的意识得以提高，树立了正确的生育观念，全年我社区无一例大月份引产。坚持对辖区流动人口进行统计，共计467人，其中男性148人，女性319 人。为219位流动人口育龄妇女办理了免费服务证，为2名采取了长效避孕措施的流动人口育龄妇女办理了《流动人口婚育证明》，查验婚育证 219人，发放爱心券640元。4月和9月，向辖区内的企业、物管公司、商铺中的流动人口育龄妇女发放春、秋季免费“三查”通知，共检查52人。2012年全年共有女性初婚104人，现孕30人。2011年10月至2012年9月共计出生107人（其中男48人，女59人；一孩96人，计划内二孩11人）；死亡5人。人口统计工作做到了规范化，上报的各种报表真实可靠，内容无遗漏，帐、卡相符，做到了不瞒报、漏报，全年无一例计划外生育。按社会事务科安排。半年办理独生子女父母光荣证书40本。全年为85名已婚育龄妇女办理一孩申请指标，协助办理二孩审批14名。及时对计生宣传栏内容进行更新，全年共开展11次计生计生政策及法规宣传。为农转非18岁以下独生子女父母发放奖励金540元。新增3人登记上报。建立了使用药具人员花名册，社区共有97人使用避孕药具，发放避孕套486盒，药膜47本、药栓2盒；并签订了知情选择同意书86份，建立避孕药具随访登记册，药具的进、出台帐记录翔实，药具计划发放率达100%，随访率100%，使用率达100%，药具的库存发放达标，确保药具发放数据与统计报表数据相吻合，不断供、脱供，药具报表准确无误。为26位已婚育龄妇女发放叶酸136瓶；登记自备叶酸人员124人。

【卫生防疫】 2012年，永安社区工作站制订卫生工作计划。完善了以工作站负责人为组长的爱国卫生领导小组，下设了3位成员的食品卫生安全领导小组。具体责任明确到人，确保了辖区内的环境卫生达标，并将此项工作深入持久地开展下去。加大对辖区内在建工地食堂及餐饮业的卫生检查力度。把每月28日、29日定为对在建工地食堂、餐饮业的例行检查日。每月按时进行卫生检查，对检查出有异常情况的立刻要求停业整顿，建立卫生档案，备查。搞好爱国卫生的宣传工作。利用壁报、卫生宣传资料及各种会议，宣传爱国卫生工作的重要性。使之家喻户晓，为人人享有健康身体作出努力。2012年1月，完成麻疹疫苗查漏补种接种情况登记工作。3月，组织居民参加桂溪街道组织的红十字急救知识培训，参加培训的15名人员全部考试合格，并发放了合格证。5月，对100人开展了新发现重性精神病线索调查登记。7月，通知社区居民参加全民体检。9月底，在辖区开展了节前食品安全检查。6月、11月开展夏、秋季灭鼠防病活动，为各物管公司发放鼠药，要求各楼盘物管做好鼠药的投放。2012年9月，开展了秋季灭蟑螂工作。

【老龄工作】 2012年5月，永安社区工作站对社区60岁以上老年人基本情况进行调查，辖区共计户籍在册老年人313人。协助办理《老年人优待证》80本，其中市证43本、省证37本。2012年3月1日，组织永安社区门球队参加“庆三·八高新区第十四届女子门球队”，获得第三名。5月10日上午，举行了“弘扬中国传统美食，活跃社区气氛”——永安社区第三届厨艺大赛；5月31日9时30分，开展“永安社区庆端午趣味体育活动”；6月13日组织辖区老年居民参加成都高新区老年人艺术节比赛活动，获得金银铜奖；6月18日，组织社区老年人在御府花都楼盘开展了“法治大讲堂　城乡环境综合治理法治专项宣传月”活动；6月成立永安社区老年辅导站，马兴崇任站长；9月，组织辖区老年人参加高新区老年艺术节时装比赛获得一等奖；10月，组织社区60岁以上老年人参加桂溪街道老年趣味运动会，获得二等奖；10月23日，永安社区在御府花都广场举办了“百姓故事会·道德讲堂—庆重阳·百姓宴”活动，组织辖区老年居民参加成都市第二届老年歌手大赛。

2012年，工作站开展志愿者活动。2月，对社区天府长城丽日清风的李淑芳老年人上门进行养老金资格验证。3月，到黄龙溪敬老院慰问孤寡老人，送去牛奶。6月30日，对60岁以上的老年人开展免费理发。6月30日，对社区30多名老年人进行了测血压、血压、体检看病。10月18日下午，组织居民参加桂溪街道老年人趣味会。年10月，永安社区开展了志愿者活动—“十月敬老爱老活动月”。免费为以上老年人理发服务、假币鉴定、预防短信诈骗、金融理财等爱心活动。2012年，为社区29名80岁以上的高龄老人申请高龄老人长寿补贴金，并进行公示，全年共计发放高龄老年人长寿补贴金20050元。

【文化工作】 2012年，永安社区工作站继续深化文体总会，整合、调整各协会资源，紧紧地围绕归国华侨主席马兴崇老师（其任永安社区文体总会主席）、四川省音乐特级教师郑文雅老师以及四川省曲艺团演员、国家二级演员王小平老师、舞蹈爱好者事业单位退休人员邓丽梅老师（任文体总会委员）、2011年成都市道德模范杜淑云（其任文体总会顾问）。（紧紧围绕5位骨干带领旗下的各协会开展工作。）在协会活动工作中让文体总会领导班子发挥其人才优势，充分的体现居民自治以及“三个自我”——自我管理，自我教育、自我服务。取得以下骄人成绩：市级：社区原创节目《三唱和谐高新好》，作为优秀节目代表桂溪街道办事处参加“中国艺术节第十六届‘群星奖’暨四川省农民工文艺调演成都市选拔赛”。社区代表桂溪街道办事处在温江体育馆参加“成都市第十二届老年组武术套路比赛”排名第八名。区级：高新区社会事业局文化处在核动力设计院门球场地举行了“庆三·八高新区第十四届女子门球赛”社区门球协会喜获第三名。参加了高新区在西藏军区驻川办事处礼堂举办的“成都高新区第二届老年人艺术节”比赛。王小平凭借一首《亲吻祖国》夺取了独唱金奖，马兴崇老师的葫芦丝独奏获得了银奖，社区民乐协会的合奏《众手浇开幸福区花》获得了铜奖。社区王小平代表桂溪街道办事处在西藏军区驻川办事处大礼堂，参加“腾飞成都 美好家园”成都高新区庆祝建党九十一周年歌咏比赛，勇夺一等奖。社区篮球队参加了高新区第三届社区篮球“冠军杯”决赛，荣获第五名。社区武术协会参加成都高新区社会事业局“太极蓉城 活力高新”2012年太极拳比赛，喜获一等奖。社区王小平代表桂溪街道办事处参加成都高新区社会事业局举办、芳草街道承办的成都文化四季风系列活动——高举旗帜跟党走高新区“喜迎十八大”第九届社区文艺汇演活动，喜获二等奖。社区王小平代表桂溪街道办事处参加“腾飞成都 美好家园”——成都高新区第三届曲艺大赛，喜获二等奖。

【安全消防】 2012年，永安社区工作站全年开展消防、安全生产、交通、安全用电、用气等大型宣传活动4次，发放了各种宣传资料3000余份。社区组织安全人员到相关单位督促做好消防安全工作，向相关工作人员宣传消防安全知识，排查消防器材是否合格。邀请专业消防部门为广大住户及单位讲解消防器材的使用和消防安全知识，并向住户发放大量的消防安全宣传资料4000余份，不定期采用公告形式提醒广大住户加强消防防范、安全用电、用气。

【民政和司法】 2012年，永安社区工作站健全民主管理机制，居务公开内容及时、规范。对7名辖区台胞台属进行了走访，对归侨、华侨信息进行报送，目前为零。做好清明节祭祀及殡葬工作的宣传。认真组织社区居民参加“腾飞成都，美好家园”庆祝建党九十一周年歌咏比赛，获得一等奖。11月，组织永安社区社会平台信息员进行培训，协助辖区凯丽滨江成立了业主委员会。12月，开展“慈善捐赠和谐高新”捐赠活动，共计捐款 641.2 元；对申请成都市住房保障对象6人进行公示；年初制订了双拥工作计划，成立双拥工作领导小组，年末进行总结。春节，对辖区内的46名现役军人家属进行慰问，共计发放慰问金9200元。对烈属冯桂花进行了慰问，送去米、油、腊肉。8月，社区召开了“八一”建军节座谈会，邀请军属参加，并发放慰问品一份；并对辖区消防特勤二中队进行了慰问，购买慰问品一批。社区设立军人优先窗口，对社区新增现役军人及家属14名进行统计，年底慰问纳入范围，协助办理驻川随军家属未就业期间生活补助审批16人，在征兵工作开始后，社区张贴标语悬挂横幅，在社区内营造“一人当兵全家光荣”的氛围，社区青年现有1人报名。春节，对3名残疾人进行慰问，发放慰问金600元；5月“全国助残日”，向社区4名残疾人发放慰问券200元；6月，向社区4名残疾人发放桂溪街道爱心卡，共计900元；7月，向4名残疾人发放高新区医疗爱心卡，共计400元；11月，“国际残疾人日”向5名残疾人发放取暖器每人1个；7月，对城镇残疾人就业和职业培训状况进行调查。为社区残疾人提供“量体裁衣”式个性化服务“两表一卡”5份，建立成都市残疾人信息采集表5份。

【财务工作】 2012年，永安社区工作站社区财务严格执行《会计法》《预算法》的规定，规范管理和使用票据，规范管理各项支出；合理安排预算资金，突出工作重点，提高预算资金的使用绩效；认真管理财政专项拨款，坚持专款专用；严格国有资产的管理工作，按规范化程序进行资产的处置，并建立了实物资产数据库，以及动态管理实物资产，做好每季度的账实核对工作；认真做好社区财务公开工作，坚持每月账务公布，全年共公开账务12次。

【志愿者QQ群】 2012年3月1日，永安社区工作站成立志愿者群（群号243686680），将志愿者工作放到群组内进行商讨，集思广益。在群成立的前期，工作站制作了宣传海报，逐个逐个物管院落张贴宣传，让所有的志愿者都参与进来，使成员通过交流互相了解，逐渐产生认同感，形成一定的凝聚力，调动气氛开展社区各项志愿者活动。上半年工作站联合辖区志愿者单位兴业证券、交通银行正式启动了爱心书屋的建立活动，此项活动旨在帮助贫困儿童开启美好未来；为教育事业作出贡献；履行企业公民应尽的责任和义务。3月17日，社区工作站与志愿者在御府花都广场搞起了盛大的启动仪式，民乐协会到场助兴，辖区居民积极参与，当天捐书100余册，其后每隔一周志愿者们在御府花都广场和南熙里广场摆摊设点，开展各类城市儿童各类废弃图书的收集工作，截至5月27日永安社区共摆摊设点6次，收集图书千余册， 6月7日社区与志愿者前往崇州集贤小学进行了现场捐赠。通过此次活动的开展，我们志愿者工作取得了良好开始，形成了由社区牵头、辖区单位主动参与、居民群众自愿加入的良好志愿服务工作氛围。下半年，我们将继续拓宽志愿渠道，再次携手辖区企业搞好志愿活动，拟开展爱心天使甄选活动，志愿者红十字培训等多方面志愿者工作。

【百姓故事会】 社区工作站从2012年3月开始，陆陆续续每月开展不同主题的故事会，结合社区的实际特色，首先，从社区的文体工作特色开讲，主讲由文体总会的主席马兴崇老师担任。为了让辖区的居民更加地了解中华的非物质遗产，4月，组织辖区居民、七中初中学校七年级学生300余人，在成都七中初中学校开展了“我们的前世与今生，走进非物质文化遗产”，主讲人七中初中学校老师曾畅畅。为了将中华的特色乐器更好的展示在大家的面前，5月社区在凯丽滨江地下室开展了“百姓故事会——中国乐器”讲座，此讲座由四川音乐学院教授、享受国务院津贴的民乐协会会长郑文雅老师讲解。百姓故事会是大家的故事，是身边人的故事，社区有位成都好人，在6月社区开展了“百姓故事会——成都好人好事”讲座，该讲座由永安社区的成都好人——尊老敬老道德模范杜淑云老师主讲，向辖区的居民传播道德美德。社区提倡“孝老爱老、文明礼貌”，作为天府新区的社区，在7月，开展了“百姓故事会·道德故事讲堂——文明交通　从我做起”，引导大家树立新观念、争做文明人。

【“太极蓉城”健身活动】　2012年4月11日10点，永安社区武术协会代表桂溪街道在成都高新区软件园C区，参加了“太极蓉城·活力高新——成都高新区太极系列健身活动”启动仪式。5月19日9点，2012年成都市社区广场健身活动月“太极蓉城”专场展示活动在桂溪街道和平社区广场隆重举行。社区荣获了“运动成都”2012年成都市社区广场健身活动月“太极蓉城”专场展示“最佳太极推广奖”。

南新社区

【概况】　南新社区属成都高新区桂溪街道。社区筹备组成立于2007年11月。管辖区域：成昆铁路以南、府城大道以北、天府大道以西、益州大道以东，管辖范围为原和平村。辖区总面积为1.28平方公里。社区总人口约13426人，其中常住人口3094余人，流动人口10332余人（含成都职业技术学院学生）。辖区有成都高新区党工委、管委会，成都高新法院，成都高新检察院等党政、司法机关，成都职业技术学院，有由欧尚超市、宜家家居、迪卡侬运动超市、凯丹购物广场、苏宁广场、富森美家居建材卖场构成的“新南天地商圈”。社区工作筹备组成立于2007年11月，2009年1月1日，成立南新社区工作站。南新社区成立于2007年11月–2008年12月，成立初期为筹备组，组长陈近，2008年12月成员高超调离筹备组；2、2009年1月，筹备组期满，转型为工作站，站长陈近，2009年3月，李天福到社区任副站长；2010年9月社区副站长李天福调离工作站；同年10月，宁月荣作为工作人员调入工作站；2011年7月宁月荣调离工作站，同年8月，刘建作为工作人员调入工作站；2012年4月站长陈近辞职，同年5月高超到社区任站长。

【党建工作】　2012年，南新社区党支部组织辖区离退休党员开展了“创先争优，你我共参与”主题活动。在欧尚超市开展了主题为“为党旗增辉，为国策添彩，以优异成绩迎接党的十八大胜利召开”的专题宣传活动。同年成立“党员服务之家”。组织全体党员、入党积极分子开展了以“缅怀革命先烈，争做时代先锋”为主题的学习活动。组织辖区离退休老党员开展了庆“七一”老党员联谊暨党员志愿者招募活动，招募党员志愿者35人。开展保持党的先进性纯洁性为主题的干部作风教育实践活动，将作风教育实践活动问题台账进行了公示，及时进行反馈。召开了以“七查七看”为核心内容的专题会。积极配合开展“双报到”活动。共计65名党员到社区“报到”。

【群团工作】　2012年，南新社区党支部指导辖区7家单位组建了工会，完成建会任务175%。组建小区物业联合工会1家，完成联合工会建会任务100%。走访未签订集体合同的企业134家，完成本辖区已建会企业集体合同和职工工资集体协议签订率达80%。注册志愿者215名。成立了“学雷锋志愿服务队”“科普志愿者服务队”“党员志愿者服务队”等6支志愿者服务队。4家单位组建了团组织，完成任务100%。

新建立商铺志愿服务点1个（爱特家商家）。全年开展“第二届书画展销会暨迎春庙会”“庆元宵猜灯谜”“有奖幸运轮转”“女性健康知识讲座”“欢度中秋庆国庆舞会”等活动11次。

【“党员服务之家”成立】　2012年，南新社区党支部针对部分党员因各种原因不便及时将党组织关系转往居住地所在社区这一实际情况，为给他们搭建平台，引导他们在小区院落发挥党员先锋带头作用，社区组织这部分党员举行了“党员服务之家”启动仪式。在这个服务之家中，作为“家”的一员，要事事走在前，起到先锋模范作用。

【综合治理】　2012年，全年社区无个访、集体访、上京访和越级上访情况发生。全辖区居民犯罪率为零，“两劳”回归人员重新犯罪率为零，无党团员违纪案件发生。在学院、广场、工地开展禁毒宣传4次。辖区常住人口内未有吸毒人员，常住人口新增吸毒人员为零。积极开展矛盾纠纷调解工作，化解出现的矛盾纠纷，成功调解邻里关系矛盾纠纷6件。召开综治会议12次，两委专题研究会2次，防范技能专业培训2次，张贴居家防范温馨提示300余份，发放宣传资料600余份。依据“3C”模式在流动人口工作中取得的显著成效，将“3C”综合治理模式，引进新南天地商圈，进一步深化“3C”模式在实际工作中的作用，整合新南天地商圈各成员单位的安保力量，相互交流、协作，加强整体联动，确保新南天地商圈的稳定和繁荣。

【城市管理】　2012年，南新社区工作站组织辖区单位、居民召开工作会议6次；城市管理宣传活动15次；与单位、商家、居民共同开展了集中清洁城市活动12次。认真落实“门前双五包”责任制，与辖区186家商铺签订“门前三包”责任书，签订率达100%。开展“门前三包”检查6次。针对街道两侧出摊占道行为进行了6次专项整治，配合交警、治安城管巡逻大队监督和规范街面停车秩序。联合街道治安城管巡逻队一中队，对天益街的洗车场、餐馆等占道洗车、占道擦车以及占道经营的不文明行为进行了专项整治。组织志愿者到车站等公共场所进行文明劝导7次。

【劳动保障】　2012年，南新社区工作站为居民提供社保上门培训1次，为8名外区居民进行了养老金协助认证（其中上门为2名行动不便老人进行了社保核查），为7名居民分别办理了异地医疗协助认证、医疗保险申报、社保退费证明，为1名外区人员进行灵活就业确认证明，为33名居民开具了失业证明。为辖区大型用工单位、帮帮队成员单位、青年见习基地、新南天地商圈员工及其见习人员集中性开展业务技能培训2次、开展技能竞赛比拼活动1次，为辖区单位开展4次上门走访宣传活动。全年共寻岗389个，推荐上岗25人，自主创业2人。完成大、中型招聘会3次。全年报送就业工作信息23条，桂溪网上上网13条。开展专题活动13次，集中性开展业务技能培训2次、开展技能竞赛比拼活动1次。协助处理劳动纠纷5起。新纳入凯丹广场加入社区帮帮服务队。以宜家家居、集中性的餐饮单位为载体成立了青年见习基地，全年为宜家推荐7名青年大学生见习（目前已有

4人成功在宜家转为正式员工），共组织20名青年大学生在餐饮单位见习。在新南天地商圈各成员单位成立了调解室。

【计划生育】 2012年，南新社区工作站全年查验《流动人口婚育证明》61本，为67名符合条件的育龄妇女发放爱心券2740元。为新增流动人口办理服务证172本，办理《流动人口婚育证明》20本。组织辖区已婚流动育龄妇女156人，在桂溪社区卫生服务中心开展了免费妇检。组织89人参加了免费孕前优生健康检查，完成率104%。组织10名流动人口参加“新市民健康倍增计划”体检。为8名流动人口困难家庭发放 “流动人口困难家庭慰问金”3200元。开展“三八”节活动、新市民宣传、科技之春宣传、母亲节、“5.29”活动、世界人口日、出生缺陷干预等活动12次。

【安全消防】 2012年，南新社区工作站召开安全领导小组目标落实会1次；召开季度安全工作会议2次；组织新南天地商圈、各大型单位开展安全工作会议3次。开展了以“迎十八大”“119”等为主题的应急演习4次；组织新南天地商家开展消防技能竞赛比拼1次。开展了“安全生产年”专题宣传活动3次，“安全生产月”专题宣传活动2次，安全消防进院落专题活动1次，安全消防知识进工地专题活动1次；组织消防安全应急演习4次；消防技能比拼活动1次。

【老龄工作】 2012年，南新社区工作站为30名老年人办理了《四川省人民政府老人优待证》，37名老年人办理了《成都市老年人优待证》。为15名老人发放高龄长寿补贴7700元。建立老年大学辅导站，开展各项文体活动15次。特邀高新法院的法官在“法治大讲堂”上为老年朋友们主讲了法律知识。为90岁以上老人发放面值300元的街道爱心卡。组织开展了“季节疾病的中医防治与保健”主题科普知识讲座。

【文化活动】 2012年，南新社区工作站举办了“南新社区第二届书画展销会暨迎春庙会”活动，“南新社区第三届趣味运动会暨协会周年庆”活动。培育、引进“蔬菜直销进社区服务亭”“院落俱乐部”“社区书画坊”社会组织3个。蔬菜直销进社区服务亭缓解了居民买菜难的问题。整合辖区资源，服务于民成功引导辖区居民用自身特长服务辖区儿童，开设了“周末书法小学堂”和“国学智慧苑”。全年创作《最美妈妈》《老太婆的幸福生活》2个故事，桂溪街道综合文化中心对《最美妈妈》进行了拍摄，制作成了微电影。《老太婆的幸福生活》以方言小品的表演形式参加了桂溪街道主办的“灿烂阳光下，那些我们与天府新区的故事”百姓故事会活动，喜获一等奖。开展争做小小故事王百姓故事会。组织开展了形式多样、内容丰富的文体活动20项。做好《桂溪社区报》组稿、投稿、发放工作。全年报送原创稿件36篇，反映办事处、社区落实“五民五好”工作的新闻类稿件41篇。

【卫生防疫】 2012年，南新社区工作站全年共计开展卫生检查12次，对查出问题的单位及时对其督促整改及上报。开展专项宣传活动5次，公共区域使用消杀药品120余瓶，辖区3处共计26组公共健身器材进行每日一消杀，全年未发生一例传染病例。开展春秋两季灭鼠专项活动2次，辖区内公共场所累计投放鼠药100公斤。开展大型无偿献血志愿者招募活动1次，共100名志愿者无偿献血32400毫升。

【民政和司法】 2012年，南新社区工作站将一名残疾人的硬笔书法、诗歌等作品上报街道办事处，参加残疾人作品展。在八一建军节来临之际，社区来到成都市公安消防支队特勤二中队进行慰问。关心优抚对象家庭为他们的家人免费办理老年证、主动为其办理独生子女父母光荣证、接受他们关于住房保障的咨询并进行心理疏导。开展了“慈善爱心，幸福高新”慈善捐助活动。广泛开展法制宣传“六进”活动12次；法治大讲堂活动4次；惠民法制专项宣传2次。全年成功调解2起矛盾纠纷。积极开展成都市法律服务工作室试点工作，充分依托律师、法院的有利资源开展各种宣传、咨询、调解、讲座等工作，并取得初步成效。

【蔬菜直销进社区】 2012年，南新社区工作经过向群众收集意见、进行比对、协商、洽谈，确定了由成都爱特家连锁服务管理有限公司提供蔬菜直销进社区的配送经营模式。直销点的经营采取社区搭台、公司经营、自负盈亏的市场化运作模式，这一模式成为了我辖区由社区自主选择公司开展蔬菜直销进社区的第一家。

【法律服务工作室成立】 2012年，在全市开展的法律服务工作室试点中，南新社区作为桂溪街道唯一的试点社区开展了此项工作。工作站全年充分依托法律服务工作室，以法治大讲堂为载体，创新工作方法和工作模式，深入学校、工地、社区、院落进行普法宣传。

【新南天地商圈调解室】 2012年，南新社区工作站为加强商圈调解机制建设，减少矛盾纠纷在新南天地商圈各卖场成立了调解室。调解室成立后，已成功调解纠纷2起。

【青年见习基地成立】 2012年，南新社区工作站结合社区实际形成社区、单位、学校、青年求职者四位一体的就业格局，通过社区见习基地直接向单位输送人员的方式，一方面解决单位的用工需求，另一方面为青年求职者争取见习机会，搭建就业平台，社区以宜家家居、集中性的餐饮单位为载体成立了青年见习基地，全年为宜家推荐7名青年大学生见习（目前已有4人成功在宜家转为正式员工），共组织20名青年大学生在餐饮单位见习。

【太极拳推广进楼宇】 2012年，南新社区按照市委市政府有关文化大繁荣、大发展，落实“运动成都·太极蓉城”的精神，开展了“太极人生 舞动生活”太极拳进楼宇推广活动。此次活动为辖区写字楼的太极拳爱好者、辖区群众爱好者提供了学习、交流的平台。使中国的太极文化得到传承与发扬。

【“菜单式”服务惠及居民】 2012年，随着小区入住率的不断增加，到社区办事和咨询的居民也越来越多，许多新入住的居民找不到社区，到处询问，社区工作站针对这一实际情况，创新服务方式，推出了“菜单式”服务。即将服务项目整理成《便民服务一本通》。相关服务项目、服务对象、办理所需资料、每项服务对应的联系人都一目了然。居民根据自己需求，对照菜单“点菜”，这种“点菜”式的服务，让居民少跑路，少花时间，使社区服务渠道更加畅通。工作人员利用晚上下班时间，开展逐户大走访，将“菜单”送到居民家中，让居民不出家门就享受到服务。

人 物

PERSONS

成都市武侯区选举区第六届人大代表简介

【成都高新区党工委委员、管委会副主任杨东】

杨东，1964年7月出生，中共党员，大学本科。1984年8月至1994年1月在成都飞机工业公司特设处任职；1994年2月至1996年5月在成都高新区管委会综合处任职；1996年6月至1999年9月在成都高新区科技局企业处任副处长；1999年10月至2001年1月在成都高新区招商局外资二处任处长；其间：2000年6月至2000年12月在国家信息产业部综合规划司挂职锻炼；2001年2月至2004年6月在成都出口加工区管理办公室任副主任；2004年7月至2005年7月在成都高新区创新服务中心任主任；2005年8月至2008年2月在成都高新区科技局任局长；2008年3月至2010年1月在成都高新区经发局任局长；2010年2月至今任成都高新区党工委委员、管委会副主任。

【成都高新区桂溪街道党工委书记樊晓峰】

樊晓峰，1965年1月出生，中共党员，大学本科。1986年6月毕业于重庆大学机械工程二系；1986年8月至1990年1月在成都汽车制造厂三河分厂任工艺员；1990年2月至1993年2月在成都武侯区委组织部任科长；1993年3月至1994年6月在成都武侯区桂溪乡任副书记；1994年7月至1996年6月在新加坡工业园区征地拆迁部任主任；1996年7月至1997年7月在成都高新区桂溪乡政府筹备组任组长；1997年8月至2003年2月在成都高新区经贸发展局历任处长、副局长，2003年3月至2005年5月任成都高新区西管办负责人、合作街道党工委书记；2005年5月至今任成都高新区桂溪街道党工委书记。

【新华社四川分社党组成员、办公室主任成建】

成建，1963年12月出生，中共党员，大学本科。1984年7月至1993年1月任新华社四川分社工作记者；1993年1月至1996年12月任新华社四川分社工业采访室主任；1996年12月至2000年3月任新华社四川分社信息社副社长；2000年3月至2002年9月任新华社四川分社新闻信息中心主任；2002年9月至2005年7月任新华社四川分社社长助理；2005年7月至2008年9月任新华社四川分社办公室主任；2008年9月至今任新华社四川分社党组成员、办公室主任。

【成都高新区桂溪街道党工委副书记、办事处主任张学文】 张学文，1972年9月出生，中共党员，大学本科。1993年7月至1997年2月在成都市公用事业职工中专校任助理讲师；1997年3月至2004年5月在成都高新区经贸发展局任主任科员；2004年6月至2005年4月在成都高新区党工委管委会办公室任主任科员；2005年5月至2008年2月任成都高新区肖家河街道党工委副书记；2008年3月至今任成都高新区桂溪街道党工委副书记、办事处主任。

【成都市公安消防支队副政治委员田勇】 田勇，1971年9月出生，中共党员，大学本科。1994年7月至1995年7月在通江县消防科任见习学员；1995年7月至1997年12月在通江县消防科任参谋；1997年12月至1999年7月在巴中地区消防支队司令部任助理工程师；1999年7月至2000年5月在巴中地区消防支队政治处任干事；2000年5月至2001年12月在南江县消防大队任副大队长；2001年12月至2003年7月在南江县消防大队任大队长；2003年7月至2004年6月在资阳市消防大队政治处任副主任；2004年6月至2006年3月在资阳市消防支队政治处任主任；2006年3月至2010年4月在雅安市消防支队任副支队长；2010年4月至2011年3月在成都市消防支队任副政治委员。

【成都职业技术学院副教授王军】 王军，1974年9月出生，中共党员，研究生学历。1997年7月至今在成都市新华职业中学工作（现成都职业技术学院），先后担任经贸系助理、学生处助理、学生处学生综合管理副科长、后勤产业处后勤服务科副科长等职务。

【四川美嘉名品百货有限公司、成都乐森名品百货有限公司、成都东风商贸广场有限公司董事长兼总经理何玉兰】 何玉兰（女），1964年12月出生，大学本科。1990年毕业于北京电影学院管理系—制片专业；1993年创办四川天意广告公司；1994年创办国际影视合拍公司，拍摄多部优秀影视剧；1997年创办四川美嘉森名品百货有限公司，在大西南地区首度引进奥特莱斯模式，美嘉森.奥特莱斯成为继北京、上海后第三家奥特莱斯；2009年成功收购成都总府路原西武百货商城，创立成都乐森购物中心；2010年收购成都东风商贸广场。

【成都高新区桂溪社区卫生服务中心主任熊伟】 熊伟，1974年9月出生，大学本科。1993年至2001年在达州宣汉人民医院任医生；2001年至2005年4月在成都锦江区书院街社区卫生服务中心任主任；2005年5月至2007年5月在成都武侯区火车南站社区卫生服务中心任主任；2007年6月至2007年8月在成都武侯区红牌楼卫生服务中心任副主任；2007年9月至2008年2月在成都高新区石羊社区卫生服务中心任副主任；2008年3月至今，在成都高新区桂溪社区卫生服务中心任主任。

【成都高新区桂溪街道和平社区党总支书记李国涛】 李国涛（女）1973年3月出生，中共党员，大学本科。1992年8月至1994年2月在华西糖尿病科研所担任外勤、出纳，期间取得了会计证书；1994年3月至1994年10月由红光村两委推荐参加了武侯区组织部举办的农村骨干培训班脱产学习；1994年11月至2006年12月在桂溪街道红光村委会工作，先后担任了红光村村委会委员、村党支部委员、村党支部副书记职务，期间取得了大专文凭；2007年1月至2007年10月在桂溪街道三瓦窑社区担任党支部副书记；2007年11月至2008年3月，在桂溪街道三瓦窑社区担任党支部书记；2008年4月至今，在桂溪街道和平社区担任党总支书记至今，期间取得了社区管理专业本科文凭。

【成都高新区桂溪街道双源社区党总支书记、居委会主任胡华英】 胡华英（女），1963年12月出生，中共党员，大专文化。1991年至2006年在桂溪街道双土村任村委会主任；2006年11月至2011年10月，任桂溪街道双源社区居委会主任；2011年11月至今，任桂溪街道双源社区党总支书记、居委会主任。

【成都高新区桂溪街道临江村村委会主任张朝忠】 张朝忠，1961年3月出生，中专文化。1989年至1994年任双流县白家镇临江村主办会计；1994年至今任桂溪街道临江村村委会主任；历任双流县白家镇历届人大代表；曾当选为双流县十五届、十六届人大代表。

桂溪街道办事处科室和社区工作站新任负责人简介

【桂溪街道办事处财政所所长谢明清】 谢明清，1977年8月出生，中共党员，大学本科。于1996年6月毕业于四川省财政学校财政学专业，工作期间，参加西南财经大学和四川大学在职教育学习，获得了会计学大专学历及电子商务本科学历；1998年10月进入桂溪乡人民政府(现为桂溪街道办事处)机关，先后在桂溪乡农副业生产办公室及财政所工作至今，一直从事相关会计业务工作。于2012年4月起担任财政所所长至今；于2001年、2003年、2008-2010年、2012年多次获得机关考核优秀，并获得了中共成都高新区工委2009-2010年度“优秀共产党员”的称号。

【桂溪街道南新社区工作站副站长高超】 高超，1984年1月出生，中共党员，大学本科。2007年7月至2008年12月在桂溪街道南新社区工作站担任综治城管专干，工作期间获得桂溪街道2008年度综治、维稳先进个人，成都市2008年度优秀志愿者；2009年至2012年4月在桂溪街道财政所担任协税护税工作，并获得2009、2010年度机关先进个人，桂溪街道2010年度优秀志愿者；2012年4月至今任桂溪街道南新社区工作站副站长。

附　录

APPENDIX

桂溪街道2012年度“先进集体”名单

（共47个，排序不分先后）

（1）综合目标：双源社区、南新社区、双和社区

（2）党建工作：双源社区、益州社区

（3）廉政建设工作：和平社区

（4）群团工作：和平社区、永安社区

（5）信息宣传工作：南新社区

（6）文明城市创建：双源社区

（7）综治工作：双和社区、永安社区

（8）维稳工作：三瓦窑社区、和平社区、南新社区、益州社区

（9）信访工作：三瓦窑社区

（10）流管工作：双源社区

（11）城乡环境综合整治工作：三瓦窑社区、和平社区、双源社区、双和社区

（12）社区建设工作：双和社区、和平社区、益州社区

（13）文化工作：双源社区、永安社区

（14）民政工作：双祥社区、双和社区

（15）司法工作：南新社区

（16）老龄工作：和平社区

（17）社区公建管理工作：双源社区

（18）安全工作：南新社区、永安社区

（19）食品安全、卫生服务工作：双源社区、社区卫生服务中心

（20）科普工作：双和社区

（21）拆迁安置工作：临江村

（22）财务管理工作：双源社区

（23）团队建设工作：益州社区、双和社区、双祥社区

（24）创新工作：南新社区、三瓦窑社区

（25）计生工作：双源社区、三瓦窑社区

（26）年度特殊贡献奖：桂溪老年大学

桂溪街道关于报送2012年度工作目标完成情况及特色亮点工作总结的报告

高新区党工委管委会目督办：

2012年，桂溪街道党工委、办事处在高新区党工委、管委会的领导下，按照“紧紧围绕加强社会管理和创新实践活动，以改善民生为出发点，加强党建为着力点，规范服务为突破点，提高群众满意度为落脚点，不断促进思想理念新觉醒，争创文化建设新成就，推动街道各项事业新发展”的工作思路，紧扣市、区重点工作，不断完善组织领导、责任分工和探索创新的工作机制，全年工作取得了较好的成绩。现将年度工作目标完成情况及特色亮点工作进行总结汇报如下：

一、年度工作目标完成情况（分值100分，自查得分100分）

（一）经济发展（分值3分，自查得分3分）

完成情况：完成全口径财政收入15.64亿，完成年度工作目标的113.16%，同比增长30.61%；新注册企业1000余家,注册资本1亿及以上的企业有4家、1000万-5000万的企业有21家；完成了引进省外资金11.8亿元的任务。

（二）社会管理和公共服务（分值49分，自查得分49分）

1. 城乡环境综合治理（分值9分，自查得分9分）

完成情况：全年共整治占道经营3.6万次，规劝占道行为1.9万次，清理流动摊贩1.7万次；清运垃圾4.5万吨；拆除了违规广告1万平方米；拆除违法建筑及各类窝棚110处、3200平方米；挡获13起乱倒渣土车辆；整治沟渠河道1.2万米，清运淤泥近2.5万方。开展了ISO14001环境管理体系的内审和外审工作，完成了大小春秸秆禁烧工作任务；在和平社区启动了垃圾分类试点工作；完成了广和一街雨污分流、铜牌村保利用地乱搭建等难点整治；通过院落自治组织广泛发动群众进行环境整治、秩序维护，解决了院内的老大难问题。12月，街道代表高新区迎接成都市街面城市管理测评获得全市第一名。

2月，做好了省、市领导义务植树的具体保障工作。7月，广西住房和城乡建设厅副厅长韦力平参观考察了桂溪街道铁路沿线城乡环境综合治理工作情况。11月，双源综合农贸市场作为成都市城乡环境综合治理成果展示项目被各新闻媒体采访报道，12月《人民日报》记者到和平综合农贸市场进行了采访。此外，街道还完成了西博会、党代会、糖酒会、车展等重大会议活动的市容、治安、卫生等保障任务。

2. 劳动就业（分值6分，自查得分6分）

完成情况：辖区就业率达98.6%。举行大小型招聘会24场，上岗156人，本辖区上岗92人。通过各种形式推荐成功上岗418人。双源社区被评为省级充分就业示范社区。已为462家企业办理了劳动保障年检，共处理工资清欠纠纷309起，涉及4744人、3717.62万元。为农转非人员发放就业奖励金约8235万元。

3. 社会保障（分值4分，自查得分4分）

完成情况：2012年，街道继续强化“五民五好”工作措施，共投入526万元用于民政工作。向困难人群提供医疗救助96万元，发放低保金23.7万元。发放春节慰问金62.3万元、价格补贴46.7万元。投入12.5万元在农迁社区居民中继续开展“暖心工程”。全年拥军优属经费共150万元。投入50万元，在双源健身绿化广场建成1400平方米的“助老助残服务中心”，12月26日开始试运行，主要服务项目有康复训练、心理疏导、免费义诊、健康讲座、法律咨询、日间休息及棋牌等文体活动。每天前来活动的人员达300~400人，广受居民群众好评。

此外，协助办理城职、城乡医疗拨付576人、211万余元；城职、城乡生育拨付985人、106万余元；养老待遇核查认证7336人。

11月29日，越南人民报编委会委员潘辉贤（副部级）率团到桂溪街道考察交流了社会保障服务工作。

4. 教育卫生（分值5分，自查得分5分）

完成情况：街道加大了对辖区幼儿园、学校的食品卫生、消防安全、治安防范检查力度，并督促整改存在的问题；进一步扩大了教育助学范围，对农村居民和失地农民子女就读街道举办的幼儿园，给予2元/人.天的生活补贴、100元/月保教费补贴等，全年补贴达43万元。投入360万元完成了双祥川音幼儿园装修工程并开园，解决了当地230名失地农民子女入学问题。向桂溪辖区204名考取大学的学生发放“桂溪街道政府奖学金”32万元。为45名学生申请“阳光圆梦”“阳光育苗”助学金4.72万元。

在卫生服务方面，作为“全国示范社区卫生服务中心”的桂溪社区卫生服务中心，接待了其他省、市、区领导和单位的参观和交流。2012年，加强了园区和重点单位的医疗服务工作，加大了家庭医生的服务力度，开展“三免四优惠”服务惠民达12.3万人次，优惠金额13.5万元，辖区群众对医疗服务水平的认同度进一步提高。

防疫和计生工作方面，发放灭鼠药360公斤、配发杀蟑饵剂1305包。辖区符合政策生育达率99%，“三查”服务率达90%。

5. 思想文化（分值5分，自查得分5分）

完成情况：全年开展各类文体活动160余次，参与约10万人次。承办了两次成都市“太极蓉城”专场展示活动，举办了第三届国手桂溪行、桂溪杯篮球赛等活动。图书室阅读、借阅达1488人次，在社区播放电影90余场。投入了10万元用于健身器材安装、维修。举办“百姓故事会·桂溪大讲堂”系列活动110次，参与达1万人次。投入8万元用于226名青少年的暑期篮球、足球、素描动漫、书法培训。

6. 维护社会稳定（分值16分，自查得分16分）

完成情况：全年，受理来信来访共121件、158人次，按期办结100%。成功处置了临江村拆迁事故、格兰晴天停电、双祥社区学生坠楼、龙湖工地纠纷等突发事件，全年未发生群体性不稳定事件。辖区综治巡逻大队共挡现72起，挡获嫌疑人109人。

在安全及卫生监督工作方面，完善了重点部位、重点单位的定期巡查制度，深入开展了多次宣传教育活动。发现安全消防隐患18起，全部完成整治；积极开展食品卫生监督检查，监督803家单位，建档率达100%。对465只犬进行了狂犬免疫，摸底登记率、强制免疫率达100%。全年，未发生安全生产事故、食品安全事故、火灾等。

积极推进临江村拆迁工作，拆除食用菌种植112户、987.18亩；苗木20户、236.08亩；签订农房安置协议8户；签订铺面搬迁补偿协议8户；补签1户养殖专业户协议。为天府新区的重点项目建设做好准备工作。

3月，街道办事处启动了四个村的集体资产处置工作，经积极稳妥推进，目前，四个村已向村民发放存折。整个过程未发生群体性不稳定事件。

7. 其他（分值4分，自查得分4分）

完成情况：资金预算支出执行结合了中心工作，年度调整预算支出执行率为96.5%。

继续加大对辖区企业的服务力度，按月召开商业综合体、楼宇座谈会，力保新入驻企业落户高新区；举办重点企业例会4次；有针对性地召开了融资、商圈打造、党群建设等不同层面的专题工作会。

（三）基层组织建设（分值13分，自查得分13分）

完成情况：

1. 在党风廉政建设方面，完善了组织领导机构，对党风廉政建设和反腐败工作责任进行了分工，每季度对“一岗双责”落实情况进行检查汇总。各社区选举产生了社区监事会、院落议事会，各支部组建了纪检小组。街道、社区的“三务公开”及时、规范。按照“三项建设”

要求开展了纪工委书记下基层、桂溪清风大讲坛等活动，纪检机构做到了“九有一落实”。10月，市纪委副书记、监察局局长景明到街道检查工作并给予了肯定。

通过街道书记主讲廉政党课、机关集中学习、开展警示性教育、廉政谈话、社区书记和部门负责人述职述廉、一级风险岗位人员恳谈会等方式，强化党风廉政建设教育，做到了警钟长鸣。加强了临江村拆迁、农村集体资产处置、工程项目建设等重点岗位的风险防控措施。制定了《小型工程项目管理办法》《小型工程项目承包商预选库管理办法》等。对重点岗位人员进行了调整。开展了对各社区和卫生中心的审计工作。完成了双祥社区廉政街景的打造。

以干部作风教育实践活动为契机，开展了主要领导进大厅、分管领导进服务站、机关人员志愿服务等特色活动。召开中心组专题学习1次，专题会议4次，集中学习大会10次，各单位分别开展集中学习40余次。及时处理了群众反映的问题。接收市级部门、高新区机关部门“双报到”1000余人，市委常委、高新区党工委书记敬刚，高新区党工委副书记、管委会副主任冯亚曦分别到三瓦窑、和平社区开展了“双报到”对接工作。

2. 在行政效能建设方面,对行政审批事项和服务事项进行了梳理和简化，完善了大厅、综合服务站等基层公共服务平台建设。各社区对涉及群众利益的重要事项开展了听证活动，做好了街道和社区“三务公开”“三会公开”工作。充分做好了各方意见建议的征集和办理工作。街道纪工委和目督办对重点工作和目标任务进行了督查，及时督促问题得到整改和落实。

3. 在规范化服务型政府建设和政务服务工作方面，细化落实首问责任制，完善落实了限时办结制度，规范了134项行政审批服务事项及办理时限。与窗口工作人员签订了《履职承诺书》。健全完善了社会评议制度，委托第三方测评机构开展半年一次的满意度测评。深化社区综合服务站建设，在5个社区完善了综合服务站，并正在积极筹建市民服务中心。

4. 在创先争优活动中开展基层组织建设年工作方面，2012年，桂溪街道完成了细分基层党组织和组建院落自治组织（党支部、院委会、议事会）工作，在改善院落环境、提升居民素质、树立群众参与意识方面起到了积极的作用。街道组织开展了社区两委培训、院落自治组织培训、不同年龄段的党员轮训、入党积极分子培训等，通过集中宣讲、院落坝坝会、百姓故事会、文艺演出等方式，开展十八大精神宣讲活动22次，《成都日报》、四川新闻网等进行了报道。认真组织开展了“三分类三升级”活动，制定了班子成员联系5家后进党组织帮扶机制，顺利完成了转化升级目标。极探索难点区域的组织建设工作，在三瓦窑社区202号院、东苑片区公务员宿舍、泰和佳园退役转业军人集中居住区组建了党支部，推进了楼宇管理和服务工作。深化了“两园一圈”两新组织党建模式，并正在推进市级“党建联盟”试点工作。2012年，1个社区党组织、1名党员受到中共成都市委表彰，15个党组织、13名党员受到高新区党工委表彰。

5. 在群团工作方面，新建非公企业工会35家、团组织17家，为企业职工免费健康体检300人；向1200名职工开展了“送清凉”活动；帮助5名困难职工家庭子女入学；慰问困难职工158人。街道总工会已通过全国百佳示范街道总工会初步检查，即将进行验收。调解10例妇女维权案件。完善了8个标准化社区志愿服务站，动员各方力量开展了大量文明创建志愿服务活动，成功承办了区级趣味运动会、亲子活动等。

6. 在基层治理工作方面，完成了社区党组织的选举工作，在4个农迁社区的16个院落组建了自治组织，出台了配套的政策，保障院落自治工作的有序开展。全年举办民主议事会82次，举办活动537次，开展慰问活动126次，解决居民纠纷27起。投入324万元用于继续深化“文明和谐家庭”“文明和谐院落”评选活动，调动居民参与社区建设的积极性。

7. 在社会组织培育发展工作方面，全年共成立17家社会组织，其中，在办事处备案的有10家、文体协会有7家。成立了51个兴趣小组。向社会组织发放扶持引导经费9.5万元，向成果突出的社会组织奖励1万元。

（四）公共评价（分值25分）

完成情况：以上级组织的测评结果为准。

（五）领导评估（分值10分）

完成情况：以高新区党工委管委会领导评估结果为准。

二、特色亮点工作（加分上限3分，自查加分11.9分）

1. 完善长效机制　深化就业托底（自查加分0.6分）

2011年，街道针对辖区低保户、低保边缘户率先开展了就业托底工作，2012年，进一步完善了准入、退出长效机制，对实现稳定就业或灵活就业脱贫的，给予一次性1000~5000元不等的奖励；对自主创业实现脱贫的，给予1000~10000元的租金补贴，有7人通过不同形式的就业退出了双困家庭。通过街道就业援助，有58户、182人实现了脱贫。全国“两会”期间，中国经济时报以《破解“双困”家庭就业难题的“成都高新模式”》为题进行了报道；6月30日，成都晚报以《高新区桂溪街道办事处“双困人员温馨服务站”给力幸福》为题进行了报道；12月28日，成都日报以《“民生桂溪　五民五好‘数’说变化”系列深度报道.就业篇——“乐业桂溪”的民生创新》为题进行了报道。

2. 牵手高校毕业生　见习基地促就业（自查加分0.6分）

3月，街道出台了建立青年见习平台的实施意见、完善社区青年就业创业见习基地长效机制等文件，通过政府搭台，各社区建立见习基地为辖区12名大学生提供了见习岗位，按最低工资标准发放见习生活补贴，财政投入4.8万元。见习生由社区具体分配岗位，严格考勤，做到考评和考核相结合，最长见习时间6个月。帮助其中5人顺利到公司、单位就业。此外，为辖区企业推荐见习人员7名，有4名被正式录用；安排了4人分别到电器维修中心、和平物业中心见习；联系了10余家餐饮公司，为职技学院在校生提供钟点工见习岗位。5月3日，成都日报以《高校毕业生创业就业 社区平台“无缝”过渡》为题进行了报道。

3. 深化院落自治　夯实群众基础（自查加分0.3分）

桂溪街道自2010年6月率先在高新区开展“领导挂点、部门包院、干部帮户”活动以来，通过多种措施走访、联系、帮扶群众，进一步缓解农转非人员对拆迁安置政策的不满情绪，让社区居民体会到了作为高新人的自豪感和幸福感，真正落实了高新区党工委管委会领导提出的深入联系群众的要求。

2012年，街道又完成了细分基层党组织和组建院落自治组织（党支部、院委会、议事会）工作，在4个农迁社区的16个院落组建了217人参加的自治组织，并出台了指导性文件和3个配套政策文件。共举办民主议事会82次，举行院落活动537次、慰问活动126次，解决纠纷27起。结合农迁社区居民广泛参与的“文明和谐家庭”评选活动，进一步助推了城乡环境综合治理、百姓故事会、文明程度指数测评等重点工作的开展，创新社会管理服务，在引导群众广泛参与方面起到了积极的作用。

第三方测评结果显示，群众满意度指数为93.11%，较2011年提高了14.60%。

4. 强化文化建设　促进文明和谐（自查加

分0.6分）

在满足居民不断增长的精神文化需求的同时，更加注重提高居民思想道德水平和文明素养，建立社会主义核心价值观。

具体工作中，举办了“百姓故事会·桂溪大讲堂”系列活动110次，参与面达1万人次，征集文章400篇，创作微电影2部。举办了高新区首场百姓故事会活动（奥运火炬手讲故事），开展了成都好人杜淑云讲故事、陈岳叔叔培训小故事员等特色活动。有两次百姓故事会活动被《成都日报》评为百姓故事会五星。全年群众性文体活动达160余次，参与约10万人次。承办了两次成都市“太极蓉城”专场展示活动，举办了第三届国手桂溪行、桂溪杯篮球赛等活动。通过各类文体活动，教育了广大居民，提高居民思想道德水平和文明素养。全年共成立17家社会组织、51个兴趣小组。形成了街道、社区、院落、企业、单位共同丰富文化建设的良好局面。

作为成都市首批综合文化活动中心一级站、首批基层文化活动示范基地的街道综合文化活动中心广受关注，1月13日，黄新初书记、葛红林市长率市民代表视察了“文化设施建设项目”的实施情况，并给予了肯定。5月29日，国务院参事郭瑞、袁隐调研了公共文化服务体系建设情况。2月29日，长春市政府副秘书长赵国华考察了文化惠民工作。

结合文明城市程度指数测评迎检工作，举办道德讲堂讲座19次。在辖区广泛开展了文明交通劝导等各类志愿服务活动100余次，顺利完成了文明城市程度指数测评迎检工作，街道成功推荐和平社区居民严达刚入选助人为乐类“中国好人”。

5. 服务失地农民为特色　创建“省A级老年大学”（自查加分0.6分）

桂溪老年大学以服务于辖区失地农民为办学特色，并进一步完善了办学场地和设施设备，努力创建“四川省A级老年大学”，10月，学校一次性通过了评估定级小组的验收，11月，获得授牌。省老龄办领导认为桂溪老年大学办学起点高，建校短短两年多就取得了这样可喜的成绩十分不易。11月29日、12月31日成都老年大学协会在桂溪召开了两次现场会。目前，桂溪老年大学设置13个专业、40个班，学员980人次，失地农民学员占44%（若加上8个社区辅导站，学员人数达到2816人次,失地农民学员占78.37%），且享受失地农民学费补贴。

6.巩固两新党建　试点“党建联盟”（自查加分0.6分）

桂溪成功运行“两园一圈”两新组织党建模式已取得了较好成绩，党组织覆盖率达到75.9%，独建党组织119个（其中,2012年新建17个），建立联合党支部24个。2012年，两新组织预备党员转正8人，新发展党员10人。百施特金刚石钻头公司党支部被市委组织部授予“成都市非公有制经济组织示范党组织”称号、成都世龙实业有限公司被市委组织部、市总工会确定为“非公有制经济组织党工共建创先争优示范点”。3月，遵义市委组织部相关领导到街道调研了“两园一圈”两新党建工作。

在此基础上，根据市委组织部统一安排，桂溪街道被确定为“党建联盟”试点单位。街道再次走访调查930余家两新组织，并初步形成党建联盟“114”组织架构，即1个联盟大会、1个联盟理事会、4个行业分会。制定了规章制度。目前，园区分会会员277家、商业分会会员532家、新社会组织分会会员32家、物管分会会员49家。计划近期召开党建联盟启动大会并指导开展后续工作。

7. 企业社区党建结对　“幸福驿站”凝聚民心（自查加分0.2分）

为深化联系帮扶群众工作、引导两新党组织反哺社会，3月，街道组织开展了非公企业与社区“结对共建”活动，四川华通投资控股有限公司党委等分别与三个社区签订了结对共建协议书，并向20名困难党员发放慰问金4000元。

在此基础上，双源社区成立了“幸福驿站”，用非公企业、对口联系单位捐赠的2.495万元设立了“幸福基金”，由社区“幸福使者”通过各种救助措施帮扶困难党员群众40余名，开展多种形式的谈心关爱、环境治理、纠纷调解、文明创建等志愿服务活动，吸引了越来越多的人志愿加入，“幸福使者”从最初的104人增加到210人。部分居民也不断转变观念、要求进步，或递交入党申请书，或被吸收为预备党员。此项活动切实增强了基层组织的凝聚力。CDTV-5、成都日报等对启动仪式进行了采访报道。

8. 高效高质推进　完成人大选举（自查加分0.6分）

在时间紧、任务重的情况下，街道克服了辖区机关、大型企事业众多，选民组成复杂等诸多困难，通过近一个月的努力，顺利完成辖区四个联合选区的投票工作，共选出代表11名。黄新初书记、葛红林市长和辖区广大选民在各投票站进行了投票，行使了选举权利。黄书记在现场表扬街道选举工作认真严谨，并问候了工作人员。

9. 规范市场管理　备受各级关注（自查加分2分）

街道不断深化市场标准化管理工作。在全国率先开展猪肉溯源试点工作基础上，又开展了蔬菜准入溯源试点等工作，成为全国推广的典型。6月20日，国家商务部副部长姜增伟、商务部部长助理房爱卿及相关人员约260人，在桂溪街道和平综合农贸市场召开了“全国肉菜流通追溯体系建设试点工作现场会”。到辖区农贸市场视察工作的有成都市委常委黄建发、成都市政协副主席李铀、绍兴市政府考察团、资阳市政府考察团、成都市食品药品监督管理局局长等。

此外，4月28日，成都市在和平广场举行了“新品川鲜活农产品直通车进社区暨产销对接签约仪式”，副市长谢瑞武等出席。11月，双源综合农贸市场作为成都市城乡环境综合治理成果展示项目，被各新闻媒体采访报道。

10. 社区戒毒康复　巩固试点实效（自查加分2分）

桂溪社区戒毒（社区康复）试点工作成效明显，对戒毒人员坚持治疗，每月开展各类主题活动，帮助11名康复人员就业，从多方面把此项工作落到了实处。3月20日，国家禁毒办副主任、中国禁毒基金会秘书长陈新友到活动中心进行了视察。4月13日，辽宁省禁毒总队副总队长赵子阳带队进行了考察。多个区（市、县）相关单位也纷纷前来交流学习。

11. 受表彰奖励情况（分值3分，自查加分3.8分）

被四川省老龄工作委员会办公室、中共四川省委老干部局授予“四川省A级老年大学”称号（0.6分）、被成都市统计局授予“成都市第六次全国人口普查先进集体”称号（0.3分）、被成都市体育局授予“成都市群众体育工作先进单位（2008年–2011年）”称号（0.3分）、被成都市打击非法张贴书写广告领导小组办公室、成都市城市管理局授予“2011年度打击非法张贴书写小广告工作先进单位”称号（0.3分）、被成都市城市管理局授予“2011年度城市生活垃圾处理收费先进单位”称号（0.3分）、被中共成都高新区工作委员会授予“先进基层党组织”称号（0.3分）、被中共成都高新区工作委员会授予“2011年度武装工作先进单位”称号（0.3分）、被中共成都高新区工作委员会授予“2011年度征兵工作先进单位”(0.3分) 、被成都市人民防空办公室授予“人防警报工作先进设台单位”(0.3分)、敬刚书记在成都高新区桂溪街道办事处《关于处理勤俭村覃惠琼来信问题的情况报告》上批示“处理得好”（0.2分）、节目《盛世乐章》被成都市老龄工作委员会评为成都市第十一届老年艺术节比赛城区时装表演三等奖（0.3分）、节目《竹林深处》被成都市老龄工作委员会评为成都市第十一届老年艺术节城区器乐独奏一等奖（0.3分）。

三、目标管理工作（分值1分，自查加分1分）

由高新区党工委管委会目督办评分。

街道目标管理网络健全，成立了街道目标管理督查工作领导小组，由街道党工委、办事处领导牵头负责，成员由机关各部门负责人组成。下设目标管理督查办公室。各社区、机关各部门均设置了1名专（兼）职目标管理员。根据高新区下达的工作目标和2012年新形势，对目标管理实施细则和社区的目标责任书进行了较大调整，并以签订目标责任书或文件形式层层分解到各单位。对目标实行动态管理，各单位坚持季度自查、目督办坚持半年检查和年终考核；对城乡环境综合治理、工作作风、拆迁安置等影响全局的工作，会同街道纪工委及时督查和通报。工作资料齐全、整理规范，按时报送各类材料和报表。年度工作目标设置科学，重要工作无遗漏项，有效地促进了工作的开展。

行政办公会会议纪要

【2012年第一次办公会议纪要】

时间：2012年1月9日

地点：办事处四楼会议室

参会人员：樊晓峰、张学文、陈长贵、张仲常、王子琦、全少英、洪敬涛、马玉良、瞿蓉芳、刘焕春、张景山、王无、韩霜、李婷、张琼、徐德文、李孝云、陈攀慧、曾林彬、郭科、林世良、李天福、董涛

列席党员群众代表：张启秀、刘雪蓉、苏得君、陈云龙、张志琼

缺席：陈羽（挂职）

议决事项：会议听取了各部门近期工作汇报和安排，并对重点工作进行了强调。

党政办：完善街道年度工作目标考核会审、党建创新工作汇报材料及PPT；组织开展好创先争优活动群众评议、民主评议工作；组织召开好街道工作总结表彰会。

综治办：做好节前辖区重点区域的治安防范工作。

城管执法中队：做好辖区部分道路面积测算工作；组织开展好城乡环境综合整治暨“干干净净”迎新年活动。

社事科：做好节前各种慰问工作。

经发科：安排好对九尺镇永兴村困难户的慰问工作；做好春节期间烟花爆竹燃放的安全监管工作。

城建科：继续做好临江村拆迁和附着物补（赔）偿款发放工作；保障双祥幼儿园等重点工程建设项目按时完工；组织开展南新、双和、双祥社区办公用房及老年大学分校装修设计工作。

财政所：配合城管科做好临江村村民附着物补偿款的发放工作。

就业中心：继续做好节前工地工资清欠排查和调解工作。

社区中心：做好社区负责人的年终测评工作。组织开展好春节期间文化活动。

会议对列席党员群众代表提出的意见和建议表示感谢：

和平社区居民代表反映：社区院落围墙防盗网破损严重，存在安全隐患，院落内监控系统部分已坏。会议答复，由综治办负责现场查看后提出整改方案。

会议强调，春节在即，各科室要做好以下工作：一是按照区纪工委的要求做好节前党风

廉政建设工作，做到常抓不懈、警钟长鸣，各分管领导要开展好警示性谈话工作；二是要进一步强化劳动纪律意识；三是各部门要继续坚持“万事民为先”的宗旨，对2011年的工作进行总结回顾；四是要强化大局观意识，搞好团结，正确对待表彰评比。

会议通报，根据高新区工委组织部相关文件精神，陈治平被聘为桂溪街道党工委委员。因财政所所长工作调动，暂由谢名清同志主持财政所工作，委派会计钟文君回财政所工作。

【2012年第二次办公会议纪要】

时间：2012年2月13日

地点：办事处四楼会议室

参会人员：樊晓峰、张学文、陈长贵、张仲常、王子琦、全少英、洪敬涛、马玉良、瞿蓉芳、刘焕春、张景山、王无、李婷、徐德文、李孝云、陈攀慧、林世良、曾林彬、李从节、郭科、李天福、董涛、谢名清

列席党员群众代表：王禄琼（和平）、卜永昭（三瓦窑）、敖金玉（双源）、徐永秀（双祥）、李秋云（益州）

缺席：陈羽（挂职）、张琼（会议）

议决事项：会议听取了各部门近期工作汇报和安排，并对重点工作进行了强调。

党政办：与人事部门衔接财政所长竞聘事宜；联系新闻媒体宣传就业托底工作；继续牵头做好武侯区第六届人大换届选举工作；做好院落党支部组建准备工作；牵头制定文明院落示范工程建设方案。

综治办：做好“五会”期间的维稳工作；协助做好“2.22”植树活动的综治维稳保障工作。

城管执法中队：与社区、管理方商讨便民市场、餐饮集中点的夜市启动可行性；做好街面清扫保洁招标工作；牵头做好“2.22”植树活动的保障工作。

社事科：协调相关工作，确保双祥社区幼儿园准时开园；做好社保资金的审计自查工作；做好最后一批综合补贴（天然气、光纤补贴）发放工作；做好辖区幼儿卫生免疫工作。

经发科：拟定勤俭、民乐、铜牌、大源四个村的集体资产处置工作方案；做好春季动物防疫工作；与彭州永兴村协商，提出2012年对口帮扶实施方案。

就业中心：在保证社会公平的前提下，对就业托底退出机制进行思考；深化双困人员帮扶工作及大学生创业带动就业奖励工作方案。

财政所：会同社事科做好社保资金审计的准备工作；下达2012年财政支出预算。

城建科：做好临江村电力通道范围内的拆迁安置工作；做好双祥及双和社区办公用房装修、三瓦窑社区208号院综合整治等项目的设计工作，继续加快推进三个续建的重点工程建设。

社区中心：完善与猎豹足球俱乐部等社会组织的合作协议；组织做好院落内清扫保洁、绿化管养单位的招标工作；牵头落实院落细化管理工作；思考对社会组织的帮扶奖励措施。

会议对列席党员群众代表提出的意见和建议表示感谢：

双源社区居民代表建议对群宴基地进行改造；对老广场活动场地予以整治。会议答复由城建科现场实地踏勘，结合实际情况进行改进。同时，希望代表向居民宣传，广场等设施是居民共用的，不要再有细分地域的狭隘观念。

双祥社区居民代表建议对院落内开设茶房、麻将馆等破墙开店现象进行整治。会议答复由相关职能部门及社区加大管理力度，同时，请居民们支持配合街道和社区的工作。

和平社区居民代表建议在和平广场乒乓球桌旁增设座椅。会议答复和平广场场地有限，根据现场踏勘后再决定是否增设。

三瓦窑社区居民反映东苑住改商、群租问题并建议在东苑成立业委会。会议答复街道将积极向区相关部门反映并协助做好整治工作，今后随着入住率增高再申请动员成立业委会。

会议要求全体干部认真学习领悟街道2012年工作思路，做好全年工作计划，开展好各项具体业务工作；以基层建设年为契机，继续坚持和强化群众联系工作。各部门思考对社区、村目标考核体系的调整意见，党政办进行广泛调研和整理。

【2012年第三次办公会议纪要】

时间：2012年3月5日

地点：办事处四楼会议室

参会人员：樊晓峰、张学文、王子琦、全少英、洪敬涛、马玉良、瞿蓉芳、刘焕春、张景山、王无、李婷、张琼、徐德文、李孝云、陈攀慧、林世良、曾林彬、李从节、郭科、李天福、董涛、谢名清

列席党员群众代表：方素凤（和平）、杨桂林（三瓦窑）、陈云龙（双和）、唐传琼（双祥）、唐鸥（南新）

缺席：陈长贵（病假）、张仲常（会议）、陈羽（挂职）

议决事项：会议听取了各部门近期工作汇报和安排，并对重点工作进行了强调。

党政办：组织开展好院落党支部选举工作；组织开展好财政所所长选聘工作；组织开展“三.八”妇女节系列主题活动；做好重点路口的交通文明劝导活动；组织召开街道党风廉政建设工作会。

综治办：做好“两会”期间的维稳工作；继续做好临江村外地菇农集访稳控工作。

城管执法中队：做好街面清扫保洁招标比选工作；加强对城乡结合部和背街小巷的环境整治工作。

社事科：与高新区社事局协调做好三瓦窑适龄幼儿入园事宜；继续做好民政保障资金审计迎检工作；组织召开老龄工作座谈会。

经发科：做好兴川公司的诉讼协调工作；启动勤俭、民乐、铜牌、大源四个村的集体资产处置工作。

就业中心：抓好新出台的“双困人员”、“毕业大学生”、“青年见习”等三个就业帮扶文件的落实；做好迎接市领导到双源社区调研的准备工作。

财政所：做好2011年重点企业奖励方案的测算工作；加强对各社区的财务工作指导。

城建科：做好办事处大楼地下室防水维修工程；尽快组织实施双源老广场的维修改造；继续做好临江村拆迁安置工作，保障电力通道项目建设；组织开展好“3.12”植树节活动。

社区中心：组织开展好桂溪大讲堂系列活动；完善院落自治的相关配套制度和文件。

会议肯定了在武侯区第六届人大选举、临江村电力通道范围内拆迁及维稳处置、双祥幼儿园开园、省市区领导植树活动等重点工作中，各科室密切配合，共同努力，圆满完成了工作任务，取得了良好成效。但在今后工作中要注意“三提高”，即提高抓落实的能力、提高工作效率、提高把握细节的能力，摒弃“拖”、“推”现象，改变粗放式工作模式，更加注重细节。各部门工作要围绕街道2012年工作思路稳步开展，突出亮点和特色。

最后，街道党工委书记樊晓峰代表班子全体成员预祝妇女同志们“三.八”节快乐。

【2012年第四次办公会议纪要】

时间：2012年3月19日

地点：办事处四楼会议室

参会人员：樊晓峰、张学文、陈长贵、张仲常、王子琦、全少英、洪敬涛、马玉良、刘焕春、张景山、王无、李婷、张琼、徐德文、李孝云、陈

攀慧、林世良、曾林彬、李从节、郭科、李天福、董 涛、谢名清

列席党员群众代表：方义红（和平）、郑长菊（三瓦窑）、李龙生（双和）、陈明建（益州）、张一军（永安）

缺席：瞿蓉芳（病假）、陈羽（挂职）

议决事项：会议听取了各部门近期工作汇报和安排，并对重点工作进行了强调。

党政办：与社区中心做好双祥社区细分的人员准备工作；牵头制定街道基层组织建设年工作方案，开展党组织现状大调查，完成调研报告；开展非公企业支部与社区支部结对帮扶工作。

综治办：继续做好临江村外地菇农的稳控工作；做好糖酒会期间的治安防范保障工作。

城管执法中队：会同高新区城管环保局做好民乐村市场违建、旱厕的拆除工作；组织召开街道城乡环境综合治理工作会；做好糖酒会期间的市容市貌保障工作。

社事科：指导开展好院落议事会、院委会的选举工作；整理老龄工作座谈会上的意见建议，提出处置建议。

经发科：牵头做好民乐村农贸市场周边、忠达砂石场的水环境整治工作；开展好勤俭、民乐、大源、铜牌四个村的农村集体资产处置培训工作；组织召开科技企业融资座谈会。

就业中心：落实成都市集体所有制企业退休人员参加城镇职工基本医疗保险政策的宣传和办理工作。

财政所：做好2011年度企业奖励的兑现工作；牵头组织召开街道工程项目审计工作会；组织开展社区会计培训。

城建科：继续推进临江村电力通道范围的拆迁工作；对高新区工程项目审计通报会提出的问题进行整改；加快双源运动场等在建工程项目的建设进度。

社区中心：继续办好《桂溪社区》报，侧重刊载居民喜闻乐见的内容；组织召开文化工作座谈会；会同党政办做好院落细化管理的人员培训准备工作。

会议对列席党员群众代表提出的意见和建议表示感谢：

益州社区代表反映，其所在单位退休人员的社保关系、党组织关系将转接到社区，希望协调好相关工作。会议答复：街道已启动益州、永安、南新社区党支部选举工作，今后将开展好组织生活，党政办及就业所要按程序主动做好服务。

三瓦窑社区居民代表反映208号院落综合整治工程尚未动工。会议答复：按照廉政建设和工程建设相关要求，必须按程序逐步推进，目前已进入图审阶段。请代表会后向院落居民们宣传。

会议要求，各部门、各社区的工作要结合“五大兴市战略”思想大解放讨论、街道工作思路来开展，突出中心主线。街道工会要加强对干部和直系亲属的关心。各部门近期的总结会工作会较多，希望借鉴围棋中的“复盘”思想，善于反思、借鉴，查找存在问题的根源并提出整改方向。

【2012年第五次办公会议纪要】

时间：2012年4月9日

地点：办事处四楼会议室

参会人员：樊晓峰、张学文、陈长贵、张仲常、王子琦、全少英、洪敬涛、马玉良、张景山、王无、李婷、张琼、徐德文、李孝云、陈攀慧、林世良、曾林彬、李从节、郭科、李天福、董涛、谢名清

列席党员群众代表：陈俊蓉（和平）、贺龙龙（三瓦窑）、王文明（双和）、胡宗芳（双祥）、杨菲（南新）

缺席：瞿蓉芳（病假）、刘焕春（会议）、陈羽（挂职）

议决事项：会议听取了各部门近期工作汇报和安排，并对重点工作进行了强调。

党政办：做好村、社区目标考核体系的调整；拟定"幸福高新"故事会工作考核方案；组织开展社区院落支委培训；督促完善三务公开、社区监事会等工作；统筹安排近期将召开的会议。

综治办：继续开展辖区涉藏人员信息收集、数据更新、不稳定因素排查工作；检查指导各社区做好"三防"设施建设工作；做好流动人口管理服务业务培训工作；研判近期双源、双祥、双和社区治安维稳形势，提出改进措施。

城管执法中队：做好第一次城乡环境综合整治测评相关工作。

社事科：指导社区院委会、议事会规范运作；协调老年大学在社区开设辅导站的工作。

经发科：指导勤俭、民乐、铜牌、大源等村的集体资产处置工作，联系领导加强指导；做好辖区安全生产（如拆迁安全）的监管工作。

就业中心：做好社保审计相关工作；做好社区、企业的青年见习平台筹建工作；做好劳动保障进园区的前期准备工作。

财政所：牵头完善工程审计的工作措施；做好办事处一季度税收分析和全年形势的预测。

城建科：继续做好临江村电力通道范围的拆迁工作；会同财政所完善工程审计的工作措施；做好双源公园水、电安装分表及漏水排查工作；做好街面绿化管养合同的签订工作。

社区中心：完善鼓励社会组织发展的工作方案；指导各社区做好院落自治配套政策的落实工作；结合幸福高新故事会工作，做好微电影的制作工作。

会议对列席党员群众代表提出的意见和建议表示感谢：

和平社区居民代表反映社区卫生服务和平站近期有两天停电，影响居民看病，能否购买发电机应急。会议答复：最近出现的停电是由供电局线路故障和检修引起的，不会经常发生，暂不考虑购买发电机。

近段时间各科室工作繁杂、任务量大，在共同努力下，成功处置了拆迁安全、女童坠楼等意外突发事件。成功完成了民乐村市场周边及忠达砂石场的水环境整治、举办趣味运动会预赛、组织参加高新区健步走等工作。但各科室要注重日常工作，如街道活动的组织、报告草拟等工作，对工作人员进行严格要求。各科室之间要配合做好突发重大事件的处置工作，不能出现推诿现象。

【2012年第六次办公会议纪要】

时间：2012年4月23日

地点：办事处四楼会议室

参会人员：樊晓峰、张学文、陈长贵、张仲常、全少英、洪敬涛、马玉良、张景山、王无、张琼、徐德文、李孝云、陈攀慧、曾林彬、李从节、郭 科、李天福、董涛、谢名清、何义忠

列席党员群众代表：张启秀（和平）、程小丽（三瓦窑）、熊基勇（双和）、张红全（双源）、杨平（永安）

缺席：王子琦（学习）、瞿蓉芳（病假）、刘焕春（会议）、陈羽（挂职）、李婷（学习）、林世良（学习）

议决事项：会议听取了各部门近期工作汇报和安排，并对重点工作进行了强调。

党政办：指导益州、永安社区做好党支部公推直选工作；做好和平社区综合服务楼功能布局及管理的协调工作；组织开展好"做有为青年"演讲比赛活动。

综治办：会同党政办做好大队在职骨干的满意度测评及续聘工作；继续做好辖区综治维稳工作；做好房交会治安保障工作。

城管执法中队：会同党政办做好中队骨干

竞聘工作；做好房交会期间的市容秩序保障工作；配合成都市农委和高新区经发局做好和平广场举办的蔬菜进社区宣传活动。

社事科：制订社区矫正工作方案；组织好各类救助政策的培训工作；指导各社区老年活动中心规范运作。

经发科：做好勤俭、民乐、铜牌、大源等村的集体资产处置培训工作；制定防汛预案和准备防洪演练。

就业中心：做好4月20日大学生招聘会后的调查回访。

财政所：做好社区及街聘人员公积金办理的前期准备工作。

城建科：抓紧各小型工程的推进，加快三瓦窑208号院改造、双和办公用房装修、双源双和居民楼屋顶防水补漏等民生工程进度。

社区中心：指导各社区做好院落自治工作；组织开展好省女篮与高新区女篮友谊赛、国手桂溪行等活动；完善引进和鼓励社会组织发展的工作方案。

会议对列席党员群众代表提出的意见和建议表示感谢：

和平社区居民代表反映院落内休闲椅破损较多。会议答复：由城建科督促和平社区及时对公建设施进行检查和修复。

三瓦窑社区居民代表反映：1、长桂苑早上出摊占道现象较多；2、208号院改造工程什么时候可以入场；3、208号院部分居民住房管道漏水；4、东苑A区居民对地铁七号线下穿小区不满；5、南站铁路线规划离208号院住房太近。会议答复：由城管执法中队负责对长桂苑出摊占道现象进行纠正；208号院院落改造工程必须按程序办理，预计11月份入场施工；居民住房内管道早已过5年质保期，应自行维修。地铁七号线及南站铁路线的规划问题，街道将向上级部门转达居民的意见，城管执法中队要查证铁路线夜间施工是否有许可。

会议对近期人员变动情况进行了通报：由罗王军任益州社区工作站站长，原南新社区工作站副站长陈近因个人原因辞职。由高超任南新社区工作站副站长。各部门要注意培养锻炼后备人员。

会议要求各部门要做好以下几项工作：一是要尽快完善相关目标考核内容；二是加强对各社区的建设管理和院落自治的指导；三是4月20日，委领导宋志斌到街道调研工作，对街道团队建设和各项工作给予了充分肯定，并认为思考问题有前瞻性，希望全体人员要以此为动力，推进各项工作顺利开展。

【2012年第七次办公会议纪要】

时间：2012年5月7日

地点：办事处四楼会议室

参会人员：樊晓峰、张学文、陈长贵、张仲常、王子琦、全少英、洪敬涛、瞿蓉芳、刘焕春、张景山、王无、李婷、张琼、徐德文、李孝云、陈攀慧、林世良、曾林彬、李从节、谢名清、李天福、董涛

列席党员群众代表：尹德华（和平）、程永秀（三瓦窑）、李忠英（双和）、刘国玉（双祥）、罗晓军（益州）

请假：马玉良（检查）、陈羽（挂职）、郭科（检查）

议决事项：会议听取了各部门近期工作汇报和安排，并对重点工作进行了强调。

党政办：继续细化深化百姓故事会活动；做好迎接省第十次党代会的宣传工作；做好文明程度指数摸底调查及文明示范院落迎检工作；做好城乡环境综合治理的新闻媒体资料的收集。

综治办：指导好辖区开展好群防群治工作；继续做好辖区农贸市场的监管和指导工作；做好省第十次党代会的相关维稳工作。

城管执法中队：牵头继续做好城乡环境综

合治理工作。

社事科：做好外来务工就业劳动者子女入学申请工作；开展好5月20日"全国助残日"活动。

经发科：做好广和一街的雨污整治工作；辖区内河道沟渠的保洁、疏掏工作；做好秸秆禁烧工作。

就业中心：对完成好小额贷款任务要多想办法；继续做好外来务工就业劳动者子女接受义务教育换签劳动合同工作。

财政所：做好社区及卫生服务中心的财务审计准备工作。

城建科：做好临江村剩余农户协议的签订、已签协议的菌农搬迁工作；做好铜牌村一组（保利用地）违建民工生活区的拆除，并与高新区统征办衔接闲置土地的移交管理事宜。

社区中心：结合加强院落管理，发动居民做好城乡环境综合治理院内环境和秩序维护工作；组织开展好院落乒乓球比赛；继续跟踪、指导院落自治的工作。

会议对列席党员群众代表提出的意见和建议表示感谢：

三瓦窑社区居民代表反映：1、208号院内变压器太矮无标识，有树枝遮挡，有安全隐患；2、桂溪东路临时绿化带因施工车辆停放被破坏；3、工地扬尘严重。会议答复：由经发科联系电力单位协调变压器标识事宜，由城建科协调树枝修剪。工程完工后，办事处再协调兴城公司恢复临时绿化带。由城管执法中队协调加强洒水降尘工作。

双祥社区居民反映：25、36号院无群宴基地。会议答复：为做好城乡环境综合治理，建议动员居民改变群宴风俗，或到群宴基地、现有场地等解决。

益州社区居民反映：1、工地扬尘严重；2、石墙农贸市场落水管道乱排放。会议答复：由城管执法中队协调加强洒水降尘工作；由经发科查看落水管问题后提出解决方案。

双和社区居民反映：建议将44号院1–2栋之间空地硬化用作居民休闲。会议答复：44号院已有休闲场地，加之院内绿化少，暂时不予考虑。

会议欢迎代表积极收集和反映群众意见建议，办事处将在能力范围内全力以赴进行解决，但有的建议若与政策法规、文明进步有冲突，也请居民代表理解并代为宣传解释。

会议表示，近期各科室加班加点有效地推进了城乡环境综合治理、国手桂溪行重点工作。但在工作中仍存在效率不高、办事拖沓等现象，各部门要注意提高对重要工作的敏锐性，做好城乡环境综合治理、院落自治等工作，在具体工作中抓出实效。下阶段深化城乡环境综合治理工作重点要结合院落自治，动员群众参与，转入对院落内环境卫生及秩序维护上。维稳方面，全体人员要努力工作，不信谣、不传谣。

【2012年第八次办公会议纪要】

时间：2012年5月28日

地点：办事处四楼会议室

参会人员：樊晓峰、张学文、陈长贵、张仲常、全少英、马玉良、瞿蓉芳、刘焕春、张景山、王无、李婷、张琼、徐德文、李孝云、陈攀慧、林世良、李从节、郭科、谢名清、李天福、董涛

列席党员群众代表：方义红（和平）、杨桂林（三瓦窑）、李厚军（双源）、陈三龙（双和）、唐鸥（南新）

请假：王子琦（会议）、洪敬涛（出差）、陈羽（挂职）、曾林彬（出差）

议决事项：会议听取了各部门近期工作汇报和安排，并对重点工作进行了强调。

党政办：加强对院落自治、边界划分等重点工作的督促落实；做好综合文明指数的测评迎检工作；牵头与相关科室对社区配套房屋的

使用进行研讨；提出社区广播修复或改造的方案；制定基层组织建设年工作方案。

综治办：抓紧落实和平社区监控系统的修复工作；继续做好辖区农贸市场的监管和指导；继续做好社区戒毒（社区康复）迎检和相关人员分类工作；继续做好东苑A区地铁线规划维稳工作。

城管执法中队：制定建立城乡环境综合治理长效机制方案，并召开会议安排落实；做好四川预高师汽车营二连集结点验检查验收工作。

社事科：做好天府软件园卫生服务站服务工作向周边辐射的宣传方案；做好辖区重性精神病患者的摸底调查；做好敬老院孤寡老人遗赠抚养协议相关工作；做好对辖区幼儿园、学校的“六.一”慰问工作。

经发科：继续做好秸秆禁烧工作；安排布置好夏季安全生产工作；继续指导协调四个村的集体资产处置工作；继续做好辖区楼宇、商业服务体的招商工作。

就业中心：做好各社区重点就业帮扶对象的梳理。

财政所：继续做好相关社区、社区卫生服务中心的审计工作；完善工程项目的管理工作；配合区财政局做好2010-2011年度企业奖励及扶持的审计工作。

城建科：做好临江村70户未签协议农户的拆迁工作；加快推进孵化园劳动保障站装修、南新社区篮球场塑胶面层维修及划线等小型工程建设。

社区中心督促各社区加强院落自治管理；组织好院落乒乓球比赛；对院落自治现场会提出的问题进行梳理和督促整改。

会议对列席党员群众代表提出的意见和建议表示感谢：

和平社区居民代表反映：天仁北二街一号院内肉摊经营户经多方劝阻仍不停止经营。会议答复：希望社区院落自治组织继续做好居民的工作，由党政办牵头协调，各业务科室积极配合予以解决。三瓦窑社区208号院居民代表反映：1、艾普宽带线路杂乱；2、绿化存在裸土现象；3、变压器无防护措施，存在安全隐患。会议答复：1、请社区与艾普公司协调解决，如遇困难，社区向办事处提出；2、由社区中心督促环卫公司加强院内绿化管养；3、由经发科现场查看后处理。双源社区居民代表反映：1、120号院广播有问题；2、建议在院内增设休闲座椅。会议答复：1、由党政办牵头提出解决方案；2、城建科现场查看后提出建议。

会议要求：各分管领导、科室要通过办公会加强信息的沟通交流，共同协调配合开展好工作。希望院落“三驾马车”要切实解决一些具体问题，以体现院落自治的威信，院委会要牵头收集群众意见，整理汇总后及时向社区反映。希望各科室共同做好双祥、双桂及双吉办公场地、老年大学分校及综合文化活动分中心、养老助残相关场地的现场调研。

【2012年第九次办公会议纪要】

时间：2012年6月11日

地点：办事处四楼会议室

参会人员：樊晓峰、张学文、陈长贵、张仲常、王子琦、洪敬涛、马玉良、瞿蓉芳、刘焕春、张景山、王无、李婷、张琼、徐德文、李孝云、陈攀慧、林世良、曾林彬、李从节、郭科、谢名清、李天福、董涛

列席党员群众代表：姚玉英（和平）、曾文淑（三瓦窑）、黄南（双和）、黄金蓉（双祥）、贾成玉（永安）

请假：全少英（学习）、陈羽（挂职）

议决事项：会议听取了各部门近期工作汇报和安排，并对重点工作进行了强调。

党政办：做好辖区庆“七·一”系列活动的组织工作；做好志愿者队伍站、点的完善及开

展活动事宜；与润锦城物管公司落实好办公楼消防安全责任；牵头督查城乡环境综合治理长效机制落实、5月文明指数测评存在问题整改等工作。

综治办：做好农贸市场迎接国家部委的检查工作；做好新划区域的治安防范工作；做好"十八大"前的综治维稳工作；做好剩余41户钉子户拆迁时的防范准备工作；由张仲常同志牵头，做好农贸市场及周边环境的管理工作。

城管执法中队：组织做好"门前三包"集中宣传及整治工作；及时跟踪处置城乡环境综合治理存在的问题；做好社区ISO14001外审工作；配合党政办督查城乡环境综合治理长效机制落实、5月文明指数测评存在问题整改等工作，6月15日前将整改情况上报。

社事科：完善街道养老助残中心方案。

经发科：继续做好综合治税工作；组织好安全生产工作，配合党政办做好办公楼消防安全工作；跟进省外资金的引进工作。

就业中心：继续协调双源手工业基地项目的搬迁工作；做好几个存在工资清欠隐患工地的跟踪协调工作；研究24名重点就业帮扶对象的个性化帮扶措施。

财政所：做好社区卫生服务中心和相关社区的审计工作；配合做好和平社区综合服务楼及老年大学设备采购的预算追加工作。

城建科：加快推进大源体育公园管网维修、和平幼儿园人工草皮铺装、道德示范讲堂装修等工程进度；会同城管执法中队启动大源北中街店招整治工作；继续抓好临江村未签协议农户的相关工作；做好41户剩余钉子户的拆迁准备工作。

社区中心：督促做好各社区院落的工作，加大对物管院落环境综合治理的介入力度。

会议对列席党员群众代表提出的意见和建议表示感谢：

三瓦窑社区居民代表反映：希望加快三瓦窑综合农贸市场建设。会议答复：请洪敬涛同志牵头与建设方衔接市场建设进度情况。双祥社区居民代表反映：建议在大源体育公园羽毛球、乒乓球场地设置照明灯。会议答复：考虑到安全等方面的因素，目前暂未有安装照明灯的计划，请居民代表理解并代为宣传。和平社区居民代表反映：希望和平社区卫生服务站晚上有医生值班。会议答复：目前社区卫生服务中心全科医生仅有18名，人手严重不足，高新区正在招聘医生，请居民代表理解并代为宣传。

会议要求，在院落自治、百姓故事会、城乡环境综合治理等各项重点工作上，各部门要在加强联系和发动群众方面多下功夫；要进一步加强作风建设和整顿工作，强化劳动纪律，防止出现反弹；各部门要做好党风廉政建设"一岗双责"工作的落实。

会议强调了几项面上的重点工作：1、做好与石羊街道边界划分后的管理交接工作，特别是治安防范、劳动保障、闲置土地管理等的管理工作。涉及村的维持原方案，其他管理工作按议定事项落实；2、由党政办牵头、城管执法中队配合，对城乡环境综合治理长效机制落实、5月文明指数测评存在问题的整改、市民观察员发现问题的整改等情况进行督查。近期暗访、测评发现问题时，相关分管领导、社区、科室不能推诿，要立即赶到现场进行处置；3、各部门要进一步提高《社情民意》收集到的问题的回复质量。

【2012年第十次办公会议纪要】

时间：2012年6月26日

地点：办事处四楼会议室

参会人员：樊晓峰、陈长贵、张仲常、王子琦、洪敬涛、马玉良、瞿蓉芳、刘焕春、张景山、王无、李婷、张琼、徐德文、李孝云、陈攀慧、林世良、曾林彬、李从节、郭科、谢名清、李天福、董涛

列席党员群众代表：黄根（和平）、贺龙生（三瓦窑）、王兴芝（双和）、钟明辉（双源）、罗晓军（益州）

请假：张学文（培训）、陈羽（挂职）

议决事项：会议听取了各部门近期工作汇报和安排，并对重点工作进行了强调。

党政办：牵头做好半年目标检查工作，突出重点工作落实情况；加强与文明程度指数测评督察组的沟通联系，及时将督察出的问题反馈给相关单位限期整改；结合党内半年统计数据进行党员结构分析，结合基层组织建设年推进工作；结合志愿者队伍建设，开展好机关志愿服务活动；统筹安排“七.一”系列活动，对口联系社区的领导要积极参与。

综治办：结合文明程度指数测评工作，树立综治巡逻大队对外形象；做好迎接国家禁毒委检查的准备工作；加强与其他单位接壤区域的治安整治工作；做好新划区域的治安防范工作；做好流口工作迎检准备工作。

城管执法中队：健全完善城乡环境综合整治长效机制，针对城乡环境整治的难点、盲点区域进行回头看，加大整治力度；督促环卫公司保持清扫保洁质量。

社事科：全少英同志牵头，党政办、城建科配合，加快推进街道养老助残中心的筹建工作。

经发科：指导开展好农村集体资产处置工作，本着“成熟一个处置一个”的原则，有条件的村可安排推进；会同社区中心开展好科普活动。

就业中心：做好就业工作半年总结，做好对青年见习基地、就业托底等特色工作的对外宣传。

财政所：继续做好相关社区、卫生服务中心的审计工作；做好二季度社区财会人员培训。

城建科：组织开展好第四次工程建设例会；会同综治办对双源农贸市场外墙脱落情况提出处理意见。

社区中心：继续做好院落环境综合整治工作；组织召开社区负责人会议；做好暑期青少年培训相关工作。

会议对列席党员群众代表提出的意见和建议表示感谢：

和平社区居民代表反映：天仁北一街一号院5、6幢居民反映临街餐馆因风向原因造成油烟扰民。会议答复：请城管执法中队现场查看，督促商家注意规范减少影响。

益州社区居民代表反映：石墙农贸市场雨水直接排放到地面，影响群众往来；目前老年大学舞蹈教室太小。会议答复：由城建科现场查看能否整治，如不行，则由张仲常同志协调市场管理方协调解决。老年大学新教室已落实，可解决场地不足问题。

双和社区居民代表反映：希望在48号院内安装休闲桌椅，方便老人休息。会议答复：城建科加紧统筹安排该院落及其他院落的问题。

会议强调了两项面上的重点工作：一是抓好干部作风整顿工作，传达了6月25日成都市电视电话会议精神，要求街道纪工委加大督查力度，对发现的典型问题要从严处理。通过整顿，综治大队、城管中队要通过作风整顿，进一步提升队员的精神风貌。二是高新区对口扶贫单位调整为甘孜州德格县，高新区安排张学文同志带队援藏，希望各分管领导主动作为，搞好分管工作，以实际工作成绩支持张学文同志援藏。财政工作在高新区管委会未有明确安排前暂由樊晓峰书记代管。

【2012年第十一次办公会议纪要】

时间：2012年7月9日

地点：办事处四楼会议室

参会人员：樊晓峰、张仲常、王子琦、洪敬涛、马玉良、瞿蓉芳、陈羽、刘焕春、张景山、王

无、李婷、张琼、徐德文、李孝云、陈攀慧、林世良、曾林彬、廖宗儒、谢名清、李天福、董涛

列席党员群众代表：王明慧（和平）、李素清（三瓦窑）、刘丹（双源）、刘连凤（双祥）、彭梅（南新）

请假：陈长贵（会议）、李从节（会议）

议决事项：会议听取了各部门近期工作汇报和安排，并对重点工作进行了强调。

党政办：尽快完善工作人员考核办法；进一步规范便民大厅办事流程，及时梳理改进；组织好半年目标检查工作，确保工作成效。

综治办：做好“十八大”前的综治维稳工作；做好充分准备，迎接国家禁毒委的工作检查。

城管执法中队：做好文明程度指数测评、城乡环境综合治理二季度测评的市容秩序保障工作；以7.1日事件为契机，结合干部作风教育实践活动的开展，提升队伍状态；做好两条“门前三包”示范街道相关工作。

社事科：继续加快推进街道养老助残中心的筹建工作。

经发科：组织召开重点企业座谈会；加强对新入驻企业的跟踪。

就业中心：着重做好就业工作半年总结，结合高新区半年工作要求，对自身特色亮点工作要进一步探索考虑。

财政所：继续做好相关社区、卫生服务中心的审计工作；做好1–6月税收收入分析及财政预算收支分析。

城建科：与统征办衔接，沟通临江村拆迁相关问题；继续加强与临江村的联系，协商剩余70余户未签协议农户的解决办法。

社区中心：结合文明程度指数测评工作，进一步提升院落管理水平；继续做好突出问题的专项整治工作。

会议对列席党员群众代表提出的意见和建议表示感谢：

和平社区居民代表反映：尽快在院落内安装健身器材及休闲座椅，修理路边大树枝桠。

会议答复：目前，院落内工作更多的依托院委会开展，由社区统一安排安装及修剪工作，街道督促社区尽快落实。

双祥社区居民代表反映：小区进门大厅尽快安装凳子，在门口两侧安装不锈钢栏杆，方便老人行走。

会议答复：根据实际情况，城建科负责现场勘查，落实此项工作。

会议强调了两项面上的重点工作：一是继续抓好干部作风教育实践活动的贯彻落实，要求机关工作人员带头示范，起好表率作用。二是组织好半年目标检查走访工作，促进社区各项工作的顺利推进。

【2012年第十二次办公会议纪要】

时间：2012年7月23日

地点：办事处四楼会议室

参会人员：樊晓峰、陈长贵、王子琦、洪敬涛、马玉良、瞿蓉芳、吴志娟、刘焕春、张景山、陈羽、王无、李婷、张琼、徐德文、李孝云、高国容、林世良、曾林彬、廖宗儒、谢名清、李天福、董涛

列席党员群众代表：严达刚（和平）、王达修（三瓦窑）、刘成忠（双源）、陈清珍（双和）、张一军（永安）

请假：张学文（援藏）、张仲常（会议）、全少英（请假）、陈攀慧（会议）、郭科（援藏）

议决事项：会议听取了各部门近期工作汇报和安排，并对重点工作进行了强调。

党政办：继续牵头组织好文明程度指数测评迎检工作，各部门要主动作为，积极补位；做好基层组织建设年迎接市委组织部检查相关工作；对社区卫生服务中心审计发现的问题，纪工委牵头了解过程、原因，提出处理意见；继续加快政府采购，做好和平社区综合楼的搬

迁准备工作；收集工委会议议题，做好会议准备。

综治办：继续开展辖区不稳定因素的排查，做好“十八大”前的安保维稳工作；强化辖区农贸市场的管理，对存在的薄弱环节进行整改；

城管执法中队：继续做好文明程度指数测评市容秩序保障工作；做好拆迁难点户周边违章搭建的整治工作。

社事科：本着从简原则，开展好“八一”慰问工作。

经发科：按成熟一个处置一个的原则，做好村集体资产处置工作；做好汛期各项安全隐患排查工作。

就业中心：孵化园劳动保障服务站需要设备梳理上报党政办。

财政所：加强财政所内部管理工作，加强业务培训。

城建科：继续进一步推进各项在建项目及拆迁工作进度，机关部门、村要联动。

社区中心：加强对双祥社区物业服务中心的指导；与益州社区共同指导格兰晴天小区业主委员的组建工作；组织好社区文艺骨干、热心居民参加2012成都国际青年音乐周活动。

会议对列席党员群众代表提出的意见和建议表示感谢：

和平社区居民代表反映：院落内卖水果的摊贩，是否能提供统一摊位，规范管理。

会议答复：办事处对失地农民捡种的设置了统一摊位，采用疏堵结合的方式规范管理，但小区院内摆摊设点是不允许的，城管执法中队协助社区加强规范管理工作。

三瓦窑社区居民代表反映：希望三瓦窑农贸市场尽快完工，方便居民买菜。

会议答复：兴城公司表示年底能完工，街道会督促尽快按工期完成。

双和社区居民代表反映：一是茶铺出摊占道现象严重；二是5号院面积较大，建议绿化补栽；三是建议根据院落大小，适当增加院落自治经费。

会议答复：城管执法中队协同社区一道，本周开始有重点地整治茶铺出摊占道现象，引导社区居民共同维护社区院落良好秩序；城建科进行现场查看，尽快进行绿化补栽；院落自治经费在启动经费1万元的基础上，按照院落居民户数安排了工作经费，希望居民理解并宣传。

双祥社区居民代表反映：院落内开茶铺占用公共地带且夜间扰民。

会议答复：街道、社区以往在整治过程中，部分群众还帮着经营户说话，望有正义感的群众多做宣传，支持街道和社区工作。

会议强调了四项面上的重点工作：一是近期工作任务繁重，要求全体工作人员暂停休假。二是各科室半年预算执行情况不平衡，希望结合预算执行推进工作。三是要求各科室结合“五民五好”工作要求，梳理归纳相关数据、事例，做好整体对外宣传工作。四是要求分管领导、科室负责人加强对科室工作人员的关心管理。

【2012年第十三次办公会议纪要】

时间：2012年8月6日

地点：办事处四楼会议室

参会人员：樊晓峰、陈长贵、张仲常、全少英、洪敬涛、吴志娟、马玉良、瞿蓉芳、刘焕春、张景山、陈羽、王无、李婷、张琼、徐德文、李孝云、陈攀慧、林世良、曾林彬、廖宗儒、谢名清、李天福、董涛

列席党员群众代表：高世萍（和平）、曾文淑（三瓦窑）、刘玉清（双祥）、敖均堂（双和）、罗晓军（益州）

请假：张学文（援藏）、王子琦（会议）、郭科（援藏）

议决事项：会议听取了各部门近期工作汇报和安排，并对重点工作进行了强调。

党政办：继续牵头组织好文明程度指数测评迎检工作。

综治办：继续开展辖区不稳定因素的排查，做好“十八大”前的安保维稳工作；强化辖区农贸市场的管理工作；做好社区戒毒（社区康复）迎检准备工作，组织开展好相关活动。

城管执法中队：继续做好文明程度指数测评市容秩序保障工作，规范大源片区捡种摊贩管理；按要求做好队伍干部作风教育实践活动，做到文明执法。

社事科：做好社会事务文明创建迎检工作；做好助老助残中心设备采购计划。

经发科：继续做好村集体资产处置工作；继续做好辖区防汛工作；

就业中心：做好2011年度街道就业奖励金绩效考评项目工作；总结分析街道近两年来“双困”帮扶模式。

财政所：会同各部门做好街道办事处半年预算调整工作；做好2011年度财政项目支出绩效评价准备工作。

城建科：继续进一步推进在建项目、拟建项目及拆迁工作进度，专题研究征地拆迁相关工作。

社区中心：做好社区建设的文明创建迎检达标工作。

会议对列席党员群众代表提出的意见和建议表示感谢：

和平社区居民代表反映：和平社区广场的南都邻秀居民对文体活动音乐不满，出现高空抛物现象。会议答复：参加文体活动的居民要理解楼上居民，尽量控制音量，社区要进行协调。

三瓦窑社区居民代表反映：希望三瓦窑农贸市场尽快完工；缺少银行及ATM机；东苑一些住户犬只未栓养；长桂苑小区2楼住房开餐馆存在油烟扰民问题。会议答复：兴城公司表示10月底能完工，城建科再联系衔接一下进度；随着区域的发展，小区各项配套设施包括银行网点等也会逐步建立；犬只管理是社会问题，需要市民整体素质提高逐步规范；责成城管执法中队到现场查看并整治。

双和社区居民代表反映：48号院门口大车停放不规范，影响视线。会议答复：由城管执法中队与交警衔接，规范车辆停放秩序。

双祥社区居民代表反映：36号院红星茶铺有赌博机；各院落检种摊贩较多，影响小区环境。会议答复：由综治办与派出所共同查看并整治；城管执法中队加强对居民的引导工作。

会议强调了五项面上的重点工作：一是各部门抓紧落实“五民五好”资料的收集工作。二是文明程度指数测评迎检工作是当前中心和主要工作，请各分管领导主动指导各个社区的迎检准备工作，办事处四个（助理）调研员也要分别对口指导社区的迎检工作。三是各分管领导要加强对工作人员的关心，调动积极性，统筹安排做好迎检工作。四是要关注近期天气，做好防汛工作。五是近期要专题研究五岔子村拆迁难点户的拆迁工作。

【2012年第十四次办公会议纪要】

时间：2012年8月20日

地点：办事处四楼会议室

参会人员：樊晓峰、陈长贵、张仲常、王子琦、全少英、洪敬涛、吴志娟、马玉良、瞿蓉芳、刘焕春、张景山、陈羽、王无、李婷、张琼、徐德文、李孝云、陈攀慧、林世良、曾林彬、廖宗儒、谢名清、李天福、董涛

列席党员群众代表：廖金甫（和平）、夏茂华（三瓦窑）、贺善清（双祥）、卢林（双源）、刘建（南新）

请假：张学文（援藏）、郭科（援藏）

议决事项：会议听取了各部门近期工作汇

报和安排，并对重点工作进行了强调。

党政办：继续牵头组织好文明程度指数测评迎检工作，各科室要主动作为，督促社区、单位、商家做好相关工作；结合实际，按照干部作风教育实践活动，加强制度的健全完善；按照区上统一要求，组织开展好中层干部竞聘工作；宣传工作方面，加强对身边先进典型的挖掘。

综治办：做好文明程度指数测评相关工作，加强农贸市场的监管；结合干部作风教育实践活动第二阶段总结，加强巡逻队伍的管理；继续做好辖区的稳控工作。

城管执法中队：继续做好文明程度指数测评市容秩序保障工作，尤其是入户问卷调查的周边秩序维护工作；继续做好高新区城管执法队伍为期一个月的作风整顿工作，明确专题及整改措施；配合城建科做好违章搭建拆除工作。

社事科：做好文明程度指数测评相关工作；督促临江村餐具消毒企业搬迁工作；尽快落实2012年桂溪街道“政府奖学金”发放工作。

经发科：做好辖区基本单位清查工作；继续跟进省外资金引进工作；对各社区消防设施设备情况进行检查。

就业中心：做好“已年满60周岁、从未享受职工基本养老保险待遇以及国家规定的其他养老保险待遇的”的城乡居民可以在户籍所在地自愿参加城乡居民养老保险的工作；结合干部作风教育实践活动，加强对社区业务主办的培训管理教育工作。

财政所：会同各部门做好街道办事处半年预算调整工作；结合干部作风教育实践活动，开展财会人员的培训；组织好小型工程建设项目的送审工作。

城建科：继续做好拆迁难点户的攻坚工作；做好临江村拆迁安置的前期准备工作；抓好涉及民生的建设项目推进工作。

社区中心：加强对双祥社区物业的指导管理力度；图南多垃圾房脏乱问题协调党政办上报区文明办或规划建设局进行协调处理；加快南铁新居业主委员会的筹建工作；组织人员参加高新区百姓故事会pk赛，体现桂溪水平。

会议对列席党员群众代表提出的意见和建议表示感谢：

和平社区居民代表反映：和平四期院落内存在摆摊设点卖水果的现象。

会议答复：社区、院落继续做好引导工作，城管执法中队配合社区做好此项工作。

【2012年第十五次办公会议纪要】

时间：2012年9月10日

地点：办事处四楼会议室

参会人员：樊晓峰、陈长贵、张仲常、王子琦、全少英、洪敬涛、吴志娟、马玉良、瞿蓉芳、刘焕春、张景山、王无、陈羽、李婷、张琼、徐德文、李孝云、陈攀慧、林世良、曾林彬、廖宗儒、谢名清、李天福、董涛

列席党员群众代表：尹德华（和平）、方琼英（三瓦窑）、徐春凤（双和）、廖永成（双源）、李想（永安）

请假：张学文（援藏）、郭科（援藏）

议决事项：会议听取了各部门近期工作汇报和安排，并对重点工作进行了强调。

党政办：做好机关人员调整相关工作；做好非公党建联盟试点、非公企业建立独立支部等党建工作；开展街道聘用人员合同续签的考核工作；开展走访联系群众工作的检查。

综治办：继续做好“十八大”前的各项维稳工作；抓好对重点治安部位的整治工作；继续开展队伍作风整顿，细化责任和措施。

城管执法中队：继续做好队伍的作风整顿工作；配合城建科做好违章搭建拆除工作;做好10月征兵工作的培训宣传等准备工作。

社事科：做好2012年“教师节”座谈慰问

工作。

经发科：做好近期各项重点工作，开展大春禁烧巡查工作；继续做好基本单位清查和100户规模以上企业清查入库工作；指导小区物管做好防汛工作。

就业中心：继续做好辖区各工地工资清欠隐患的处理工作。

财政所：组织开展好财会人员三季度培训工作。

城建科：继续做好五岔子村拆迁难点户的相关工作；做好临江村新增婚迁入户审批工作，做好农转非前期准备工作；抓好涉及民生建设项目的推进工作。

社区中心：结合干部作风教育实践活动要求，深入社区，围绕组织建设、居民自治、人员管理等做好工作；按照上级扫黄打非工作安排，加强对文化市场的监管。

会议对列席党员群众代表提出的意见和建议表示感谢：

双源社区居民代表反映：178号院停车位较少，建议硬化处理3-4栋间的部分绿化用地，增设停车位；建议在大源片区设置建设银行网点，方便老年人取社保。

会议答复：院落硬化停车位等问题更多地依靠“三驾马车”自治组织，通过听证会等形式共同解决问题；设置建设银行设网点已多次向上反映，近期又书面上报，将进一步联系协调。

最后，樊书记感谢大家在文明程度指数测评迎检期间的辛劳，并从面上提了四点要求：一是近期对领导分工调整及机关工作人员调整后，请各科室对内部工作进行合理分工，学会倾听，加强沟通，争取让每位同志都能愉快接受，提高工作积极性，体现调整的初衷；二是希望大家以文明创建为契机，继续保持良好日常管理状态不能反弹。要在开拓创新上多下功夫，突出工作重点，科室重心；三是要求梳理各部门承担的目标任务，对因客观原因难以完成的指标及时进行上报；四是全体人员加强学习，注意劳逸结合。

【2012年第十六次办公会议纪要】

时间：2012年9月24日

地点：办事处四楼会议室

参会人员：樊晓峰、陈长贵、张仲常、王子琦、全少英、洪敬涛、马玉良、瞿蓉芳、刘焕春、张景山、王无、陈羽、李婷、张琼、徐德文、李孝云、陈攀慧、林世良、曾林彬、李从节、廖宗儒、谢名清、李天福、董涛

列席党员群众代表：何德群（和平）、王达修（三瓦窑）、熊基云（双和）、李春英（双祥）、李秋云（益州）

请假：张学文（援藏）、吴志娟（请假）、郭科（援藏）

议决事项：会议听取了各部门近期工作汇报和安排，并对重点工作进行了强调。

党政办：做好双源社区152号院商铺租金调整相关工作；落实好高新区25日晚在和平社区广场举行文艺汇演相关工作；组织好26日街道总工会在双祥社区举办的消防安全知识竞赛。

综治办：加强与派出所的联系，加强重点区域的治安防范工作；做好高新区25日晚文艺汇演的秩序保障工作；继续做好“十八大”前的各项维稳工作，突出重点、分清主次。

城管执法中队：进一步加强队伍建设和管理，开展有针对性的业务培训。

社事科：加快养老助残中心的建设进度；做好计生目标迎检准备工作；做好法治城市创建相关工作。

经发科：组织开展节前安全生产、食品安全大检查；有序推进农村集体资产处置工作。

就业中心：妥善处理白家油库工资清欠问题，要避免激化矛盾；开展就业三项政策落实

情况的回顾总结，并进一步的完善调整。

财政所：做好财会人员三季度培训工作。

城建科：做好临江村转非前期准备工作；继续加强已开工建设项目的推进。

社区中心：指导各社区开展中秋国庆文化活动；组织落实高新区25日晚文艺汇演相关准备工作；做好高新区百姓故事会pk赛的组队、编排等准备工作。

会议对列席党员群众代表提出的意见和建议表示感谢：

三瓦窑社区居民代表反映：一是198号院外餐馆出摊占道现象严重；二是东苑河边路灯地灯缺乏维护，还存在脏乱差现象，请反映到相关部门解决。

会议答复：由城管中队与社区对198号院外餐馆进行现场秩序维护；东苑河边目前暂未移交街道办事处，属于兴城公司管理，城管中队与区上进行衔接反映。

最后，樊书记从面上强调了两项工作，一是希望结合领导分工调整、机关人员调整、街道重点工作调整，各分管领导、各科室负责人要对下一步重点工作进行思考；二是文明程度指数测评迎检后，要进一步提高工作质量，提升管理水平和能力，形成常态。

【2012年第十七次办公会议纪要】

时间：2012年10月15日

地点：办事处四楼会议室

参会人员：樊晓峰、陈长贵、张仲常、王子琦、全少英、洪敬涛、吴志娟、马玉良、瞿蓉芳、刘焕春、张景山、王无、陈羽、张琼、徐德文、李孝云、陈攀慧、林世良、曾林彬、李从节、廖宗儒、谢名清、李天福、董涛、何明山

列席党员群众代表：邹先玉（和平）、傅昌元（三瓦窑）、钟明辉（双源）、张秀华（双祥）、唐鸥（南新）

请假：张学文（援藏）、李婷（休假）、郭科（援藏）

议决事项：会议听取了各部门近期工作汇报和安排，并对重点工作进行了强调。

党政办：围绕提高工作效率和效果制定措施，加强考核、检查、督促；协调好聘用人员的体检工作；结合文明程度指数测评工作，要从深化志愿服务、学习身边好人及道德模范、开展道德示范讲堂活动等工作入手，思考如何形成一个发动群众共同参与的体系建设。

综治办：配合派出所控制辖区“两抢”案件的发生；针对乱倒渣土现象，加强巡逻和监管；随着辖区流动人口不断增多，要思考如何加强流动人口的管理和服务工作。

城管执法中队：继续加强队伍整顿及建设管理工作；鉴于专武干事被抽调援藏，同意暂由陈光南协助做好征兵工作。

社事科：加快养老助残中心的建设；做好法治城市创建相关工作；做好双源绿舟幼儿园办学合同到期后的续签工作；关注幼儿园伙食补贴问题；结合桂溪老年大学争创省A级工作，进一步发挥其辐射带动作用，促进辖区老年人参与文体活动、丰富精神生活。

经发科：与财政所共同关注新开办企业的情况，协调理顺税收关系；对节前安全检查出现的问题进行督促整改；各分管领导要加强对口联系村的集体资产处置工作的联系指导，确保平稳开展好工作。

城建科：专题研讨五岔子村拆迁难点户相关工作；讨论临江村转非安置工作方案。

财政所：与经发科共同关注新开办企业的情况，协调理顺税收关系。

就业中心：思考如何在就业数量提高的基础上提升就业质量；思考如何针对一些即将用工的大型单位做好有针对性的专业培训工作，解决辖区居民的就业。

社区中心：督促高新建设公司加强对双祥社区自来水管隐患的整改；结合文明程度指数

测评工作，对文明和谐院落评比指标进行完善，增加群众参与度等内容，年底前，动员各院落开展一次群众广泛参与的活动；开展好有特色的百姓故事会活动。

会议对列席党员群众代表提出的意见和建议表示感谢：

和平社区居民代表反映：居民听新闻说，重大疾病医疗通过社保报销外还可以报销部分，想了解何时开始实施、具体报销政策。会议答复：由就业中心与高新区社保部门积极沟通，一旦明确，就立即在各社区进行宣传。

会议进一步讨论通过了双源社区152号院商铺租金基准价调整、失地农民经营租金优惠返还方案。

最后，樊书记从面上强调了两项工作，一是现阶段各项工作要保持常态化，不能有反弹；二是各部门在完成好工作目标任务的基础上，要进行深入思考，归纳总结好特色工作。

【2012年第十八次办公会议纪要】

时间：2012年11月12日

地点：办事处四楼会议室

参会人员：樊晓峰、陈长贵、张仲常、王子琦、洪敬涛、吴志娟、瞿蓉芳、张景山、王无、陈羽、李婷、张琼、徐德文、李孝云、陈攀慧、林世良、曾林彬、李从节、廖宗儒、谢名清、李天福、董涛

列席党员群众代表：朱崇丽（和平）、易福春（三瓦窑）、余孝群（双源）、王文明（双和）、张一军（益州）

请假：张学文（援藏）、全少英（休假）、马玉良（会议）刘焕春（会议）、郭科（援藏）

议决事项：会议听取了各部门近期工作汇报和安排，并对重点工作进行了强调。

党政办：年底前做好办事处的总结及对外宣传工作，提升士气、达到效果；牵头启动双祥社区细分，在现有人员及办公场所条件下逐步充实完善；进一步梳理，组织机关人员学习参观，开拓思维。

综治办：进一步强化在十八大期间、年底的稳控工作；关注临江村转非安置、集体资产处置新情况中的维稳苗头，确保工作进展顺利。

城管执法中队：加快垃圾分类处置工作进度；进一步加强队伍的教育管理工作，对违反制度的队员提出处理意见。

社事科：加快养老助残中心的建设；老年大学要进一步体现为辖区失地农民服务的作用，发挥其辐射带动作用。

经发科：各分管领导要督促各村严格按程序推进集体资产处置工作；王子琦副主任牵头，实施对口支援德格县的项目。

城建科：牵头做好临江村转非安置工作。

财政所：进一步理顺各科室业务关系，资金项目安排上要在去年基础上进一步优化完善。

就业中心：孵化园工作站尽快入驻启动，作为今年就业工作新的尝试；尽快落实双源综合农贸市场二楼手工业基地剩余商家搬迁工作。

社区中心：以书面形式向建设公司去函，要求他们按照建设规范整改完善，保证正常使用；结合双祥细分，落实好双祥院落自治相关工作；拟订加强社区自主权的指导意见，加强自主管理，调动社区、院落参与自治的积极性；加快文体总会的筹建。

会议对列席党员群众代表提出的意见和建议表示感谢：

和平社区居民代表反映：近期入室盗窃现象较为严重，围墙上的防盗网有损坏。会议答复：综治办与社区衔接，现场查看制定技防的整改措施，尽快强化落实。

三瓦窑社区居民代表反映：规划的地铁进出口位置挤占了停车位和绿化带，建议更改位

置。会议答复：地铁公司已召开会议，听取了各方的意见，社区、街道也在关注，希望居民能够理解。

双源社区居民代表反映：大源西街秦妹串串香等餐饮油烟扰民问题严重。会议答复：中队配合社区做好油烟扰民、出摊占道等行为的整治，劝阻商家规范经营，减少油烟扰民问题的发生。

樊书记传达了区财政局关于进一步规范住房公积金管理的相关精神，希望向工作人员做好解释工作。

最后，樊书记从面上强调了两项工作，一是合理安排、突出重点、注重实效，做好各项工作；二是结合预算“一上”的安排，各科室积极思考明年工作，下周开始分科室听取大家想法。

【2012年第二十次办公会议纪要】

时间：2012年12月10日

地点：办事处四楼会议室

参会人员：陈长贵、张仲常、全少英、洪敬涛、吴志娟、马玉良、瞿蓉芳、刘焕春、张景山、王无、陈羽、李婷、张琼、徐德文、李孝云、陈攀慧、林世良、曾林彬、李从节、廖宗儒、谢名清、李天福、董涛

列席党员群众代表：马贵金（和平）、覃碧清（三瓦窑）、杨津（双源）、王兴琼（双祥）、韩付萍（南新）

请假：樊晓峰（会议）、张学文（援藏）、王子琦（休假）、郭科（援藏）

议决事项：会议听取了各部门近期工作汇报和安排，并对重点工作进行了强调。

党政办：做好市纪委党风廉政建设工作检查的迎检工作；做好25日街道领导干部民主生活会准备工作；做好民主评议准备工作；做好目标自查及对社区的目标检查工作。

综治办：做好防邪工作，加强对群众的宣传教育，社事科协作加强排查参与人员；做好工地工资清欠的维稳工作；安排管养公司对辖区监控设施进行排查处理；继续加强对重点部位治安防范工作，配 合派出所完成好“冬季战役”活动。

城管执法中队：做好双祥社区商混站的督查工作；开好队伍恳谈会；做好第四次城乡环境综合测评保障工作；继续加强扬尘治理相关工作。

社事科：召开社区矫正工作会；做好法治城市创建相关工作；加快养老助残中心的启动工作；按程序推进残联残协选举工作。

经发科：跟踪兴川公司欠款相关事宜；督促各村有序推进集体资产处置工作；开展冬季防火安全检查。

城建科：做好1–9月临江村居民生活过渡费的发放工作；组织好对已建、待建工地进度的检查工作。

财政所：继续做好2013年“二上”预算工作编制工作；做好对社区预算的调研准备工作。

就业中心：做好12月初就业目标迎检的准备工作；与高新区相关部门共同做好工资清欠纠纷的排查和处置工作。

社区中心：开展好院落自治及文明和谐院落评比表彰会；指导各社区开展好年底各项文化活动；做好廉政演出的节目准备工作。

会议对列席党员群众代表提出的意见和建议表示感谢：

和平社区居民代表反映：小区监控设备比较模糊；小区门口摆摊设点情况较为严重。会议答复：由综治办与社区衔接，督促管养公司整改落实；城管中队加大整治力度，加强对小区摆摊设点、出摊占道行为的整治。

三瓦窑社区居民代表反映：电视光纤信号差，群众意见大。会议答复：党政办负责与社区衔接。

会议要求，全体要加强对十八大精神的学

习，在20日前每人完成一篇学习心得，每个部门完成一篇调研文章。各部门分别对社区工作目标进行考核评分。

最后，陈长贵副书记从面上强调，近期要进一步加强联系群众工作。要求结合贯彻落实党的十八大会议精神，在转变作风、加强管理、提高效率等方面进行改进。

【2012年第二十一次办公会议纪要】

时间：2012年12月24日

地点：办事处四楼会议室

参会人员：樊晓峰、陈长贵、张仲常、王子琦、洪敬涛、吴志娟、马玉良、瞿蓉芳、刘焕春、张景山、王无、陈羽、李婷、张琼、徐德文、李孝云、陈攀慧、林世良、曾林彬、李从节、廖宗儒、谢名清、李天福、董涛

列席党员群众代表：何德华（和平）、秦吉云（三瓦窑）、但胜蓉（双源）、钟琼（双和）、张一军（永安）

请假：张学文（援藏）、全少英（会议）、郭科（援藏）

议决事项：会议听取了各部门近期工作汇报和安排，并对重点工作进行了强调。

党政办：指导各社区开展好书记民主评议工作；做好年终各部门会议、活动的统筹；做好党建工作迎检工作；安排好做好总结表彰会相关准备。

综治办：做好工资清欠、治安专项整治工作，加强群防群治，确保稳定和谐。

城管执法中队：加强队伍内部管理，完善制度，强化管理；做好节日期间的秩序维护工作；抓紧落实好店招整治工作。

社事科：明确助老助残中心的服务功能，做好试运行和启动工作。

经发科：督促有序推进农村集体资产处置工作；做好节前安全生产检查工作。

城建科：加强工作责任心，注重现场监管，严把工程质量关；做好工程建设例会准备工作。

财政所：做好2012年决算工作；结合社区赋权、重点工作做好“二上”预算编制工作。

就业中心：与高新区相关部门共同做好工资清欠隐患的排查和处置工作；加快做好手工业基地商家的搬迁工作。

社区中心：指导各社区开展好丰富多彩的文体活动；做好文化市场的监管工作。

会议对列席党员群众代表提出的意见和建议表示感谢：

三瓦窑社区居民代表反映：尽快开放三瓦窑菜市工地区间道路，建议社区门卫都更换为男性；在院落车棚收费及深夜开门收费问题上进行规范。会议答复：街道将协调督促三瓦窑菜市场尽快完工；更换门卫不是根本，请社区中心督促社区加强门卫责任心的教育；由社区中心检查督促社区规范车棚收费及深夜开门收费情况。

双源社区居民代表反映：社区老广场晚上7、8点摆摊设点很多，影响市容秩序，并建议在此搭建新舞台供居民开展活动。会议答复：由城管执法中队加强对老广场秩序的维护；搭建新舞台效果不好，暂不实施，请居民理解支持，合理利用现有场地开展活动。

双和社区居民代表反映：建议晚上将院落大门关闭。会议答复：社区治安形势较好，此问题可提交院落自治组织商讨。

会议要求，全体人员要做好元旦春节期间的廉洁自律工作，切实转变工作作风。

最后，樊晓峰书记从面上提出了五点要求，一是要求各科室认真做好总结，体现特色亮点，调动工作积极性；二是希望各科室要结合街道2013年工作思路，思考落实的具体措施；三是各科室要在年终加强内部协调，切忌各自为政，重复工作；四是各科室要正确地思考梳理社区赋权事项，调动社区的自主性、积极

性和计划性，不能简单将事权下放；五是分管领导及各科室负责人一定要带头以身作则，纪工委与财政所要共同思考如何加强规范管理，促进队伍作风建设和党风廉政建设。

2012年辖区90岁以上老人名单

桂溪街道2012年90–99周岁老人名单

序号	姓名	性别	身份证号	户口所在地
1	白素华	女	510111191703013529	天仁北二街3号1-1-1
2	芦素华	女	510111191503053526	天和东街8号1-4-5
3	黄昌久	男	51011119191001353X	天仁北一街1号4-1-3
4	章　德	男	510111191607203517	天和东街8号5-4-3
5	何素芳	女	510111191706133526	天仁南街3号3-3-6
6	卢明惠	女	510111191708173521	天仁北一街1号3-2-3
7	李贵荣	女	510111191404053520	天和东街8号4-1-2
8	林万武	男	510111191801223511	天仁北一街1号2-3-5
9	陈茂清	男	510111191301163516	天仁北二街1号4-2-4
10	冯玉芳	女	510111191807243521	天仁北二街2号3-5-11
11	敖术堂	女	510111191307223524	天仁南街3号2-2-1
12	李世华	男	510102191901124397	天仁北二街1号3-1-2
13	高联德	男	510111191812113510	天仁北二街3号5-4-1
14	方礼成	男	510111191901213513	天仁北二街2号9-3-4
15	高素芳	女	510122191904222043	天和东街8号8-16-27
16	颜洪兴	男	510109191911110871	天仁北二街3号5-1-1
17	高联碧	男	510111192001083519	天仁北二街3号5-1-10
18	朱文才	男	510122192006162012	天和东街8号8-8-135
19	白万金	男	510122191702172017	天和东街8号8-12-133
20	张银农	男	51011119211108351X	天仁北二街1号3-2-3
21	王正全	男	510129210115871	桂溪敬老院
22	黄传全	男	510111190301351	桂溪敬老院
23	刘贵芳	女	510122192108010765	双和48-3-2-5
24	甯德云	男	510122192111232019	双和48-7-3-2
25	廖成芝	女	510111192111033926	双和5-5-2-8
26	袁子根	男	510122192110280772	双和5-9-3-1
27	曾洪明	男	510122192004052012	双和48-1-4-4
28	陈素芳	女	510111192007283925	双和5-17-1-1
29	秦素均	女	51011119201209394X	双和5-20-2-3
30	曾福云	男	510111192011273930	双和44-4-1-4
31	罗世秀	女	510111191910133929	双和5-19-1-3
32	张奇友	男	51011119190916391X	双和44-4-1-2

续表

序号	姓名	性别	身份证号	户口所在地
33	叶其芝	女	510122191811040769	双和48-9-4-10
34	段少明	男	51012219180422077x	双和48-4-1-1
35	徐启贵	男	51011119170421391X	双和5-4-1-1
36	刘术芳	女	51011119170628392X	双和5-12-3-2
37	荣光福	男	510111191607103911	双和5-5-2-3
38	王素珍	女	510111191501033927	双和5-18-2-1
39	李术芳	女	510111191401093922	双和5-7-2-1
40	屈志珍	女	510111191310103929	双和5-12-3-4
41	孙怀平	女	510302192011121026	高新区天长路59号5-2-801
42	郭　瑾	女	510103192007254825	高新区天顺路288号6-1-17
43	陈喜莲	女	510103191507124221	三瓦窑200号3-2-501
44	李家兰	女	510103191907144563	三瓦窑街123号1-3-1304号
45	甯万福	男	510111191710133510	三瓦窑西二巷新一楼3号
46	龙素琼	女	510111192110123524	三瓦窑街9号附2号
47	谭朝义	女	510111192011043529	三瓦窑街永香巷37号
48	周世琼	女	510122191907145522	临江四组
49	张益贞	女	510122191701025525	临江四组
50	屈志清	女	510122191610015524	临江四组
51	曾明章	男	510122191608125513	临江五组
52	尹素清	女	510122191906065520	临江五组
53	许永清	女	51012219200307552x	临江六组
54	马久芬	女	510122191204185528	临江六组
55	张黄氏	女	510122191205195525	临江八组
56	罗国荣	男	51111119180113101x	成铁电力工区
57	廖庸初	男	51012219220420077X	双源178-18-1-1
58	杨秀清	女	510122192202262029	双源178-18-1-5
59	鲁素英	女	510111192203173926	双源145-7-1-4
60	汤素清	女	510122192207212020	双源120-4-2-1
61	田绍成	男	510102192210020032	双源120-5-3-9
62	张洪元	男	51011119220601391X	双源178-3-2-2
63	景凤全	女	510107192103280869	双源178-14-6-3
64	周太珍	女	510122192112200764	双源178-18-1-2
65	廖成芝	女	510111192111033926	双源145-5-2-8
66	李洋云	女	510107192110210869	双源178-1-2-1
67	郭术华	女	510111192101073924	双源152-5-4-1
68	黄云寿	男	510111192102283931	双源152-7-3-2
69	成克杰	男	51010719201216087x	双源178-10-1-3
70	卢渊如	男	510111192001203939	双源145-2-3-2
71	李月清	女	510111192003273922	双源145-7-1-1

续表

序号	姓名	性别	身份证号	户口所在地
72	曾素芳	女	51011119200110392X	双源178-6-1-1
73	李术贞	女	510111192011113945	双源178-3-3-2
74	吴慧清	女	510111191902093920	双源152-4-2-2
75	赵锡珍	女	510111191911203925	双源145-8-2-2
76	罗素珍	女	510122191903050761	双源
77	张正元	男	510111191908173921	双源178-3-2-4
78	林素会	女	510122191809132023	双源178-13-1-1
79	廖素芬	女	510111191802023925	双源152-6-2-1
80	陈少庭	男	510122191701300777	双源178-12-2-2
81	袁素芳	女	510107191706050865	双源178-18-2-2
82	江会清	女	510107191607160866	双源178-10-2-2
83	张云芳	女	510122191509150764	双源178-9-1-1
84	陈恒德	女	510111191511183929	双源178-2-2-2
85	黄素芳	女	510122191312300765	双源178-4-3-1
86	邱陈氏	女	510122191902282026	大源北一街25-1-2-204
87	何登贵	男	510122191811010797	大源北一街25-3-1-1702
88	卢凤英	女	510122191910060765	大源北一街25-4-2-101
89	徐兴发	男	510122191905030752	大源北一街25-4-2-105
90	江德成	女	510122192004220768	大源北一街25-5-1-104
91	谭德均	男	510122192110040779	大源北一街25-5-1-804
92	汪素华	女	510122192102170768	大源北一街25-6-1-102
93	张素华	女	510122191608270761	大源北一街25-7-1-105
94	宋琼尧	女	510122192102070767	大源北一街25-8-1-102
95	陈昌玉	男	510111192010063915	大源北二街48-3-1-101
96	朱得玉	女	510111192111263924	大源北二街48-6-1-205
97	袁林氏	女	51011119160614392X	大源北二街48-6-3-415
98	李玉清	女	510111191810213921	大源北二街48-6-3-810
99	李素英	女	510122191805280766	大源北二街36-1-3-1502
100	廖福珍	女	510122191807072020	大源北二街-25-8-1-1004
101	钟文华	男	510111191811263912	大源北二街48-3-1-103
102	尹志通	男	510112191405080711	大源北二街48-2-1-303

索 引
INDEX

说 明

一、本索引采用分析索引法，按拼音字母（同音字按声调）顺序排列。

二、索引词条用宋体字表明。数字表示内容所在的页码，数字后面的拉丁字母（a、b）表示栏别（从左到右）。

A

B

C

D

E

F

G

H

J

K

L

M

N

Q

R

S

T

W

X

Y

Z